RELAÇÕES INTERNACIONAIS

Dados Internacionais de Catalogação na Publicação (CIP)

S462r Seitenfus, Ricardo.

Relações internacionais / Ricardo Seitenfus. 3. ed. rev. atual. – Porto Alegre : Livraria do Advogado Editora, 2021.

208 p.; 25 cm.

Inclui bibliografia.

ISBN 978-65-86017-32-8

1. Direito internacional. 2. Estado. 3. Política internacional. 4. Organização internacional. 5. Globalização. 6. Regionalismo. 7. Blocos econômicos. I. Título.

CDU 341
327

Ricardo Seitenfus

RELAÇÕES INTERNACIONAIS

3ª EDIÇÃO
Revista e Atualizada

livraria DO ADVOGADO editora

Porto Alegre, 2021

Capa, projeto gráfico e diagramação
Livraria do Advogado Editora

Revisão
Rosane Marques Borba

Tradução do Prefácio
Scrypt Tradução e Comunicação S/C Ltda.

Foto na orelha da capa
Ricardo Seitenfus chegando no Haiti
com os primeiros socorros brasileiros enviados
após o terremoto de 12 de janeiro 2010.

Imagem da capa
Obra "Sem título" de Carlos Eduardo Barichello

Impresso no Brasil / Printed in Brazil

Dedico a obra aos colegas professores
e estudantes brasileiros de relações internacionais

Nota à terceira edição

Os atentos leitores e especialistas das duas primeiras edições de *Relações Internacionais* notaram que a obra buscava, antes de tudo, lançar as bases para uma teoria das relações internacionais a partir da perspectiva dos países e sociedades em desenvolvimento. Sem descurar com a apresentação do conjunto da disciplina, a própria estrutura do livro, bem como sua metodologia, constituía esforço para abrir uma janela para o mundo a partir de nossa localização geográfica.

Passadas quase duas décadas de sua publicação, a presente edição conserva idêntico objetivo. Portanto, manteve-se a divisão em três partes. Foi acrescentado um Glossário de expressões correntes das Relações Internacionais.

Abrigando uma grande quantidade de tabelas, gráficos e quadros sinóticos – todos atualizados e alguns inéditos – esta edição insiste em seu propósito inicial: fornecer ao leitor instrumentos perceptivos que permitam tornar inteligível um espetáculo que por demasiadas vezes parece confuso. Neste sentido, a contracorrente da historiografia das relações internacionais, a obra não objetiva convencer. Seu propósito singelo consiste simplesmente em apresentar uma grade analítica coerente, deixando total liberdade para que cada leitor trilhe seu próprio caminho.

Verão de 2021.

Prefácio

As relações internacionais, até há pouco tempo, pertenciam quase exclusivamente ao domínio dos diplomatas e de especialistas, teóricos ou filósofos. Hoje, o *internacional* é inseparável de todas as questões que afetam a vida das sociedades e dos indivíduos. Em nosso mundo finito e interdependente, busca-se em vão algo que dele possa escapar. Mas tamanha ampliação pouco facilita sua compreensão, e nós temos mais do que nunca necessidade de um saber internacional pertinente para nos orientar num mundo que perdeu seus pontos de referência. A queda do comunismo pôs fim ao enfrentamento Leste-Oeste e ao equilíbrio pelo terror que garantia uma bipolaridade estável e fornecia um quadro de interpretação simples. Com o desaparecimento do império soviético, o sistema internacional encontrou uma nova e inquietante fluidez: os Estados se multiplicaram, assim como os conflitos locais. «Reviravolta» ou «convulsão» do mundo:[1] assim caracterizou-se a época do pós-Guerra Fria, incerta, imprevisível. Por outro lado, os atentados terroristas de 11 de setembro enterraram as esperanças de um mundo pacificado ou a ilusão do fim da história. A nova ordem internacional, mais justa e mais estável, tantas vezes anunciada, não se realizou durante os dez anos que separam a queda do Muro da queda das Torres Gêmeas. Nós nos defrontamos com novas ameaças, num mundo mais perigoso e mais difícil também de decifrar e de entender. É por isso que este livro do Professor Ricardo Seitenfus é especialmente bem-vindo e útil. O Professor Ricardo Seitenfus, reconhecido especialista da disciplina, propõe-nos uma atualização minuciosa da problemática das Relações Internacionais. Ele nos dá as chaves para tornar inteligível «o espetáculo do mundo», e o faz numa linguagem simples, acessível, «democrática», numa palavra que reflete seu domínio do assunto. Delimita assim, com exigente rigor metodológico, um campo que cada vez menos se deixa facilmente circunscrever.

Um fio condutor estende-se ao longo das três partes desta obra estimulante: a questão do papel do Estado-Nação, problema crucial nos dias de hoje. Com efeito, as relações internacionais não podem mais reduzir-se à política externa dos Estados. O mundo tornou-se menos «interestatal», a ponto de certos autores anunciarem até mesmo «o fim dos territórios»,[2] o poder na era das

---

[1] Ver BADIE, Bertrand e SMOUTS, Marie Claude. *Le retournement du monde. Sociologie de la scène internationale*. Paris, Presses da FNSP e Dalloz, 1992.

[2] BADIE, Bertrand. *La fin des territoires*: essai sur le désordre international et sur l'utilité sociale du respect. Paris, Fayard, 1995.

redes e da «global networks»[3] tornando-se independente de um espaço nacional.

Ricardo Seitenfus elenca a multiplicidade dos atores internacionais e elabora uma tipologia inteligível. O sistema internacional é, na realidade, constituído de «unidades ativas» (segundo a definição de Thierry de Montbrial),[4] cuja potência não decorre do poder do Estado. A globalização financeira e a universalização econômica colocam grandes questões que parecem ultrapassar em muito o alcance do Estado-Nação. Na era dos «bens públicos mundiais», o modelo estatal pós-vestfaliano, fundado na soberania absoluta e no individualismo internacional, tornou-se caduco ou simplesmente inoperante? Ricardo Seitenfus, longe de oferecer uma solução, elenca os elementos de informação e de reflexão indispensáveis para redimensionar o papel dos Estados e avaliar sua perenidade.

A «economia mundo» não nasceu ontem, e as empresas, por suas dimensões, tornaram-se protagonistas, se não legítimos, pelo menos atuantes, no cenário internacional. Muitas companhias transnacionais têm faturamento superior ao PIB de alguns países. E nem sempre é fácil definir sua nacionalidade. Fusões/aquisições, alianças internacionais e deslocamentos das unidades de produção contribuem para erodir a identidade e a origem das grandes corporações. Além disso, a relação entre Estados e empresas está em plena mutação. As cláusulas comerciais do tipo AMI colocam as empresas acima dos Estados, que são reduzidos ao papel de «simples responsáveis» em caso de conflito.

Os Estados não controlam mais os mercados, são os mercados que os avaliam, os influenciam e ditam sua política por meio dos movimentos especulativos instantâneos ou das agências de avaliação exemplo emblemático do recém-chegado ator internacional, pertinentemente analisado pelo Professor Seitenfus. Os «meteorologistas financeiros», ao apreciar «o risco soberano», gozam de incomparável poder, sem dúvida, com sua capacidade de análise e de prospectiva. A profecia autorrealizada não é simplesmente uma deriva desprezível de suas atividades.

Não podemos repertoriar tudo do que doravante escapa ao controle dos Estados. A sociedade da comunicação debocha das fronteiras e das aduanas. Os Governos quase não têm mais meios de controlar ou limitar os fluxos da Internet. E verdade que depois desses fenômenos tecnológicos e econômicos, o Estado Nação não é mais o que era. Ele tende a transformar-se, perdendo sua substância nos dois extremos: tanto no âmbito regional como em escala supranacional. Esta última se constitui numa nova dimensão das relações internacionais.

Assim, um novo direito surge além das fronteiras: a justiça, direito régio por excelência, não é mais um monopólio nacional. A criação de um Tribunal Penal Internacional é a tradução institucional de uma evolução jurídica que coloca no centro da sociedade internacional o respeito aos direitos humanos e o

[3] Ver BRESSAND, Albert; DISTLER, Catherine. *La planète relationnelle*. Paris: Flammarion, 1995.

[4] MONTBRIAL, Thierry de. *L'action et le système du monde*. Paris: PUF, 2002.

caráter imprescritível dos crimes contra a humanidade. O direito de ingerência humanitária deixou de ser objeto dos discursos morais das ONGs para entrar na prática diplomática e militar com ou sem autorização do Conselho de Segurança das Nações Unidas (cf. Kosovo e também Serra Leoa, Congo, etc.).

Os processos de integração econômica e política regional dão origem a entidades sem precedentes, pois não são nem estados federais nem impérios. A União Europeia não é um superestado, nem os Estados Unidos da Europa, mas antes um OPNI (Objeto Político Não Identificado) segundo o gracejo de Jacques Delors, ex-presidente da Comissão Europeia; a rigor uma «Federação de Estados-Nações», nascida de uma «cooperação voluntária com vistas a uma finalidade superior aos interesses nacionais». A limitação de soberania e sua transferência para uma entidade coletiva estão na origem da construção europeia: alguns Estados-Membros, entre os quais os seis fundadores, levaram essa lógica até o ponto de abdicar de sua prerrogativa suprema de imprimir moeda, ao adotarem uma moeda única: o Euro. Deve-se notar que a realização de uma «união cada vez mais estreita» está mais adiantada no campo econômico do que no da política externa e de defesa comum. Como assinalava Pascal Lamy, o primeiro diz respeito ao «ter»; o segundo, ao «ser»: isto é, de decisões que envolvem a vida e a morte, onde a referência à *celula mater* nacional é refratária à tentação federalista.

A originalidade da aventura europeia desorienta às vezes os observadores e favorece certa incompreensão, face, principalmente, ao pluralismo no seio da União. A diversidade das estratégias externas, e até mesmo as divisões a respeito dos grandes temas internacionais, não devem ser apreciadas sob a ótica do modelo estatal. Assim, os mais prestigiosos analistas, notadamente os que se inclinam para a «realpolitik», privilegiam essa abordagem, como H. Kissinger quando pede o «número de telefone da Europa». O quadro estatal, por si só, é verdade, jamais permitiu apreender o conjunto dos atores internacionais. A famosa frase «o Vaticano, quantas divisões» é prova bastante dos limites dessa abordagem. Precisamente, o Professor Seitenfus bem revela o papel internacional das igrejas e da Igreja «católica, apostólica e romana»: o Vaticano é certamente um Estado (de 44 ha e 1.500 habitantes) e o centro de uma rede «universal» («ecumênica»), de influência espiritual, educativa e social, que, poderíamos dizer, tem-se situado há séculos na vanguarda da globalização.

O exemplo da Igreja basta para mostrar que a novidade pós-estatal também pode ser muito antiga. A superação do Estado não significa, no entanto, seu desaparecimento em curto prazo, pois ao contrário, desde 1990, os Estados se multiplicaram, para não falar dos semiestados não reconhecidos, ou das dissidências pseudoestatais. A aspiração ao Estado-Nação não é desmentida, aliás, desde o início da descolonização e se recrudesceu com a queda do império soviético. Podemos mesmo nos perguntar se não assistimos ao retorno triunfal do paradigma estatal, num mundo em que a potência hegemônica quer manter unipolar, em detrimento do multilateralismo. O hiperterrorismo da Al Qaeda tem todas as características da extraterritorialidade e, no entanto, foi o Afeganistão, Estado falido embora, assim mesmo, Estado-Nação que, após o onze de setembro, foi atacado pela coalizão antiterrorista liderada pelos

Estados Unidos. Da mesma forma, a intervenção anglo-americana no Iraque foi justificada, entre outras coisas, além das inencontráveis armas de destruição em massa, pela luta contra o terrorismo internacional.

Por trás desta concepção estratégica, encontra-se uma doutrina centrada na supremacia do interesse nacional a serviço da segurança de um só país. A utilização da força a título preventivo e fora do âmbito multilateral legítimo implica um verdadeiro retrocesso da ordem internacional. A exaltação biarmarkiana da nação acompanha o enfraquecimento das instituições multilaterais (ONU, OTAN). O mundo encontra-se, portanto, numa encruzilhada dos caminhos, tendo a escolha entre um consenso normativo pacientemente elaborado há meio século: a primazia do direito internacional, a segurança coletiva, uma cultura supranacional de superação da política de potência ou então a «vertigem do desconhecido» da qual a crise iraquiana nos oferece uma degustação amarga. O estudo das relações internacionais é mais do que nunca uma prioridade.

Alain ROUQUIÉ

Diplomata e Professor de Ciência Política, autor, entre outras obras,
de «América Latina: introdução ao Extremo Ocidente».
Foi Embaixador da França no México e no Brasil.

Sumário

Sumário gráficos e tabelas

Abreviaturas e siglas

ABIT............. Associação Brasileira da Indústria Têxtil
ACNUR.......... Alto Comissariado das Nações Unidas para os Refugiados
AFDI............. Anuário Francês de Direito Internacional
AG............... Assembleia Geral das Nações Unidas
AIEA............. Agência Internacional de Energia Atômica
AIPO............. *American Institute of Public Opinion*
ALCA............ Área de Livre Comércio das Américas
ALCSA.......... Área de Livre Comércio Sul-Americana
AMI.............. Acordo Multilateral de Investimentos
ANZUS.......... Organização de Segurança e Assistência entre Austrália, Estados Unidos e a Nova Zelândia
APT.............. Acordo de Preferência Tarifária
ARPANET....... *Advanced Research Project Agency Network*
ASEAN.......... Associação de Nações do Sudeste Asiático
ATTAC.......... Associação para a Imposição sobre as Transações Financeiras e Ajuda aos Cidadãos
BENELUX...... União Aduaneira entre Bélgica (BE), Holanda (NE, de Netherlands) e Luxemburgo (LUX)
BID............... Banco Interamericano de Desenvolvimento
BIRD............. Banco Internacional para a Reconstrução e o Desenvolvimento (*World Bank ou Banco Mundial*)
CAPS............. Centro de Análise e de Previsão Diplomático Francês
CCADI........... Coleção do Curso da Academia de Direito Internacional de Haia
CDC............. Caixa de Depósitos e Consignações
CECA............ Comunidade Europeia do Carvão e do Aço
CEE.............. Comunidade Econômica Europeia
CERN............ Conselho Europeu para a Pesquisa Nuclear
CF................ Constituição Federal (1988)
CICV............. Comitê Internacional da Cruz Vermelha
CIJ............... Corte Internacional de Justiça
COAF............ Conselho de Controle de Atividades Financeiras
COMECON..... Organização de Cooperação Econômica do Leste Europeu
CPJI............. Corte Permanente de Justiça Internacional
CS................ Conselho de Segurança das Nações Unidas
CSCE............ Conferência sobre Segurança e Cooperação na Europa
CSH.............. Conselho de Segurança da Humanidade

CT................Ciência e Tecnologia
DIP...............Direito Internacional Público
ECOSOC........Conselho Econômico e Social das Nações Unidas
EUA..............Estados Unidos da América
FAO..............Organização das Nações Unidas para a Alimentação e a Agricultura
FATF.............Força-tarefa de Ação Financeira
FEM/WEF........Fórum Econômico Mundial (Davos)
FSM..............Fórum Social Mundial (Porto Alegre)
FMI...............Fundo Monetário Internacional
GATT.............Acordo Geral de Tarifas e Comércio
G8................Grupo dos Oito
G20..............Grupo dos Vinte
IBC...............International Business Corporation
IBGE.............Instituto Brasileiro de Geografia e Estatística
IMD..............Instituto Internacional para a Administração e Desenvolvimento
IPC...............Índice de Percepções de Corrupção
LGDJ............Livraria Geral de Direito e de Jurisprudência
MC...............Mercado Comum
MCCA...........Mercado Comum Centro-Americano
MERCOSUL....Mercado Comum do Sul
MNA.............Movimento dos Países Não Alinhados
MPLA............Movimento Popular de Libertação de Angola
MRE.............Ministério das Relações Exteriores do Brasil
NAFTA..........Área de Livre Comércio da América do Norte
NCP..............Network Control Protocol
NICs.............Novos Países Industrializados
NOEI.............Nova Ordem Econômica Internacional
NOMIC..........Nova Ordem Mundial da Informação e Comunicação
OACI.............Organização da Aviação Civil Internacional
OEA..............Organização dos Estados Americanos
OECE/OCDE...Organização Europeia de Cooperação Econômica, substituída pela Organização de Cooperação e Desenvolvimento Econômico
OI.................Organização Internacional
OIC...............Organização Internacional do Comércio
OIMT.............Organização Internacional de Madeiras Tropicais
OIT...............Organização Internacional do Trabalho
OMC.............Organização Mundial do Comércio
OMPI.............Organização Mundial da Propriedade Intelectual
OMS.............Organização Mundial da Saúde
ONG.............Organização Não Governamental
ONGAT..........Organização Não Governamental de Alcance Transnacional
ONU..............Organização das Nações Unidas
OPEP............Organização dos Países Produtores de Petróleo
OTAN............Organização do Atlântico Norte

OTASE..........Organização do Tratado do Sudeste Asiático
OUA.............Organização de Unidade Africana
PA................Pacto Andino
PAC..............Política Agrícola Comum
P&D..............Pesquisa e Desenvolvimento
PMA/LDC........Países Menos Avançados ou *Least Developed Countries*
PNB..............Produto Nacional Bruto
PNUD............Programa das Nações Unidas para o Desenvolvimento
PNUFID.........Escritório das Nações Unidas para a Fiscalização de Drogas e Prevenção de Delitos
PPS..............*Policy Planning Staff* do Departamento de Estado dos Estados Unidos
PV................Pacto de Varsóvia
RDILC...........Revista de Direito Internacional e de Legislação Comparada
RGDIP...........Revista Geral de Direito Internacional Público
RI..................Relações Internacionais
RICV.............Revista Internacional da Cruz Vermelha
RFSP.............Revista Francesa de Ciência Política
SALT.............*Strategic Arms Limitation Talks*
SDN..............Sociedade das Nações (ou Liga das Nações)
TA................Tratado de Assunção
TCP/IP..........*Transmission Control Protocol/Internet Protocol*
TI..................Transparência Internacional
TIAR.............Tratado Interamericano de Assistência Recíproca
TM................Terceiro Mundo
TNP..............Tratado de Não Proliferação Nuclear
TPI................Tribunal Penal Internacional
UA................União Aduaneira
UC................União Comercial
UE................União Europeia
UEM.............União Econômica e Monetária
UIT................União Internacional de Telecomunicações
UM................União Militar
UNCTAD........Conferência das Nações Unidas para o Comércio e o Desenvolvimento
UNESCO........Organização das Nações Unidas para a Educação, a Ciência e Cultura
UNITA...........União Nacional para a Independência Total de Angola
UP................União Política
URSS............União das Repúblicas Socialistas Soviéticas
ZLC..............Zona de Livre Comércio

Introdução

A especificidade das relações internacionais (RI) pode ser encontrada, tal como enfatiza Raymond Aron em *Paz e Guerra entre as Nações*, na "legitimidade e na legalidade do recurso à força armada por parte dos atores". Trata-se, prossegue o autor, de traço característica, pois "nas civilizações superiores, estas relações são as únicas, entre todas as relações sociais, que admitem a violência como norma".[5]

O pessimismo resultante da perspectiva realista fez com que filósofos e juristas despendessem um grande esforço para criar condições para enquadrar a suposta selvageria internacional. Mas, em definitivo, a ausência de um poder coercitivo comum acima e fora dos Estados marcou a quase totalidade da História da Humanidade. Finalmente em 1945, com a criação da Organização das Nações Unidas (ONU), surge, no âmbito do Conselho de Segurança (CS), uma instância detentora dos instrumentos e da legalidade para impor uma ordem internacional.

Contudo, contrariando Hans Kelsen, que pretendia garantir a "paz através do direito",[6] é a política que se sobrepõe ao direito. A politização da paz se expressa pela duplicidade da ação de um grupo restrito de Estados que defendem, ao mesmo tempo, os seus interesses nacionais e o que eles supõem que deva ser as aspirações da Humanidade.[7]

Embora mantendo certa atualidade, a percepção aroniana sobre a natureza das relações internacionais carece de profundidade na medida em que se interessa exclusivamente pela dramaticidade da alta política internacional, concedendo ao Estado um irrealista e exclusivo monopólio e, sobretudo, descurando a microfenomenologia internacional contemporânea.

A crescente interdependência entre os povos, a impossibilidade de traçar uma linha estanque entre as origens nacionais e as consequências internacionais dos fenômenos contemporâneos, o surgimento de temas transversais e difusos,

[5] ARON, R., "O que é uma teoria das relações internacionais", in BRAILLARD, P., *Teoria das Relações Internacionais*, Lisboa: Fundação Calouste Gulbenkian, 1990, p. 149.

[6] Sua sugestão essencial consiste na criação de uma organização encarregada de manter a paz e a segurança internacional cujo principal instrumento seria uma Corte de Justiça dispondo de jurisdição obrigatória. As decisões seriam impostas a todos, se necessário pela força. Ver KELSEN, H., *Peace through Law*, Chapel Hill, The University of North California, Nova Iorque: Van Rees Press, 1944, 155 p.

[7] Embora não tendo eclodido conflito de alcance mundial, ocorreram, nestes últimos cinquenta anos, paralelamente à história da ONU, mais de 200 guerras que provocaram 50 milhões de vítimas entre mortos e refugiados.

bem como de novos atores na cena internacional e a densa trama formal representada pela existência de quarenta mil tratados internacionais, em plena vigência, indicam a complexidade crescente das RI e demonstram sua vitalidade.

A condição multifacetada das relações internacionais impõe um exercício intelectual ausente nas outras disciplinas das Ciências sociais e humanas. Seu estudo pressupõe a utilização de parâmetros e utensílios cognitivos que transcendem o alcance de disciplinas pretensamente estanques. Foi com este espírito que foi redigida o presente ensaio. De maneira despretensiosa, já que pretende unicamente lançar as bases para o estudo das RI, o livro foi elaborado com a consciência de que a afirmação da cidadania do homem contemporâneo transita pelo entendimento abrangente das relações internacionais.

A modéstia da contribuição pretende ser compensada por uma abordagem original. Redigido num vocabulário direto, há um claro esforço metodológico para a identificação de aspectos raramente salientados em obras do gênero. Ele persegue a singela pretensão de colocar à disposição dos estudantes e cidadãos brasileiros um texto didático, acessível e atualizado sobre o conteúdo da disciplina de RI.

Trata-se de uma introdução às RI complementar a outras obras que publiquei, individualmente ou com a colaboração de colegas. Durante sua organização e redação, preocupei-me exclusivamente com o leitor que se inicia na nova formação ou está interessado em compreender as facetas do mundo atual. Foi adotada uma perspectiva própria à realidade e aos anseios das sociedades em desenvolvimento. Não se trata, porém, de descartar as percepções oriundas dos núcleos centrais de estudos das RI. Contudo, o objetivo é fazer com que a formação em RI no Brasil não se satisfaça com o acesso a um conhecimento produzido alhures. É necessário que o estudioso extraia dele lições que permita, ao mesmo tempo em que se conscientiza, transformar-se em instrumento de mudança das desequilibradas relações internacionais contemporâneas.

A obra é dividida em três partes. Inicialmente, um sobrevôo das características específicas que fazem das RI um campo *sui generis* das relações sociais e humanas. A segunda parte é utilizada para definir os numerosos atores que interferem na cena internacional. Uma derradeira parte elabora um inventário das principais questões internacionais que dominam a mundo contemporâneo. Ao final de cada parte é indicada uma bibliografia consultada e aconselhada.

As relações internacionais, concebidas como os contatos entre grupos socialmente organizados, datam dos primórdios da Humanidade. Todavia, ela surge como disciplina universitária somente em 1919, quando a Universidade do País de Gales cria uma cadeira específica, sendo imitado pelo conjunto do sistema universitário anglo-saxão. Após a Segunda Guerra Mundial cresce o interesse acadêmico nos países desenvolvidos, fazendo com que a nova disciplina se transforme num fenômeno do Atlântico Norte. Tributária desta atenção, a literatura das RI espelha os valores do Ocidente desenvolvido, fazendo com que a nacionalidade do pesquisador condicione sua orientação metodológica e suas escolhas científicas.

Em seus primórdios, para alguns autores, o desafio que se apresenta consiste em identificar o alcance e os instrumentos analíticos na tentativa de visualizar os contornos que pudessem conceder autonomia à nova disciplina. Outros, ao contrário, percebem as relações internacionais como *disciplina-encruzilhada* na medida em que a ela aportam múltiplas contribuições das ciências sociais. Este questionamento ainda é atual.

Há várias escolas teóricas sobre as relações internacionais. Elas dividem-se, basicamente, em dois grupos impregnados por visões dicotômicas do homem: o primeiro é moralista e otimista, inspirado em Rousseau e Kant, quando defende a existência de uma suposta bondade natural humana. O outro, ao contrário, é realista e pessimista, baseia-se nas lições de Hobbes e Maquiavel, e defende que o homem é um animal selvagem de instinto belicoso que necessita de um poderoso freio representado pela força da ordem.

Múltiplas orientações teóricas inspiram-se desta dicotomia: o realismo (tradicional, estrutural, cooperativo e o neorrealismo); o funcionalismo (republicanismo e institucionalismo); o regionalismo (anarquismo, democracia direta e federalismo); o liberalismo; o imperialismo (dependência e globalismo político-econômico).

Durante muitas décadas, a Universidade de Brasília permaneceu sendo a única a oferecer uma graduação em RI. Tal situação mudou radicalmente a partir do início dos anos 1990. Descolada da evolução da formação em relações internacionais nos cursos de graduação do Atlântico Norte, finalmente a Universidade brasileira despertou criando, nesta última década, uma centena de cursos específicos em RI.

Inúmeras questões e problemas são colocados pela atual realidade: a indefinição de um currículo básico comum; a possibilidade de especialização econômica, jurídica, histórica ou política segundo a proposta pedagógica de cada curso; a insuficiência de um corpo docente que tenha parte de sua formação específica em RI; a apreensão natural dos estudantes sobre as oportunidades profissionais oferecidas pelo curso, supondo-se que, naturalmente, nem todos os formados serão destinados à carreira acadêmica; e, finalmente, a escassez e a dispersão da bibliografia em português.

A presente obra é uma tentativa de contribuição para a minimização destes problemas. Mas, sobretudo, constitui um esforço para a elaboração teórica que se vincule à realidade internacional dos países do Sul. A responsabilidade intelectual e cidadã deve impedir a satisfação com modelos de pensamento sustentados nas inaceitáveis RI da atualidade. Elas exigem um repensar sobre questões que interferem pesadamente no futuro da Humanidade.

A elaboração desta obra se beneficiou de contribuições de muitos colegas, amigos e alunos. A todos, manifesto meu sincero agradecimento. Todavia, ressalto o auxílio dos atentos e críticos leitores Evandro Menezes de Carvalho, Marco Aurélio Bierman Pinto e Deisy de Freitas Lima Ventura, que incentivaram a publicação com sugestões de forma e de conteúdo. A montagem técnica de alguns quadros e figuras desta edição foi elaborada por François Teichmann, a quem agradeço. Um agradecimento especial a Alain Rouquié pelo brilhante Prefácio.

Parte I

As características das relações internacionais

A compreensão das relações internacionais implica múltiplos desafios. O primeiro consiste em apreender a natureza dessas relações sociais. É necessário identificar em que elas se diferenciam dos fenômenos que ocorrem no interior das sociedades, quais os vínculos existentes entre a realidade endógena e os fenômenos internacionais e como delimitar seu campo de observação.

O segundo desafio decorre das tentativas intelectuais de definir o que são as relações internacionais. Ao eleger um caminho metodológico e explicativo, esta pesquisa procede a uma clara opção por uma abordagem concreta do fenômeno internacional. Todavia, o leitor encontrará no presente capítulo uma apresentação dos principais itinerários metodológicos de diferentes escolas teóricas.

Como fecho a este primeiro capítulo, foi elaborado um balanço da experiência histórica e da construção de normas dela decorrente. Com efeito, as RI proporcionam, por meio da socialização dos atores, o surgimento e a afirmação de atitudes comportamentais que compõem um patrimônio comum da humanidade.

1. A natureza das relações internacionais

As relações internacionais (RI) definem-se como o *conjunto de contatos que se estabelecem através das fronteiras nacionais entre grupos socialmente organizados*. Portanto, são internacionais todos os fenômenos que transcendem as fronteiras de um Estado, fazendo com que os sujeitos, privados ou públicos, individuais ou coletivos, relacionem-se entre si. Essa percepção alarga tanto a cena a ser observada quanto o número de atores que dela tomam parte.

As relações internacionais surgem quando dois ou mais grupos socialmente organizados intercambiam bens, ideias, valores e pessoas, tanto num contexto juridicamente definido quanto de maneira circunstancial e pragmática.

Descarta-se a ideia de que os estudos das relações internacionais seriam restritos à análise da ação externa do Estado. Neste caso, o objeto analítico seriam unicamente as relações interestatais. Ora, como mostra o segundo capítulo, apesar de o Estado manter uma privilegiada posição e poderes exclusivos na cena internacional, a diversificação dos temas relacionais e dos atores envolvidos corrói progressivamente sua onipotência.

A ação, omissão ou indiferença na seara externa marca a história da civilização. A existência de agrupamentos humanos autônomos e relativamente diferenciados na Antiguidade ocasiona o surgimento das primeiras manifestações das relações internacionais. A organização de alianças militares entre cidades gregas e a instituição de mediadores para auxiliar na solução de conflitos impregnam de forma indelével o bicefalismo originário e secular das RI: a capacidade de fazer a guerra e os esforços para a manutenção da paz.

A natureza das RI coloca o difícil desafio da delimitação de seu campo de atuação. Como delimitá-lo e como identificar os temas que lhe são pertinentes? A resposta à primeira indagação poderia decorrer da simples constatação de que somente os fenômenos que ocorrem além das fronteiras dos Estados interessariam às RI. Todavia, a atuação externa dos Estados e dos outros atores internacionais não pode ser compreendida sem a devida análise das condições internas que a motivam. Ou seja, existe um estreito vínculo entre a percepção ideológica de um governo e sua atuação internacional. Mesmo podendo ser consideradas como a mais constante das políticas públicas, as atividades externas governamentais sofrem inflexão de prioridades quando há mudança de governo ou de regime político.

Os modernos meios de comunicação desconhecem as limitações fronteiriças. O fenômeno do fim do território – concebido como espaço estanque no interior da linha de fronteira – faz a interpenetração entre o endógeno e o exógeno apresentar-se como elemento fundamental da realidade contemporânea. Os cidadãos em rede, como enfatizado adiante, levam novos atores à cena internacional.

Para a compreensão correta dos desafios internacionais, o pesquisador deve levar em consideração a evolução da realidade interna dos Estados. O ditado segundo o qual as diferenças entre os partidos Democrata e Republicano dos Estados Unidos terminam quando é atravessada a fronteira do país é desmentido pela própria história de sua política externa. Muitos outros exemplos poderiam ser citados, tais como as opções distintas do Irã imperial e do khomeinista, as implicações da revolução soviética na condução da política externa russa e as prioridades diferenciadas do regime militar brasileiro se comparadas às pós-1985. Portanto, há estreitos liames entre realidade interna e política externa, fazendo do estudo das relações internacionais o mais vasto campo analítico entre todas as ciências sociais e humanas.

Além da amplitude do campo, multiplicam-se os temas que interessam às RI. O Estado, por exemplo, interessa-se atualmente por temas internacionais desprezados ou inexistentes no passado: a importância das trocas comerciais; a captação de recursos financeiros estrangeiros; a proteção dos direitos humanos e do meio ambiente; a cooperação técnica internacional (saúde pública, trabalho, comunicações, propriedade intelectual, migrações, agricultura e desarmamento) e a política de difusão cultural. Tais temas agregam-se às preocupações internacionais tradicionais, como a segurança, a manutenção da paz, a busca do prestígio e o exercício da influência.

Assim, os 40 mil tratados internacionais que estão registrados nas Nações Unidas compõem o tecido normativo das RI. Todavia, seria necessário incluir os milhares de textos legais internacionais que se originam nas organizações internacionais públicas e privadas, ou ainda suas declarações, resoluções, decisões e os atos unilaterais dos Estados. Além disso, os parâmetros constitucionais que possibilitam a atuação externa de cada Estado deveriam, igualmente, ser objeto de análise. Note-se que esse breve levantamento se restringe aos aspectos formais das RI que vinculam os Estados, portanto, ao Direito Internacional Público e ao Direito das RI.

Além de haver hoje uma agenda mais densa, mudou também o eixo central em torno do qual giram as iniciativas de competição ou de cooperação internacional: a política, instrumentalizada pelo fenômeno da guerra, que marcou as relações internacionais de forma indelével nos séculos anteriores, sofre a concorrência da economia, em particular a partir da segunda metade do século passado.

2. Conceitos e teorias sobre as relações internacionais

Ultrapassando largamente o que se encontra em outros ramos das ciências, a observação da cena internacional e as teorias dela resultantes vinculam-se à situação do analista. Descartando o caso extremo das ciências naturais e exatas, em que a relação entre o objeto da pesquisa e o estudioso se caracteriza pela ausência de ideologia e a utilização de instrumentos analíticos representa uma mera e indispensável mediação entre o analista e seu objeto, nas ciências sociais e humanas tanto a forma quanto o resultado da análise são indissociáveis da formação cultural do observador.

Do conjunto das ciências sociais, é na pesquisa em relações internacionais que se encontram os liames mais estreitos e definitivos entre as características do pesquisador, ou teórico das RI, e os resultados alcançados. Ou seja, existe uma relação direta entre analista e analisando, que deve ser explicitada para que os contornos, alcance e limites de seus resultados sejam claramente apreendidos.

O analista das relações internacionais não possui somente um histórico cultural, mas, sobretudo, um ponto fixo em que ele se situa para observar a cena internacional. Essa janela para o mundo consiste, na maioria das vezes, no vínculo de nacionalidade. Ou seja, a quase totalidade dos teóricos das RI elabora suas pesquisas pelo prisma do território onde se encontram.

O posto de observação delineia o campo a ser observado e, por conseguinte, a própria pesquisa é limitada por um interesse intelectual claramente definido. A atenção concedida às RI pelos centros de pesquisa dos países desenvolvidos resulta na monopolização da maneira de perceber, entender e explicar o mundo por um prisma nortista. A concentração da pesquisa em RI em alguns centros acadêmicos relevantes do Hemisfério Norte provoca sua uniformização conceitual e uma clara identificação das correntes de pensamento com os paradigmas estabelecidos.

O lugar no mundo do pesquisador faz com que os parâmetros de sua pesquisa sejam condicionados pelo horizonte espacial que a ele se oferece. Ou seja, o entorno imediato do pesquisador lhe concede uma percepção localista, sobretudo quando este aborda a inserção internacional de seu Estado.

Mais do que qualquer outro pesquisador em ciências sociais, o analista de RI padece de uma grave moléstia: o prisma nacional, por vezes o nacionalismo, consciente ou não, que impregna a quase totalidade dos estudos das relações internacionais. Além do natural e compreensível entorno cultural, o analista de RI é percebido como um instrumento de divulgação da percepção que seu Estado possui – independentemente de governo – das RI. Ele não deve buscar a compreensão dos fenômenos internacionais da maneira mais competente e independente possível, mas somente buscá-la caso ela atenda às expectativas de seu próprio Estado.

A relação estreita com seu Estado permite um constante diálogo e assessoramento governamental. Não é raro encontrar os analistas das RI como conselheiros do Príncipe ou mesmo, casos de Henry Kissinger e Celso Lafer, praticando em seu nome. Na maioria dos países desenvolvidos, há um constante intercâmbio entre a Academia e a diplomacia encarregada de projetar a atuação externa do Estado. Nesse sentido, alcança ampla dimensão a visão nacional das relações internacionais.

Essa situação provoca imenso desequilíbrio qualitativo e quantitativo entre as escolas teóricas. Enquanto são raras as percepções oriundas do Hemisfério Sul, proliferam as de origem nortista. Pode-se dizer que em face da avalancha de estudos contemporâneos das RI que elegem como parâmetro os interesses do Norte, onde a realidade do Sul é percebida sob o exclusivo prisma do controle, escassas são as teorias que se originam nos países em desenvolvimento capazes de elegê-los como objeto central de suas análises.

Por outro lado, com a percepção recorrente nas *nomenklaturas* dos Estados sulistas de que as questões internacionais devem permanecer o apanágio de um restrito grupo de profissionais do Executivo, a criação teórica sofre as limitações impostas pela ausência de diálogo com os responsáveis e, sobretudo, pela inacessibilidade dos arquivos indispensáveis à pesquisa científica.

O monopólio do Estado na criação de conhecimento em RI nos países do Sul causa imenso e irreparável prejuízo. Forçados a afastarem-se das indispensáveis fontes, os estudiosos do Sul obrigam-se a trilhar dois caminhos, ambos marcados por evidentes limitações: por um lado, transformam seus trabalhos em meros ensaios, e, por outro, devem restringir-se a uma percepção formalista da ação externa, já que são tributários da boa vontade do Estado para o fornecimento da matéria-prima indispensável às suas pesquisas.

Finalmente, há a percepção dos próprios colegas do Hemisfério Norte que consideram os raros estudos originários do Sul como resultantes de posições parciais e desprovidas de rigor científico. Ausentes às liberdades essenciais e presentes deploráveis condições de pesquisa e revolta com a atual distribuição do poder mundial se torna impraticável a realização de estudos de forma independente. Assim, um teórico chinês, africano ou latino-americano é prontamente identificado ideologicamente como alguém a serviço de uma causa, e não como um intelectual que tenta compreender e explicar o mundo.

O estudioso internacionalista está impregnado pelo localismo. Quando crítico da atuação externa de seu próprio governo se transforma em *persona non grata*, em intelectual bizarro incapaz de entender que os supostos interesses do Estado devem sobrepor-se à ciência. Quando independente, é acusado de ingenuidade pelos realistas que o consideram um inocente útil a serviço dos desígnios das grandes potências.

A diversidade de conteúdo e de atores e a dimensão do campo onde se desenrolam seus fenômenos faz que o estudo das relações internacionais seja objeto de esforços teóricos na busca de uma hipotética racionalidade, de uma apreensão da totalidade do real e, se possível, do estabelecimento de mecanismos que permitam a previsibilidade do sistema internacional. Procura-se ordenar os fatos, tornar inteligíveis as atitudes dos atores, identificar as fontes ideológicas e filosóficas que os inspiram, delineando os parâmetros que os movem, mormente o Estado, no cenário externo.

Contraponto às escolas, sobretudo norte-americanas, que tentam identificar no fluxo constante do intercâmbio internacional a reiteração de atitudes coerentes suscetíveis de percepção científica, outros analistas recusam conceder ao estudo das relações internacionais algum grau teórico e ainda menos o caráter de ciência. De fato, a origem dessas percepções dicotômicas repousa na oposição ou dualidade conceitual das relações internacionais, dualidade que se divide em, por um lado, moralistas/otimistas/racionalistas e, por outro, em realistas/pessimistas que consideram o Estado como um ator fragmentado, conforme quadro transcrito a seguir.

Malgrados os esforços para tornar-se uma disciplina autônoma, a compreensão das RI exige múltiplos atributos intelectuais. Em primeiro lugar, torna-se impossível compreendê-las se ausentes sólidos conhecimentos de geografia física, política e humana, bem como de cartografia. Pode-se admitir, inclusive, a *boutade* que sublinha que a geografia serve, antes de tudo, para fazer a guerra. A análise do Império Romano demonstra que sua "experiência é, antes de tudo, uma experiência do espaço" [8] que se transformou na matriz espiritual e material para todos os impérios.[9]

[8] BRAGUE, R. *Europe, la voie romaine*. Paris, 1992, p.33.

[9] A exaltação feita em Roma pelo fascismo e a remodelagem cartográfica da Europa pelo nazismo constituem exemplos recentes do fascínio exercido pela noção de império.

Tabela 1 – **A dualidade conceitual das relações internacionais**[10]

Paradigmas	Moralistas/otimistas	Realistas/pessimistas
Antropologia	O homem é bom por natureza	O homem é mau por natureza
Unidade analítica	Sociedade, conjuntura interna	Estado ou nação, governo
Visão do mundo	Sociedade universal	Mundo composto por Estados
Estrutura	Dependência e sujeição	Anarquia
Força militar	Desarmamento	Dissuasão pelas armas, balança de poder
Estratégia	Organizações internacionais, governo mundial	Ordem e hierarquia estatais
Instituições analíticas	Estudos críticos sobre a solução de conflitos, escola idealista, julgamento ético	Estudos estratégicos, escola realista, ética da responsabilidade
Conflito	Estrutural	Nas relações de força
Guerra	A violência é o ápice de um conflito	Resulta da anarquia, busca objetivos com meios militares
Paz	Equilíbrio estrutural, harmonia, fraternidade	Ausência de guerra (paz negativa), defesa do statu quo

A posse territorial constituiu-se, ao longo da história da humanidade, o objetivo supremo das ações de grupos organizados. A guerra de conquista como instrumento de política externa dos Estados foi abolida somente em meados do século passado. A posse da terra fundamenta duplamente o direito: em direção ao interior, com sua distribuição e delimitação, e em direção ao exterior, com o confronto com os demais grupos organizados. Assim, a conquista, a ocupação e a colonização encontraram-se no centro das RI e molda o atual Direito Internacional Público.

Outro aporte importante da geografia às RI ocorre no final do século XIX, quando a clássica visão liberal das RI, até então a serviço do Estado, sofre a influência do imperialismo. Dessa conjunção nasce a geopolítica, que sustenta a existência de uma relação direta entre a dimensão territorial dos Estados e seu real poder no sistema internacional. A partir dessa visão, o território é tomado como um valor permanente, estando sua segurança e sua independência diretamente a ele relacionadas. [11]

Inspirados pelo geógrafo alemão Ratzel, os princípios geopolíticos estiveram na origem da Segunda Guerra Mundial e retornaram ao centro dos debates a partir dos anos de 1970. Sua influência na condução da diplomacia brasileira sob o regime militar de 1964 foi enfatizada por muitos autores. Todavia, a geopolítica vai além. Por um lado, as representações das relações internacionais contemporâneas utilizam-se constantemente dos utensílios

[10] PFETSCH, F. *La politique internationale*, Bruxelas: Bruylant, 2000, p. 20

[11] O Barão do Rio Branco, patrono da diplomacia brasileira e um dos heróis nacionais, esposava a teoria geopolítica e considerava que "terra é poder".

geopolíticos, tais como a cartografia – código que pode, à primeira vista, sugerir uma visão simplista a ser utilizada para a leitura de realidades complexas[12] – e os *Atlas* comentados.[13] Por outro lado, conflitos recentes, como o da Iugoslávia, do Oriente Médio e a Guerra do Golfo, fizeram ressurgir o interesse pela geopolítica na medida em que se encontram no cerne destas guerras a dominação, a distribuição e a exploração territorial.

A geopolítica, como ramo de conhecimento próximo das RI, possui um duplo e limitado objetivo: "constatar os fatos e postular, em seguida, a existência de eventuais conflitos a partir da análise das relações de força".[14] Portanto, ela explicita a prática e o conhecimento que os homens têm da força e da violência na cena mundial, para modificá-la em proveito próprio. Ora, o movimentado cenário internacional acomoda-se perfeitamente com as carências da geopolítica, pois "nestes últimos anos todos os mapas políticos publicados caducaram imediatamente".[15]

A importância das questões ambientais, a preservação da biodiversidade, a proteção internacional dos ecossistemas, a utilização de patentes laboratoriais que praticam uma verdadeira pirataria nos territórios dos Estados em desenvolvimento e as catástrofes humanitárias que assolam muitas regiões do planeta demonstram que o retorno da geografia as suas origens constitui elemento crucial para o estudo das RI, e sua contribuição é indispensável para a correta compreensão dos desafios que se apresentam.

Independentemente da sensibilidade ou da formação do observador atento da cena internacional que pode conduzi-lo a esposar uma ou outra percepção teórica, ele é obrigado a mover-se com naturalidade na ciência histórica. Ausente o conhecimento dos fatos e de suas distintas interpretações, não há como compreendê-los para posterior tentativa de construção de uma teoria. Pode-se afirmar que somente com a história não se faz RI. Todavia, sem amplos conhecimentos históricos, a compreensão dos fenômenos internacionais torna-se impossível.

Contudo, a extensão do campo histórico faz surgir dois dilemas: por um lado, a correta identificação dos aspectos pertinentes à pesquisa em face da dificuldade em trabalhar com um campo tão vasto. Nesse sentido, a amplitude do campo de observação deve ser compensada pela escolha de um *tema restrito*. Como na pesquisa em ciências sociais, o sucesso da pesquisa em história de uma maneira geral, especialmente em história das relações internacionais, depende da correta delimitação do objeto a ser estudado, descartando-se o falso debate entre micro-história e macro-história. Ambas são imprescindíveis.

---

[12] A cartografia não é somente uma técnica de representação, mas "um verdadeiro discurso que ajuda a entender e a melhor conceber a sociedade e seu espaço". Consultar DE BIAGGI, E. M. *La cartographie et les représentations du territoire au Brésil*. Tese de doutorado, Instituto de Altos Estudos da América Latina, Universidade de Paris III, 2000, mimeografada, 484 p.

[13] Em 1960, o Instituto Brasileiro de Geografia e Estatística (IBGE) publicou, com textos redigidos por Delgado de Carvalho, um interessante e muito raro *Atlas de relações internacionais*. Rio de Janeiro, 160 p.

[14] RAFFESTIN, C. "Pour une analyse géographique du politique". *In*: *Guerres et Paix*. Genève: Georg, 2000, p. 759.

[15] Ibidem.

No entanto, a capacitação do macro-historiador, capaz de grandes sobrevôos, transita, necessariamente, pela história pontual, na qual o corte cronológico desempenha função essencial.

O segundo dilema refere-se aos liames entre política interna e externa. A construção da atuação internacional de um Estado resulta do denominado *interesse nacional*. Do que se trata e como avaliá-lo? A ação externa de um Estado pode ser comparada com a parte visível de um *iceberg*. A que se extrai da água, visível para todos, sustenta-se, em definitivo, na parte que se encontra submersa, já que somente esta é capaz de fornecer os instrumentos necessários à *construção de uma decisão*.

O surgimento de uma questão externa implica a participação de um número considerável de intervenientes durante o processo de definição. Vários setores do poder público podem ser chamados a opinar, mas também interesses privados são auscultados, inclusive ponderações de formadores de opinião pública ou de representantes de organizações privadas.

A democracia representativa permite a manifestação de distintas percepções, e um governo atento às demandas pode sensibilizar-se e orientar sua decisão conforme tais sugestões. Portanto, toda decisão conhece o mesmo itinerário, de maior ou menor complexidade, com exceção, evidentemente, dos regimes personalistas, nos quais a palavra do ditador não só é única, como também não pode ser contestada.

Finalmente, é necessário avaliar como a decisão externa deverá ser aplicada internamente, ou seja, as consequências do que podemos denominar de *retorno da decisão*. Os compromissos assumidos com o exterior possuem repercussões internas, tanto do ponto de vista da organização jurídica, com a internalização dos termos de um tratado, quanto no que diz respeito à administração do Estado, que se obriga a orientar sua política de forma distinta. Além disso, a decisão em política externa pode ser apresentada como condão para acelerar a tomada de decisão interna sobre um assunto que não pode ser objeto de uma decisão nacional autônoma em razão da ausência de consenso. Nesses casos, o exógeno é utilizado como instrumento da própria luta interna.

A teoria das relações internacionais surge em oposição a um suposto superficialismo empírico sustentado, em especial, pelos estudos históricos. Ora, em qualquer dos ramos do conhecimento, não existe teoria sem constatação empírica. Inclusive a história factual deve ser sempre sustentada por uma hipótese ou por uma pergunta à qual a pesquisa tenta responder.

Complementos indispensáveis ao conhecimento primário e às diferentes versões dos fatos que caracterizam a formação enciclopédica, os estudos históricos perseguem dois objetivos essenciais:

- O aprendizado de técnicas e de métodos que tornem inteligíveis tanto a percepção dos fatos quanto sua explicação; trata-se, portanto, do *saber fazer* que lançam mão da memória como instrumento, que relaciona os acontecimentos, permitindo, assim, a apreensão da totalidade da realidade histórica;
- Por meio do *saber ser* o estudioso participa de sua própria educação e se transforma em um ator do processo de conhecimento.

Os historiadores das relações internacionais correm o risco de cometer uma série de pecados capitais e veniais. A história das relações exteriores se ressente, ainda mais do que a história *tout court*, de construções ideológicas (a ideologia no sentido de uma construção do espírito, sem conotação de valor) que a marcam profundamente. Além disso, é comum encontrar *historiadores nacionais*, ou seja, aqueles que defendem a posição de seu país e não a ciência histórica.

Entre os pecados capitais dos historiadores encontra-se:

- A *história falsificada* (oficial ou não), na qual o pesquisador busca, com uma seleção minuciosa e parcial das fontes primárias, as evidências que compõem a *sua* verdade. Ou seja, o lançar mão de documentos não resulta de uma vontade de construir um relato consistente e o mais próximo possível da verdade histórica, mas, ao contrário, de dar aparência de seriedade a um falso relato;
- A *história imbecil*, na qual o relato reflete a imagem do historiador. Como em todas as atividades humanas, inclusive intelectuais, encontramos autores cuja obra não pode alçar-se além de seu próprio nível;
- A *história mercantil* consiste em uma nova e difundida moléstia. O objetivo perseguido não é educativo, tampouco cultural. Trata-se de um fim exclusivamente financeiro, para o qual o autor lança mão de uma fórmula mágica infalível. Escolhe um tema em voga, trata-o com maestria e inexatidão, sabendo que, quanto mais ousado e inexato for o relato, maior será seu impacto. Dispondo de um importante orçamento em publicidade, não alimenta nenhuma dúvida nos leitores e fornece respostas absurdas para interrogações cretinas.

O autor dispõe de amigos nos meios de comunicação e participa ativamente em debates públicos, se possível na TV, onde demonstra a crença em uma verdade absoluta e dogmática. O relato deve ser dramático e lançar mão de autores clássicos para evitar um sempre possível processo por danos morais, adicionando pimenta e sal à vida pessoal dos atores da trama e sustentando, contra todas as provas e evidências historiográficas, uma tese oposta e paradoxal.

Além destes pecados, encontramos os veniais, ou seja, aqueles que não se vinculam ao caráter (ou à falta de caráter) do autor, mas às suas escolhas literárias, que tendem a limitar a compreensão e a difusão da narrativa:

- A *história científica, porém enfadonha* – muitos historiadores confundem seriedade e chatice. O atrativo da história não se resume ao somatório de anedotas (muitas, falsas) como defende a história mercantil. Ao contrário, os verdadeiros movimentos da história, profundos ou superficiais, contêm muito mais emoções que o anedotário. A história é, em definitivo, uma *ciência* que deve buscar as evidências mas também uma *arte* em que, por meio das palavras, ela relata a *vida*. Como enfatiza Jean-Baptiste Duroselle, "a história pesada e insípida é um crime contra o espírito";
- A *história cíclica* – realça a regularidade da história da humanidade, resumindo que a "história se repete, sempre". Ora, mesmo que haja atitudes consideradas uniformes como, por exemplo, o fenômeno do isolacionismo dos Estados Unidos em momentos de sua história, a aplicação deste princípio na política externa insere-se em contextos distintos que devem ser explicitados;
- A *história dialética* – tal perspectiva toma o contrapé da anterior afirmando que a "história não se repete, nunca". Trata-se da história dominada pelas *correntes* e que introduz as noções de tese, de antítese e de síntese. Há, portanto, a possibilidade de certa previsão que deverá colocar um

ponto final à história tanto para os historiadores marxistas, com a chegada da sociedade sem classes, como para os liberais deterministas, como Fukuyama.

Em definitivo, a história como perspectiva e embasamento indispensável para a compreensão das RI deve *humanizar-se* e recuperar o sentido da *narrativa*. É necessário afastá-la da previsibilidade, da mecanicidade e da inevitabilidade. A ideia de que, em razão dos avanços tecnológicos e da homogeneização do mundo, a história contemporânea pode descartar o imprevisto, portanto, o humano, é totalmente errôneo. A queda do Muro de Berlim, em 1989, e os atentados de 11 de setembro de 2001 demonstram que a verdadeira história da humanidade possui o condão de contestar com vigor o determinismo e a redoma em que algumas escolas historiográficas se esforçam em prendê-la.

Para construir a história, é necessário pesquisar as fontes. O triste hábito de muitos historiadores de repetir os erros e os acertos, bem como as virtudes e os defeitos de pesquisas realizadas por outros, transforma em mera reprodução o que deveria ser a produção original da história.

Todavia, não basta obter acesso às fontes: é imprescindível saber selecioná-las. Em primeiro lugar, trata-se de definir a origem e a natureza das fontes (as fontes oficiais, em especial os arquivos manuscritos e originais dos ministérios das Relações Exteriores; os documentos diplomáticos que foram selecionados pelo Estado para fins de publicação; os documentos das OI, como os debates nas Comissões e os documentos adotados como resoluções ou recomendações, ou seja, como foi construída uma decisão (maioria simples, qualificada, unanimidade, consenso) e sua *eficácia;* os depoimentos (ou memórias biográficas) dos atores da trama histórica.[16]

A reunião do conjunto das fontes é tarefa indispensável embora insuficiente. Trata-se de proceder a sua crítica, que deve ser feita por meio da confrontação das fontes de origem diversa, exemplo de dois ou mais Estados ou atores. As pesquisas envolvendo atores marginais das RI que não preservam a memória podem ocasionar um desequilíbrio entre as distintas fontes oficiais. Não é raro encontrar mais informações sobre certos temas importantes de um Estado nos arquivos de outro, sobretudo em época de crises, já que os atores tendem a não deixar vestígios de suas decisões.

A modernização das comunicações, com a generalização da telefonia, da internet e do fax, coloca uma questão crucial aos pesquisadores: como proceder para reunir o conjunto de fontes pertinentes quando a grande maioria dos meios de comunicação, sobretudo em países despreocupados com a preservação do interesse público e da memória coletiva, como no nosso caso, não adotaram uma clara política de arquivo já que tanto o correio eletrônico quanto às comunicações telefônicas não são objeto de transcrição?

Nesse sentido, o incontornável *segredo de Estado* condiciona 90% dos atores estatais do sistema internacional. Critérios políticos e subjetivos são utilizados para definir o *quê*, a *quem*, *quando* e em que *condições* (seletivas ou livres) deve ser

[16] Para estes, é indispensável salientar os *dois tempos distintos* das memórias, quais sejam: o tempo do desenrolar da ação e o tempo da redação das memórias. O conteúdo dos dois tempos pode ser bastante diferente, pois a memória é seletiva e traiçoeira.

liberado o acesso aos arquivos. Os outros 10% (essencialmente as democracias industrializadas) adotaram a regra dos 30 anos. Todavia, podem manter secretos documentos que dizem respeito a atores vivos (ou a seus familiares), bem como os pertinentes à segurança nacional.

A situação do acesso aos arquivos incita o pesquisador em história das relações internacionais a ser humilde e a encarar seu trabalho com ceticismo. Jamais imaginar que sua obra é definitiva, pois novas fontes, até então inacessíveis, podem estar à disposição de futuros colegas, remodelando a percepção sobre o assunto.

Além da capacidade de leitura e compreensão dos documentos em língua estrangeira, o pesquisador deve estar consciente de que, na melhor das hipóteses, ele é um intruso em um mundo onde os guardiões dos arquivos – públicos e privados – são seus principais adversários. Esses guardiões tendem a considerar o pesquisador um inimigo, capaz de contestar a construção de uma memória histórica já consolidada. Mas o pesquisador encontrará a pior das situações ao trabalhar com arquivos estrangeiros, quando, em razão de sua nacionalidade e dos temas de interesse para a pesquisa, poderá vir a ser considerado como um espião e um potencial traidor.

É lugar comum afirmar que a compreensão das RI exige sólidos conhecimentos jurídicos. Inúmeros ramos das atividades internacionais requerem o aporte do Direito: os tratados, as questões humanitárias, a diplomacia, o conjunto normativo das organizações internacionais, a *lex mercatoria* e a codificação do costume. Também os princípios cogentes, entre outros, o desarmamento, o desenvolvimento econômico, os equilíbrios financeiros e monetários, os direitos humanos, compõem a densa tessitura do Direito das Relações Internacionais.

Todavia, é necessário enfatizar que a natureza da contribuição jurídica é distinta, pois ela transcende a perspectiva analítica, compondo objeto específico, que se encontra no campo a ser analisado. Em outras palavras, o Direito Internacional, ao reunir, por exemplo, uma trama impressionante de tratados internacionais em plena vigência, constitui patrimônio insubstituível para o analista das RI. Ao concluírem esses documentos, os Estados e as OI exercem prerrogativas soberanas – originárias para os primeiros e delegadas para as segundas – que atingem o grau de discricionariedade que dispunham até então no exercício de suas relações externas.

A conclusão de um tratado internacional, bi ou multilateral, tende a conceder previsibilidade às RI, limitando a ação dos Estados, inclusive dos mais poderosos. Caso inexistisse a Carta das Nações Unidas, certamente o consórcio anglo-americano teria agido com desenvoltura ainda maior na crise iraquiana do início de 2003.

A perspectiva jurídica das RI concede absoluta supremacia ao Estado. Apesar dos avanços contemporâneos, particularmente no âmbito dos direitos difusos (meio ambiente e direitos humanos), o indivíduo possui somente fragmentos de uma personalidade jurídica internacional. Esta continua a ser exercida plenamente pelos Estados que construíram, ao longo do século passado, mecanismos para evitar todas as formas de guerra.

O cenário interestatal contemporâneo apresenta uma moldura jurídica que repousa no Direito Internacional Público (DIP). Este coordena – diferentemente do Direito Interno, que impõe – as condutas de seus sujeitos. A especificidade predominantemente relacional do DIP e a necessidade do prévio consentimento dos Estados para que se sintam obrigados a obedecer às suas normas explicam sua marginalidade nas análises das teorias realistas das RI.

Entre as principais críticas ao DIP, sobressaem as seguintes:

- Diferentemente do Direito Interno, o Internacional não dispõe de uma hierarquia normativa. Como suas fontes são múltiplas e de qualidade jurídica desigual (acordos, costume, princípios gerais do Direito, atos unilaterais, resoluções das OI), as obrigações delas decorrentes não se prestam a uma hierarquização. Admite-se, contudo, que elas possam ser classificadas em imperativas, obrigatórias e facultativas;
- O DIP seria unicamente a manifestação do poder, como ocorre com os tratados que coloca ponto final aos conflitos bélicos, com a teoria dos tratados desiguais e com o pentágono imperial detentor do poder de veto no Conselho de Segurança da ONU;
- A inoperância da Corte Internacional de Justiça, que se expressa pela *cláusula facultativa de jurisdição obrigatória*, impossibilita o surgimento de uma instância jurídica internacional suprema, permitindo aos Estados total liberdade de conduta;
- Uma parte ponderável dos instrumentos do DIP constitui um *soft law*, como as múltiplas Declarações que não ensejam a responsabilização jurídica dos Estados supostamente faltosos. Nota-se, ainda, que a inflação legislativa internacional torna impossível o conhecimento desse tecido normativo, atingindo sua aplicação e eficácia.

Apesar da aparente pertinência das críticas, impõe-se a elas certas reservas. A necessidade do consentimento dos Estados para a elaboração das normas internacionais concede ao DIP uma qualidade não encontrada no Direito Interno. Ao considerar que a construção do Direito exige o concurso ativo dos sujeitos aos quais ele se aplicará, somente o DIP pode ser considerado como Direito, pois, na melhor das hipóteses, a elaboração das Constituições dos Estados contemporâneos é realizada por meio de delegação de poder. Por outro lado, um Estado que não concorda com um dispositivo de um tratado multilateral pode emitir reserva ou deixar de firmá-lo. Tal situação não é permitida pelo Direito Interno.

A missão do DIP consiste em tentar conciliar forças contrárias, quais sejam, os Estados detentores de soberania e a ordem internacional. Esta luta permanente faz com que muitos instrumentos jurídicos não atinjam os sujeitos de forma plena e eficaz. Ora, tal situação é igualmente encontrada no Direito Interno, no qual ocorrem situações no Direito Penal, em que a distribuição da justiça e o acesso a ela estão vinculados à capacidade econômica, ao grau cultural e às condições sociais dos sujeitos. Por outro lado, textos jurídicos internos alimentam, igualmente, o rol de normas mortas e inaplicáveis.

A existência de normas cogentes que se impõem, indiscriminadamente, a todos os Estados – proibição da escravidão, da tortura, do genocídio, do racismo – mostra que o DIP reúne um núcleo irredutível de valores de alcance universal. Além do respeito aos princípios do *jus cogens*, os espaços aéreos, extra-atmosféricos e marítimos comuns compõem o patrimônio da humanidade e como tal são geridos com regras jurídicas multilaterais. Finalmente, a emergência de um DIP comercial vinculado à OMC/GATT, que detém jurisdição obrigatória e automática em sua seara de atuação, demonstra o processo jurisdicional que impregna as atuais relações internacionais.

As crises pontuais que eclodem nas RI tendem a obscurecer os extraordinários avanços conquistados pelo DIP. Inexiste ação lícita internacional promovida pelo Estado e pelas OI se ausente o respectivo marco jurídico que a respalde. Instrumento de coordenação de vontades díspares, o DIP organiza, canaliza e inspira a ação dos sujeitos públicos que operam nas RI. Estas condições transformam o DIP em instrumento indispensável para a plena compreensão das relações internacionais contemporâneas.

A perspectiva jurídica – que percebe o conjunto de Estados em perfeita igualdade soberana – e a perspectiva histórica – que indica as desigualdades de fato existentes entre eles – das relações internacionais conduzem a um duplo impasse. Por um lado, as relações de potência, fundamento de um sistema internacional descentralizado, se defrontam com as tentativas de enquadrar os Estados em uma ordem jurídica imperativa. Por outro, não basta constatar a disparidade dos Estados em suas ações internacionais: é imprescindível quantificá-la identificando os fatores de poder. Para tanto, é necessário apelar a percepções complementares. Entre estas, se sobressai a perspectiva econômica.

A importância do enfoque econômico das RI pode resumir-se na constatação de que as guerras atuais têm como objeto primordial a conquista de mercados, em detrimento da conquista de territórios. A mercantilização aparentemente sem limites das RI, aliada à importância adquirida pela circulação financeira internacional, impossibilita uma correta compreensão dos desafios mundiais caso o analista não se detenha nos princípios que regem o comércio, os investimentos e as questões envolvendo as relações monetárias internacionais.

A internacionalização dos processos produtivos do século XIX alcança, no século seguinte, o conjunto do globo. Em um primeiro momento, o capitalismo triunfante vê-se confrontado com os modelos alternativos socialistas e oriundos do Terceiro Mundo. Ora, no final do século passado, desaparece qualquer possibilidade de contestação baseada no exemplo de modelos que venham a concorrer com o capitalismo. A adoção do *socialismo de mercado* pela China em 1978, levada a cabo em um duplo movimento – abertura ao capitalismo e manutenção de um regime político fechado – bem como a passagem da Rússia à economia de mercado em 1992 impregnam de maneira indelével as relações internacionais.

O desaparecimento do modelo sino-soviético traz consigo inúmeras consequências. Primeiramente, ele afeta 1/4 da população mundial. Em seguida, no caso do desaparecimento da URSS, ele desafoga as veleidades de secessão criando um grande número de Estados independentes. Enfim e, sobretudo, ele rompe o equilíbrio tripolar que vigorou durante a maior parte da segunda metade do século XX, modificando profundamente as disposições de confronto, de cooperação e de solidariedade que vigoravam até então nas RI.

Torna-se impossível apreender os contornos das atuais relações internacionais caso não sejam levadas em consideração as teorias do comércio internacional e da integração econômica. As permanentes confusões que a literatura dita especializada em relações internacionais comete quando analisa os processos de integração econômica, sobretudo nos casos da União Europeia e do MERCOSUL, poderiam ser evitadas se a devida atenção fosse concedida à teoria clássica da integração. Fenômenos incontornáveis das atuais Relações Internacionais, as análises dos processos de integração devem inserir-se em seus respectivos contextos históricos e, igualmente, sofrer um acurado recorte teórico.

A problemática da globalização, em suas distintas manifestações, embora prevaleçam as de caráter econômico, transformou-se no maior fenômeno editorial contemporâneo. Os especialistas das RI defrontam-se com a irrefreável concorrência de juristas, economistas, sociólogos, historiadores, antropólogos, linguistas, cientistas políticos, diplomatas e jornalistas, que aportam suas diferentes percepções sobre o fenômeno.

O formidável interesse pelos fenômenos transnacionais é revelador da dimensão do desafio que se coloca aos estudos das relações internacionais. Naturalmente generalista, ele exige múltiplas qualidades e técnicas metodológicas apuradas. Nessas condições, não surpreende o surgimento de inúmeras teorias que tentam entender, aprisionar e explicar nossa disciplina.

Toda teoria está vinculada a uma realidade observável. Assim, em um primeiro momento, ela pode ser definida como a forma de ordenar e externar nossa percepção da realidade. A sistematização do conhecimento lhe concede sentido e propicia uma explicação coerente. O teórico extrai do rosário de acontecimentos somente aqueles que, em razão de sua transcendência, permitem uma leitura coerente do campo observável. Portanto, a teoria não substitui a realidade, mas decorre desta e das escolhas do teórico.

Denominamos teorias das relações internacionais, de fato, uma lista de procedimentos do intelecto com diferentes níveis de aprofundamento, de extensão e de objetos a serem analisados, conforme os três seguintes critérios propostos por Stanley Hoffmann:[17]

- Grau de elaboração – há pesquisas que apresentam preocupações *metodológicas*; outras vão além e identificam *hipóteses* que orientam as investigações; finalmente, tenta-se explicar a reiteração dos fenômenos com a possibilidade de definir *leis*;
- Campo de extensão – em cada um dos três níveis analíticos mencionados, os trabalhos podem buscar definir teorias *parciais*, por exemplo, aquelas vinculadas à política externa, ou uma teoria *geral*, quando vinculada a análises de natureza estratégica;
- Postura teórica – uma primeira reúne a teoria *empírica* sustentada pelo estudo da realidade concreta; uma segunda teoria *filosófica* julga e critica a realidade, baseada em valores e a contrapõe a um ideal; a terceira é orientada para a *ação*, ou seja, não se trata unicamente de entender a realidade pelo prazer intelectual, mas utilizar-se desta inteligência para interferir sobre ela.

O tabela transcrita a seguir resume as diferentes posturas teóricas das escolas das relações internacionais.

[17] HOFFMANN, S. "Théorie et relations internationales". *RFSP*, vol. XI, 1961, p. 413-417.

Tabela 2 – **Sinopse das teorias das relações internacionais**

	Estado, ator unitário e racional				Estado, ator fragmentado		
	Teorias realista e neorealista	**Teorias liberal e neoliberal**	**Teoria da estabilidade hegemônica**	**Teoria dos regimes internacionais**	**Política interna**	**Teoria construtivista**	**Teorias marxista e neomarxista**
Caracterís-ticas do sistema internacional	Sistema anárquico, sem autoridade supranacional O Estado é o ator mais importante e os outros atores, sobretudo as organizações internacionais não dispõem de autonomia.	Interdependência crescente e extensão da democracia. Existem múltiplos atores (empresas, opinião pública, organizações internacionais e não governamentais). Todavia o Estado dispõe de um papel central.	A estabilidade do sistema internacional é condicionada pela produção de bens coletivos internacionais. Os atores são o país líder e os outros Estados. Um Estado é líder quando dispõe da maior parte dos recursos mundiais.	A estabilidade é garantida pelos regimes internacionais, ou seja, um conjunto de princípios, de normas, de regras e de procedimentos de decisão, implícitas ou explícitas, em direção das quais convergem os atores. Os estados são os principais atores.	Os constrangimentos do sistema internacional são minimizados. As características deste dependem dos Estados que por sua vez dependem de atores internos(administração, grupos de pressão, eleitorado).	As relações entre os Estados decorrem mais de um sistema de crenças e de representações do que de considerações somente materiais. A lei internacional corrói a soberania dos Estados em razão da força das normas. Os Estados são os principais atores.	O capitalismo domina o sistema internacional. Com a cumplicidade de seus dirigentes os países em desenvolvimento são explorados (teoria da dependência). Os Estados são os principais atores. O Estado é fragmentado em razão da oposição de classes, criando uma certa autonomia.
Natureza do Estado	Ator unitário e racional que persegue a maximização de seu poder e de sua segurança. Privilegia os ganhos relativos.	O Estado é um ator unitário e racional e persegue múltiplos objetivos: crescimento, pleno emprego, Estado-providência, segurança e poder.	O líder oferece a estabilidade e sustenta seu custo pois é grande consumidor. Os pequenos Estados exploram o líder. A oferta explica-se pela natureza coercitiva do líder que exerce sua hegemonia.	O Estado é um ator unitário e racional e busca múltiplos objetivos: crescimento, pleno emprego, Estado-providência, segurança e poder. Os Estados privilegiam os ganhos absolutos.	O Estado é fragmentado. Os burocratas, os grupos de pressão, a força e a fraqueza da administração explicam a incoerência e as variações da política externa.	As identidades e os interesses do Estado dependem das estruturas sociais. Elas não são determinadas pela natureza humana ou ainda pelo jogo dos grupos de pressão.	O Estado é fragmentado em razão da oposição das classes capitalistas. Ele possui portanto uma certa autonomia.
Perspectivas de cooperação	Pessimistas. Os outros estados são considerados como inimigos. Os estados recusam a cooperação mesmo que ela provoque ganhos absolutos em razão do medo de perder em termos relativos.	Otimistas. A coordenação é percebida como um jogo que se repete onde as considerações de credibilidade ou de reputação suplantam uma defecção (o custo da sanção é superior ao benefício da defecção).	Pessimistas. Enquanto um líder não surge ou não manifesta o desejo de produzir os bens coletivos internacionais, o sistema internacional não se estabiliza. Mesmo se o líder responde às suas funções, a termo ele declinará, pois o custo e o comportamento de passageiro clandestino dos outros Estados provocam uma diminuição de sua riqueza.	Otimistas. Os regimes internacionais diminuem os custos de transação, facilitam as estratégias de reciprocidade e permitem tratar os novos problemas com menor custo. Os Estados estão conscientes das vantagens de uma cooperação a longo prazo comparadas com as obtidas a curto prazo pela defecção e o risco de sanção.	Pessimistas. As lutas entre a administração e os grupos de pressão e no interior destes, bem como o impacto do calendário eleitoral, podem deformar as preferências de política externa dos Estados conduzindo-os a adotar um comportamento de sub-otimização no plano internacional.	Otimistas. A anarquia do sistema internacional decorre mais de crenças do que de dados objetivos. Ao modificar as crenças é possível mudar também o comportamento dos Estados fazendo com que eles saiam das situações do dilema do prisioneiro.	Pessimistas. Os conflitos decorrem da luta pelo lucro e pela reprodução capitalista provocando guerras de natureza imperialista.
Limites	Esta corrente não leva em consideração as mudanças internacionais (interdependência, fenômeno *spill over*).	Tende a ignorar o papel do poder como tal. Em certas circunstâncias é difícil identificar e estabelecer a prova da defecção quando os Estados hesitarão a comprometer-se com a cooperação.	É difícil identificar o país líder. Caso suponhamos um declínio dos Estados Unidos ele não foi acompanhado de uma instabilidade nas relações internacionais. Muitas vezes a estabilidade resulta de uma cooperação entre 2 ou 3 Estados.	A noção de regime internacional descarta o peso do poder. Em muitas áreas os Estados cooperam para alcançar recíprocos benefícios. Todavia, uma vez atingida a fronteira da eficácia, a lógica do poder nacional retoma o seu papel.	Este teoria tende a subestimar o peso dos constrangimentos do sistema internacional nas decisões e no comportamento dos Estados.	Esta corrente descreve e explica melhor o passado mas não consegue estabelecer predições verificadas empiricamente. Ele subestima a influência dos grupos de pressão. As ideias podem ser somente instrumentos à serviço do poder político.	O capitalismo não está só na origem dos conflitos, já que do socialismo não decorre somente a harmonia. Os países em desenvolvimento, constatando o fracasso da estratégia de industrialização baseada na autarquia, abriram-se progressivamente ao intercâmbio internacional.
Autores	Aron, Krasner, Mearsheimer, Morgenthau e Waltz	Axelrod, Deutsch, Hass, Keohane, Mitrany e Nye	Kindleberger	Axelrod, Keohane, Nye e Ruggie	Dahl, Gourevitch, Ikenberry, Katzenstein, Milner e Schattschneider	Burton, Koslowski, Kratochwil, Rosenau e Wendt	Amin. Block, Prebich e Wallerstein

Fonte: *Problèmes économiques*, nº 2611-12, Paris, abril de 1999, p. 48.

3. A dinâmica das relações internacionais

O fortalecimento do Estado a partir da Paz de Vestefália (1648) e seu monopólio na representação externa das sociedades europeias, traduzindo-se na expressão de uma única e exclusiva personalidade jurídica internacional para cada grupo humano, fez do Estado o ator exclusivo das RI. Quando interesses privados manifestavam-se, como, por exemplo, no sistema colonial, eles o faziam por meio do Estado. A consecução da paz deixou de estar ao alcance do Papa, e a guerra fugiu da alçada dos senhores feudais.

Ao longo de três séculos (1648-1945), as RI restringiram-se às relações interestatais. Vastas regiões do mundo, algumas dotadas de civilizações avançadas, foram dominadas pelo colonialismo europeu, o qual, além de saqueá-las, lhes impôs valores culturais, religiosos e ideológicos na tentativa de moldar o mundo à sua imagem. Um pequeno grupo de Estados passou a exercer uma notável dominação planetária marcada pela busca de imediato e inconteste proveito dos Estados mais poderosos. A lição do colonialismo foi assimilada por antigas colônias, como os Estados Unidos, os quais, uma vez alcançado o *status* independente, praticaram uma política externa, em particular no seu entorno imediato, que lembrava os penosos episódios de que eles mesmos foram vítimas.

A segunda metade do século passado caracterizou-se por uma série de rupturas das relações internacionais. Em primeiro lugar, mudaram a natureza, a intensidade, os atores internacionais e surgiram esforços objetivando apreender esse novo fenômeno das relações sociais. Os contatos externos não mais se restringem a um número reduzido de atores, e cresce de maneira significativa o número de Estados, atingindo atualmente mais de duas centenas. Tais entidades, que detêm uma personalidade jurídica internacional primária e desfrutam de uma igualdade formal demonstram, de fato, um extraordinário descompasso real.

A multiplicação dos atores acarreta o enriquecimento da pauta internacional. Temas que constituíam o domínio reservado do Estado tendem a internacionalizar-se, tornando questionável a adoção de uma perspectiva analítica embasada em uma realidade autárquica. Assim, a organização econômica, política e administrativa dos Estados – atribuições exclusivas e inerentes do Estado tradicional – tornaram-se temas de interesse transnacional. A incitação de Estados líderes e de organizações internacionais restringe a autonomia dos Estados débeis, que se confronta com o dilema de se sujeitar ou permanecer à margem das RI. Nessa última hipótese, os Estados enfrentam a ira dos mercados, a condenação das OI e a rejeição da sociedade internacional. A existência de Estados párias e de *quase-Estados* mostra a formidável incidência do exógeno sobre o endógeno e a impossibilidade de demarcar uma fronteira entre eles.

Além de mais ricas, as RI são marcadas pela quantidade crescente dos vínculos em razão de aceleradas mutações: o mundo girava, entre o início do século XVI e meados do XIX, com a velocidade das carruagens e barcos a vapor, ou seja, 16 km/h. Até meados do século passado, as locomotivas alcançavam 100 km/h; os barcos a vapor, 57 km/h, e os aviões, a propulsão de 600 km/h. Nas últimas quatro décadas, tanto a velocidade aumentou, atingindo para as aeronaves a barreira do som, quanto o número de meios de transporte foi multiplicado. É lugar-comum, mas não menos verdade, constatar que ocorre uma diminuição da percepção das distâncias entre as sociedades em razão dos avanços na tecnologia dos transportes e comunicações.

Gráfico 1 – **A Marcha da Humanidade**

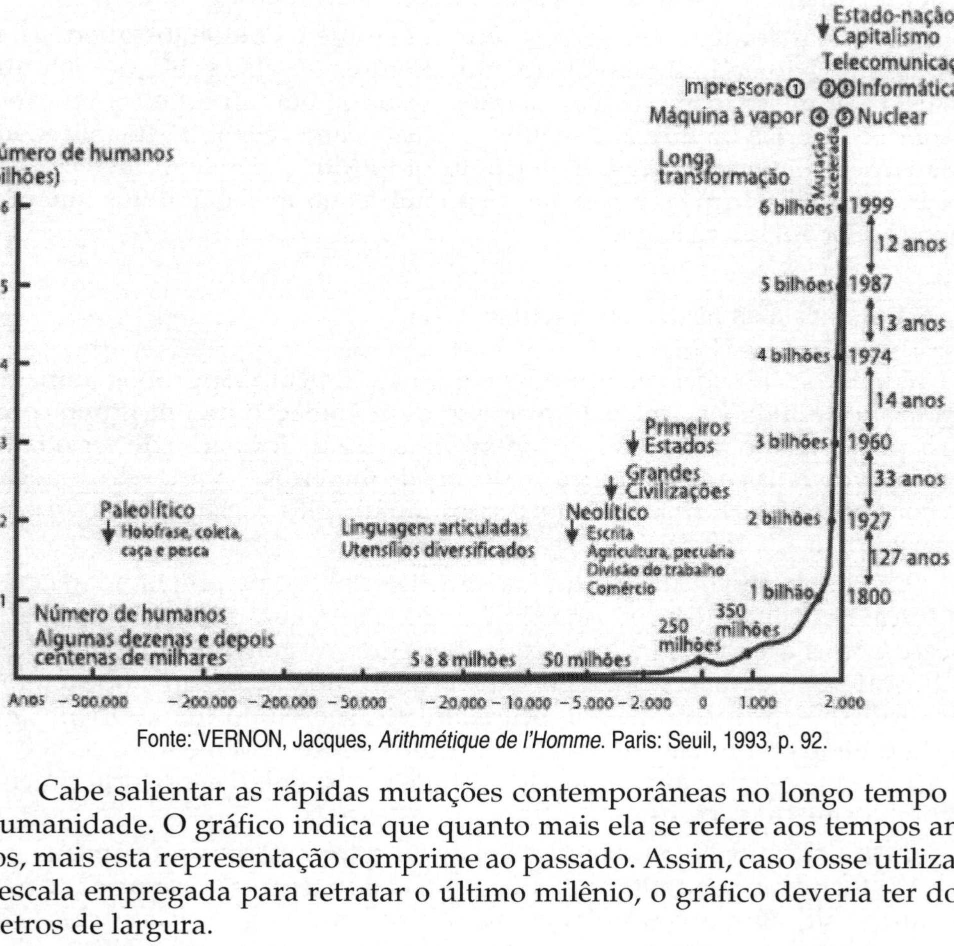

Fonte: VERNON, Jacques, *Arithmétique de l'Homme*. Paris: Seuil, 1993, p. 92.

Cabe salientar as rápidas mutações contemporâneas no longo tempo da Humanidade. O gráfico indica que quanto mais ela se refere aos tempos antigos, mais esta representação comprime ao passado. Assim, caso fosse utilizada a escala empregada para retratar o último milênio, o gráfico deveria ter doze metros de largura.

Desde os primórdios das relações entre grupos sociais organizados, passando pelo surgimento do Estado na época moderna, até alcançar as formas contemporâneas das relações internacionais, podemos identificar uma constância na natureza desses contatos. Eles se dividem, basicamente, em dois grupos. O primeiro diz respeito à dominação política que se manifesta nos sistemas de proteção, nas alianças militares, nos contemporâneos princípios de segurança coletiva e desemboca, até 1945, nas ações de conquistas territoriais. A guerra foi o instrumento essencial deste relacionamento e o marcou de maneira indelével. Sua contraface, ou seja, a paz ou, na pior das hipóteses, a ausência de guerra, constituiu-se em simples momentos de espera, durante os quais os atores preparavam-se febrilmente para os novos enfrentamentos.

O segundo grupo relacional é uma simples consequência do primeiro: a dominação e a exploração econômicas. As guerras de conquista, por exemplo, as destinadas a instituir colônias, buscavam novos territórios, impunham fidelidade aos colonizadores e amealhavam mercados e riquezas. Estas, consideradas como o nervo da guerra, portanto, seu instrumento e objetivo ao mesmo tempo, se tornaram o principal *leitmotiv* das relações internacionais.

Essas duas formas de interação acentuam que os binômios guerra/paz e subdesenvolvimento/desenvolvimento são transversais às relações internacionais. O primeiro, como já assinalamos, resultou em importantes reflexões filosóficas e teorias políticas. O segundo, mais recente, constitui unanimidade nas análises contemporâneas. Esse duplo propósito e percurso merece uma atenção do analista preocupado em distinguir as normas dos mitos que norteiam as relações internacionais.

3.1. As relações guerreiras internacionais

As relações intersociais acompanham o surgimento de grupos humanos organizados e independentes. O processo de dominação de um grupo sobre outro, pela força ou persuasão, encontra-se na raiz da formação de sociedades políticas ampliadas e constituídas em forma de impérios.[18] Vários deles, inclusive continentais, se formam, como, por exemplo, Egito, Mesopotâmia, Assíria, Pérsia e Roma.

O poder imperial construiu uma vez materializada a preponderância de sua força, um conjunto de normas indispensáveis à consolidação da nova situação. Com a aceitação, pelo ocupado, de regras de convívio, o poder imperial buscava encontrar um grau mínimo de legitimidade. Assim, por exemplo, o Império Romano mantinha relações exteriores, sobretudo com o Oriente, impondo tratados desiguais aos povos próximos e recebendo, em troca da concessão de uma relativa autonomia, contribuições pecuniárias e o fornecimento de combatentes e escravos.

O Direito Romano estabeleceu dois princípios externos fundamentais: o primeiro foi o *fecial* que conferia aos seus núncios sacerdotes a capacidade para pronunciar-se sobre a *justeza das guerras*; o segundo foi o *direito das gentes* (*jus gentium*), que regulamentava as relações entre os romanos e os peregrinos. Este direito firmou-se, por conseguinte, como o direito aplicável às relações entre os seres humanos, independentemente de seu vínculo político com uma coletividade.

As cidades gregas, por sua vez, organizaram um império marítimo e criaram instrumentos próprios ao exercício de suas relações exteriores. Entre estes

[18] O conceito de império deve ser interpretado como a manifestação do exercício de comando aliada ao direito reconhecido pelos comandados. Ele se contrapõe ao domínio que pode traduzir-se pelo poder (ou dominação) originário do latim *dominium*, utilizado no sentido de propriedade.

encontramos o instituto da *arbitragem*, a prática da *proteção diplomática* e, com a gestão integrada de santuários religiosos que servem a várias cidades, o prelúdio da *diplomacia parlamentar*, característica das organizações internacionais. Inclusive, desde o século V a.C., os gregos, por meio da Liga de Delos, colocaram em prática o princípio da *segurança coletiva*.

Sendo assim, encontram-se na Antiguidade os princípios fundadores do Direito Internacional com o início de uma prática das relações internacionais. Trata-se de um lento processo que conhecerá uma inflexão com a queda do Império Romano. A partir de então, a Europa, que já desfrutava de um lugar privilegiado nas relações internacionais, passa a ser seu epicentro.

O fim da unidade imperial de Roma significou o início da formação de uma sociedade internacional. A queda do Império Romano do Oriente em 395 e do Império Romano do Ocidente em 476 ocasionam o surgimento de unidades politicamente organizadas sob a conduta dos bárbaros. A instabilidade da região, impregnada pela dispersão, pelo enfrentamento entre os novos detentores do poder e por rápida e profunda decadência, marcou a realidade da Ásia Menor, do Oriente Médio e da Europa Ocidental nos dois séculos subsequentes.

O desenho dos limites fronteiriços foi esboçado pelos diversos reinados que instalaram seu poder até que, no século IX, surgiu uma forte contestação à centralização monárquica com o *feudalismo*. Reunidos em um reinado, os senhores feudais juravam fidelidade ao rei e, em contrapartida, gozavam, no âmbito de seu domínio territorial, de ampla autonomia: emitiam moeda, aplicavam a Justiça, administravam o fisco, decidiam a manutenção da paz ou a declaração de guerra. No entanto, afirmava-se o liame de supremacia do rei frente aos senhores suseranos e estes em relação aos seus súditos. Tratava-se de uma sociedade hierarquizada e piramidal que fez surgir as primeiras e embrionárias manifestações de formação do Estado. Por conseguinte, os *reinados* apareciam como os atores originais dessa sociedade internacional em gestação.

A realidade internacional não se restringia, ao longo da Idade Média, ao mundo europeu, já que, até a queda de Constantinopla em 1453, o Império Bizantino desempenhou um extraordinário papel de dique, protegendo o Velho Continente dos ataques dos bárbaros e dos muçulmanos. Com efeito, o antigo Império do Oriente foi objeto de constantes investidas dos eslavos oriundos dos Bálcãs e dos árabes em suas fronteiras sulistas, o que provocou paulatina diminuição de seu espaço territorial. Os árabes, inclusive, conquistaram, ao longo do século VII, o norte da África banhada pelo Mediterrâneo e colocaram o minarete na Europa, ocupando a atual península Ibérica em 714. Sua progressão foi interrompida na região francesa de Poitiers em 732, mas eles conservaram a ocupação ibérica ao longo de vários séculos.

A realidade internacional era impregnada pelo embate permanente entre os diversos atores. Para enfrentar essa situação, a Igreja chamou a si a responsabilidade de introduzir normas mínimas voltadas à regulação dos combates. A humanização da guerra foi alcançada graças aos seguintes instrumentos:

- A *Trégua de Deus* – proibição de combates entre a noite de quarta-feira e a manhã de segunda--feira;
- O *direito de asilo* – as Igrejas transformaram-se em locais onde os fugitivos encontravam abrigo e proteção;
- A *excomunhão* – o desrespeito implicava a marginalização dos condenados;
- A *proibição* – suspendiam-se os serviços religiosos nas terras dos senhores culpados pelas violações.

Soberana temporal na Itália e autoridade espiritual suprema, a *Igreja* católica criou os Estados pontificais, influenciando, pela dominação espiritual, as nascentes relações internacionais. Dispondo do instituto da *excomunhão* – utilizado como valioso instrumento de política externa –, o Papa interferia nos reinados em busca da unidade do mundo cristão sob o controle da Santa Sé.

Marcada pela religiosidade, a sociedade medieval tendia a respeitar os ditames eclesiásticos, encontrando estes certa eficácia na aplicação de um embrionário Direito Internacional de origem católica. Opondo-se à Igreja, o Santo Império Romano Germânico conduziu uma aberta luta que enfraqueceu a ambos, permitindo, no final da Idade Média, a afirmação dos reinados como atores preponderantes da cena europeia.

Acontecimentos fundamentais decretaram o fim do medievo e o início de uma era que fez das relações internacionais um fenômeno de dimensões efetivamente universais. Em primeiro lugar, esboçou-se a formação de unidades políticas na Europa – Inglaterra, França e Espanha – que apontavam em direção aos contornos atuais. Em segundo lugar, a Europa cristã sofreu severo revés frente ao Império Otomano, o que a obrigou a buscar o domínio de novas regiões, sobretudo no Extremo Oriente. Em terceiro, a Espanha conseguiu expulsar o islã e promover a unidade territorial a partir do norte de Gibraltar. E, finalmente, a mais profunda das transformações nas relações internacionais surgiu quando seus navegadores alargaram os estreitos horizontes europeus e, descobrindo as rotas marítimas, descortinaram, em 1492, o continente americano.

Pela primeira vez, a humanidade percebia os contornos de seu *habitat*. Para muitos historiadores das RI, a verdadeira globalização iniciou-se no momento em que, percebendo os limites territoriais do mundo, o homem tratou de explorá-lo e ocupá-lo. Surgiu, então, o colonialismo, com consequências que alcançam a realidade contemporânea. Todavia, a Europa encontrava-se ainda mergulhada em conflitos internos, característicos de séculos de sua história. Ao final da Guerra dos Trinta Anos (1648), afirmou-se, pela primeira vez de maneira inconteste, uma nova figura que exerceria, a partir de então, o monopólio do poder no cenário internacional: o Estado.

3.2. O poder monopolista do Estado

Os Tratados de Vestefália possuem vários significados. Por um lado, a afirmação do Estado soberano que venceu sua luta contra o Papado e o

Império. O reconhecimento da soberania dos Estados, acrescida do princípio da *igualdade jurídica* entre eles, independentemente do peso ou da importância de cada um dos partícipes, afastou a organização feudal das relações internacionais.

A descentralização, o sistema patrimonial e a rigidez hierárquica, tanto no interior das unidades políticas quanto em suas relações recíprocas, aspectos marcantes do medievo europeu, cederam espaço com o surgimento do Estado. O eixo da produção econômica deslocou-se do campo para as cidades, fazendo aparecer o capitalismo burguês, cujo dinamismo se manifestava de forma variável segundo as diferentes unidades políticas. Tal irregularidade não impediu a progressão da noção de Estado e a unificação do território.

O princípio da territorialidade levou o espaço físico a transformar-se em espaço jurisdicional sob a autoridade estatal. Encontrava-se o fundamento do Estado moderno pela identificação de sua base territorial. A linha de fronteira – linear, precisa, visível, intangível e inconteste – estabelecia o limite espacial onde seria exercida, com exclusividade, a soberania.

Acompanhando, e por vezes precedendo, a política centralizadora do Estado, o território foi esquartejado pela cartografia, que permitiu uma representação integradora da amplidão do espaço estatal e de seus limites. A dominação de uma base territorial pôs um termo à autonomia das cidades e permitiu ao Estado encontrar uma legitimidade ausente no sistema anterior. A partir de então, as relações internacionais serão construídas por entidades que se justapõem em perfeita igualdade jurídica.

Dois monopólios fundamentais assentaram o poder nascente do Estado. Ao extinguir o direito da senhoria de levantar impostos, o Estado chamou para si essa prerrogativa, que se transformou em direito exclusivo e indelegável. Em segundo lugar, o Estado coibiu a guerra privada, considerada ilegal, e tratou de organizar forças armadas compostas por funcionários assalariados do Estado, encarregados de manter a ordem interna e a paz externa. Os mercenários e guerreiros foram substituídos por forças regulares, profissionais e submetidas aos rigores da disciplina.

Os Tratados de Vestefália significaram a nítida separação entre a Igreja e o Estado, implicando o abandono da religiosidade que impregnava até então as relações internacionais. Estas passaram a ser laicas, já que os Estados soberanos constituíram seu núcleo irredutível em detrimento da Igreja. Enfim, o latim foi progressivamente substituído pelas línguas vernáculas, em particular o francês, que se transformou no principal veículo de comunicação diplomática.

A primazia do Estado nas relações internacionais foi sustentada por uma nova ideologia. A concepção do mundo e das relações entre os homens baseava-se nos princípios do direito natural defendido por Aristóteles e S. Tomás de Aquino. Haveria direitos que precederiam as normas positivadas e toda a construção jurídica feita pelo homem deveria submeter-se aos direitos intrínsecos e naturais.

Francisco de Vitória, padre dominicano espanhol, foi o primeiro a tentar compatibilizar o antigo direito natural com a nova realidade do Estado soberano. Ele indicou as bases desse novo direito, que podem assim resumir-se:

- Os Estados devem respeitar mutuamente as fronteiras nacionais;
- É vedada a intervenção nos assuntos internos dos Estados;
- É liberada a circulação de homens e bens entre os territórios estatais;
- É garantida a liberdade de navegação nos mares e rios internacionais;
- É garantida a proteção diplomática dos enviados do Estado;
- Os civis devem ser protegidos em caso de guerra;
- Deve ser respeitada a palavra empenhada (*Pacta sunt servanda*).

Considerado o fundador do Direito Internacional, o holandês Grotius (Hugo de Groot) publicou, em 1625, a obra-prima *Do direito da guerra e da paz* e retomou princípios do direito natural sob o duplo ângulo do laicismo e da racionalidade.

Mesmo com uma extraordinária variedade de Estados, a Idade Moderna teve como marca das relações internacionais o papel central desempenhado pela Europa. Ela fez a grande política internacional, participou de forma preponderante das conferências diplomáticas e orientou o destino das regiões marginais por meio da dominação colonial. A partir do quadro seguinte, e tomando como parâmetro a participação dos Estados em três conferências internacionais, é possível visualizar a importância europeia e o esboço de mudanças que começaram a ocorrer no início do século XX com a inédita presença de um Estado não europeu.

Tabela 3 – **As relações internacionais sob a égide europeia**[19]

Congresso de Utrecht – 1712-1713 – França, Inglaterra, Províncias Unidas dos Países Baixos, Prússia, Portugal e Savoia.
Congresso de Viena – 1814-1815 – Áustria, Espanha, França, Inglaterra, Portugal, Prússia, Rússia e quarenta Estados europeus entre estes 36 alemães.
Conferência de Algesiras – 1906 – Áustria, Bélgica, Espanha, Estados Unidos da América, França, Holanda, Inglaterra, Itália, Marrocos, Portugal, Rússia e Suécia.

3.3. A violenta universalização das relações internacionais: a colonização

As grandes descobertas marítimas fizeram surgir extraordinárias potências voltadas à navegação – Portugal, Espanha, Holanda, Inglaterra e França – que dominariam as relações internacionais até meados do século XX.

Tais descobertas significaram a derradeira oportunidade para que o Papado demonstrasse sua força temporal. É do Papa Alexandre VI Borgia a *Bula*

[19] Elaborado a partir de DREYFUS, S. *Droit des relations internationales*. Paris: Cujas, 1992, p.31.

Alexandrina,[20] que dividiu entre Portugal e Espanha as terras a serem descobertas ao largo do Atlântico. Ato de Direito Internacional de origem divina, ela tentou estabelecer soberanias sobre os novos territórios. Sob o impulso de descobertas menores e o início da famigerada colonização, as regras ditadas por Roma logo caducaram. Iniciou-se, então, uma fase revolucionária das relações internacionais, marcada, como já foi salientado, pelo surgimento do Estado e, sobretudo, pela extensão do domínio europeu.

O colonialismo europeu foi uma atividade guerreira por excelência que se materializava pela ocupação militar, tanto de terras devolutas quanto de regiões habitadas por sociedades consideradas inferiores, impregnando as relações internacionais com marcas indeléveis presentes na contemporaneidade. Assim, por exemplo, tanto o sistema clientelístico quanto a geografia linguística e cultural das atuais relações internacionais originaram-se durante o colonialismo.

A perspectiva do Direito é de escasso socorro para analisar o colonialismo. De fato, este se caracterizou por ser a simples extensão à colônia de uma ordem jurídica concebida pela metrópole. Os dois elementos essenciais da soberania – as forças armadas e a política externa – constituíam apanágio do Estado metropolitano. Surgiu um feixe estruturado de regras jurídicas sob a denominação de *Direito Colonial* objetivando definir os vínculos entre opressores e oprimidos, exploradores e explorados. Inclusive os atuais resíduos do mundo colonial explicam-se pela abolição deste direito, não havendo mais, portanto, distinção de direitos e deveres entre as cidadanias metropolitana e colonial.[21]

Movida pela rivalidade entre as Coroas ibéricas, a competição marítima desembocou na descoberta de um mundo novo, nas rotas para o Pacífico, e no início da conquista de vastos territórios. Escudados pela certeza de fazer o bem, conferida pela Igreja Católica, os inescrupulosos conquistadores europeus, encabeçados pelos pioneiros espanhóis, destruíram rapidamente as extraordinárias civilizações ameríndias. Aos incas andinos, aos maias e astecas localizados no México, seguiu-se o extermínio de populações com menor organização social que os portugueses encontraram na fachada atlântica e que os ingleses enfrentaram na América do Norte. Ignorantes em relação ao uso do ferro, os ameríndios enfrentaram uma Europa em plena mutação tecnológica, assemelhando-se à luta do "pote de ferro contra o pote de terra". [22]

A tabela a seguir indica o cronograma da marcha triunfal e irrefreável da colonização europeia.

[20] A Bula Pontifical tem como objeto a doutrina e a excomunhão. Sendo a forma mais solene de manifestação do Papa, sua designação origina-se no formato da bola de chumbo utilizada para chancelar as decisões solenes. Uma das faces da Bula retrata os rostos de São Pedro e São Paulo, e a outra, a figura do Papa em exercício.

[21] Por outro lado, há situações em que o instrumento jurídico de libertação dos povos coloniais, qual seja, o princípio de autodeterminação dos povos, recolhe uma resposta negativa à interrogação sobre o acesso à independência política.

[22] CHAUNU, P. *Histoire de l'Amérique latine*. Paris: PUF, 1976, p. 7.

Tabela 4 – **Cronologia da colonização**

11/10/1492	Inadvertidamente, Cristóvão Colombo descobre a América.
1497	Vasco da Gama chega à Índia
22/4/1500	Pedro Álvares Cabral chega ao Brasil
1502	Os portugueses chegam à China (Cantão)
1520	Fernão de Magalhães realiza a volta ao mundo
1530	Francisco Pizarro inicia a conquista do Peru
1599	Os holandeses chegam ao Japão
1605	Início da emigração inglesa para os Estados Unidos
1608	Os franceses fundam Quebec
1617	Os holandeses fundam Nova Iorque
1639	Os ingleses chegam à Índia (Madras)

As relações internacionais somente adquiriram uma dimensão bicontinental com o processo de independência das colônias do Novo Mundo. As treze colônias localizadas na América do Norte decidiram, a 4 de julho de 1776, criar os Estados Unidos da América, rompendo os laços com a metrópole inglesa.

Impôs-se à Europa um novo ator das relações internacionais, marcado pelo modelo federal, republicano e anticolonialista. Tratava-se, portanto, de uma antítese ao que representava o Velho Continente naquele momento.

Inspiradas no sucesso do jovem Estado do norte e nas lições extraídas da Revolução Francesa de 1789, as colônias europeias de origem ibérica iniciaram, no princípio do século XIX, um movimento que conduziria a maioria delas à independência política, ainda durante o primeiro quarto do mesmo século.

3.4. A descolonização: o surgimento do Terceiro Mundo

O ***Terceiro Mundo*** irrompeu nas relações internacionais no pós-Segunda Guerra.[23] A partir de então, ele constituiu um elemento capital e permanente. O alargamento do campo sistêmico foi acompanhado por formas inovadoras de atuação e por uma agenda diferenciada que privilegiava o desenvolvimento econômico em detrimento das questões securitárias. Esse novo ator surgiu do processo de descolonização e construiu um espaço próprio de atuação com o Movimento dos Não Alinhados (MNA). Finalmente, a partir do final da década de 1970, por razões internas ao movimento e internacionais, ele entrou em evidente decadência.

[23] A expressão "Terceiro Mundo" é de autoria do demógrafo e sociólogo francês Alfred Sauvy, que a utilizou pela primeira vez em 1952. Inspirando-se na situação do Terceiro Estado (*Tiers-État*) pré-revolucionário, marcado pela importância numérica e escasso poder, Sauvy indicou, igualmente, que esse Terceiro Mundo não pertencia nem ao Oeste nem ao Leste. Portanto, não era capitalista nem comunista. Trata-se de uma fórmula simplificadora da complexa e diversa realidade, mas que conheceu imenso sucesso na literatura consagrada à política e às relações internacionais.

A ***descolonização*** – Excetuando as colônias ibéricas, em menos de uma geração (1945-1963), desapareceram todos os impérios construídos pela Europa a partir do século XV. Tal fenômeno causou profundas e rápidas modificações na configuração das relações internacionais. A dispersão territorial provocada pela descolonização foi compensada pela universalização do Estado como modelo político e administrativo adotado pelas novas sociedades independentes.

Três princípios basilares do Direito Internacional – invenção do mundo ocidental – serão defendidos de forma intransigente pelos novos Estados: a igualdade jurídica, a soberania e a não intervenção nos assuntos internos. Em um mundo marcado por profundos desequilíbrios, os novos atores estavam convencidos de que sua sobrevivência dependeria essencialmente do Direito.

Duas fases marcaram a descolonização. Uma primeira, de 1945 a 1960, refere-se ao Oriente Médio e ao Sudeste Asiático. Tendo abandonado o Egito em 1936, a Grã-Bretanha afastou-se do Oriente Médio com a divisão da Palestina (1947), e a França concedeu a independência ao Líbano e à Síria (1946). O movimento prosseguiu no continente asiático com a independência da Índia e do Paquistão (1947). Resultante de uma guerra civil na qual se enfrentaram muçulmanos e hindus, a dupla independência colocou, de forma perene, em frontal oposição os dois Estados, que lutam pela Cachemira, de maioria muçulmana, mas ocupada pela Índia. Esta apontou o caminho a ser seguido pelo conjunto do Terceiro Mundo e foi percebida como um símbolo dos novos tempos. Após sete anos de luta, a França foi obrigada a abandonar a Indochina em 1954. O Camboja (1949), o Laos (1953) e finalmente o Vietnã (1955) conquistam sua total independência.

A segunda fase concerne à libertação das colônias africanas, que encontraram na ONU uma organização atenta aos seus anseios. Assim, em 14 de dezembro de 1960, por 89 votos favoráveis, nenhum contra e 9 abstenções, a Assembleia Geral (Sessão XV) adotou a Resolução n. 1.514. Sob o título de *Declaração sobre outorga da independência aos países e aos povos coloniais*, o documento constituiu uma verdadeira "Carta para a Descolonização", significando não somente a condenação de um sistema, mas igualmente um permissivo para a rebelião dos povos colonizados. A *Declaração* estipulava que:

- A submissão dos povos a uma subjugação, a uma dominação e a uma exploração estrangeiras constitui uma denegação dos direitos fundamentais do homem, é contrária à Carta das Nações Unidas e compromete a causa da paz e a cooperação mundiais;
- Todos os povos têm o direito de livre determinação; em virtude deste direito, eles determinam livremente seu estatuto político e perseguem livremente seu desenvolvimento econômico, social e cultural;
- A falta de preparação no plano político, econômico, social ou no de ensino não deve jamais ser utilizada como pretexto para retardar a independência.[24]

A Declaração consagrou o princípio da autodeterminação dos povos e colocou, em um segundo momento, uma delicada questão. Os povos minoritários que integravam os novos espaços estatais poderiam valer-se deste prin-

[24] Consultar o texto *In:* SEITENFUS, R. *Textos fundamentais do direito das relações internacionais*. Porto Alegre: Livraria do Advogado, 2002, p. 155-156.

cípio para conquistar, por sua vez, a independência? A Carta da Organização de Unidade Africana (OUA), firmada em 1963, descartava essa possibilidade. Para seus redatores, as fronteiras dos novos Estados eram intangíveis e deveria ser respeitado, como para os Estados tradicionais, o princípio da integridade territorial (art. 3º). Fez-se claramente uma distinção entre independência e secessão: a primeira era estimulada, e a segunda, descartada.

A partir das lutas de independência nacional que ocorreram nas possessões francesas, mescladas às negociações diplomáticas que marcaram a descolonização britânica, o continente africano conheceu, no início da década de 1960, sua total emancipação, excetuando, como já enfatizado, as colônias ibéricas. A descolonização decorreu da evolução das ideias, da influência moral e filosófica da opinião pública ocidental, do enfraquecimento das potências coloniais europeias no pós-guerra e da estratégia de Washington e Moscou, que perceberam como vantajosa a eliminação da intermediação europeia.

A favorável conjuntura permitiu o início do processo de descolonização portuguesa. A Revolução dos Cravos, de abril de 1974 – motivada essencialmente pelo sentimento anticolonialista – permitiu o reconhecimento formal da nova realidade. A tabela cronológica transcrita abaixo demonstra as etapas que levam ao fim o colonialismo lusitano.

Tabela 5 – **Cronologia da descolonização portuguesa**

Fevereiro de 1961	Início da guerra colonial em Angola
Dezembro de 1961	Invasão de Goa, Damão e Diu por tropas da Índia
Setembro de 1963	Início da guerra colonial na Guiné
Setembro de 1964	Início da guerra colonial em Moçambique
25 de abril de 1974	Revolução dos Cravos
10 de setembro de 1974	Independência da Guiné-Bissau
25 de junho de 1975	Independência de Moçambique
5 de julho de 1975	Independência de Cabo Verde
12 de julho de 1975	Independência de São Tomé
11 de novembro de 1975	Independência de Angola
7 de dezembro de 1975	Invasão do Timor-Leste pela Indonésia

A luta colonial angolana simbolizava as oposições que grassavam nas relações internacionais. Território rico em matérias-primas, Angola abrigava dois movimentos de libertação nacional: a União Nacional para a Independência Total de Angola (Unita), sustentado pelos Estados Unidos, China e África do Sul; e o Movimento Popular de Libertação de Angola (MPLA), apoiado pela União Soviética e, após a independência, por Cuba e pelo Brasil. Controlando

Luanda e partes do território, o MPLA somente consegue assentar seu domínio quando da morte do líder da Unita, Jonas Savimbi.[25]

A primeira consequência da descolonização consistiu no aumento geométrico dos atores estatais nas relações internacionais. No período 1945-80 triplica o número de Estados membros das Nações Unidas, passando de 51 para 154, a quase totalidade originando-se no processo de descolonização. Por outro lado, ela introduziu novos valores culturais, econômicos, políticos e religiosos nas relações internacionais. Houve uma inegável diversificação que sugeria a possibilidade de um caminho alternativo à bipolaridade. Finalmente, as organizações multilaterais foram tomadas de assalto pelos novos Estados. Estes buscavam a legitimação que lhes outorgava o fato de pertencerem ao coletivo internacional. Contudo, não satisfeitos, procuraram influenciar, baseados no número, o processo de tomada de decisões que contemplasse suas aspirações ao desenvolvimento e às mudanças das relações econômicas internacionais.

A conquista da independência política e do *status* de Estado soberano, dispondo de perfeita igualdade jurídica com as ex-metrópoles, não descartou o estabelecimento de relações desiguais entre os ex-colonizadores e os ex-colonizados por meio de instituições que privilegiam os vínculos históricos.

O princípio do *Commonwealth*, nascido na Inglaterra do século XVII, deveria ser compreendido, segundo Hobbes e Locke, no sentido da República dos Romanos. No início do século XX, ele se transformou no *Commonwealth das Nações*, regendo as difíceis relações no seio do Império britânico. Quando surgiram os movimentos de independência nas regiões colonizadas, Londres era a única capital que dispunha de um marco jurídico-político que proporcionava uma diminuição das tensões e dramas que afetavam outros processos de descolonização. Em meados da década de 1970, 35 Estados faziam parte do *Commonwealth*.

A Constituição francesa de 1946 criou a *União Francesa*, conjunto que reunia a metrópole e as colônias, denominadas de *territórios de ultramar*. No início, encarregada de organizar a transição à independência, já que a França comprometia-se a "conduzir os povos à liberdade de administrarem-se e gerir democraticamente seus assuntos", a *União Francesa* promoveu, em realidade, discriminações e colocou dificuldades ao processo.

Em 1958, com nova Constituição, a França substituiu a *União* pela *Comunidade Francesa*, garantindo certa autonomia às colônias em troca de auxílio técnico e financeiro. A liberdade obtida pelas colônias era restrita, pois a *Comunidade* – presidida pelo Chefe de Estado francês – mantinha os seguintes poderes: política externa, defesa, emissão de moeda, política econômica e financeira, justiça e educação superior. Com a independência das colônias africanas

[25] Outro exemplo é encontrado no caso da colônia espanhola do Saara Ocidental. Madri retirou-se em 1976, permitindo que o território fosse dividido entre Mauritânia e Marrocos. Tanto a Argélia quanto o movimento de independência nacional – a Frente Polisário – opuseram-se. Todavia, uma Marcha Verde, vinda do Marrocos, ocupou o Saara, que permanece dividido tal como havia sido decidido por Madri. A descoberta de importantes jazidas de fosfato concede ao litígio grande relevância.

em 1960, somente seis Estados continuaram integrando a comunidade. A partir de então, as relações seriam estabelecidas em tratados bilaterais.

A formatação territorial dos novos Estados foi inspirada no artificialismo das fronteiras traçadas pelo sistema colonial. Na maioria dos casos, o território compunha-se de populações de diversas etnias, com cultura e religiosidade distintas, quando não oponentes. Muitas das vicissitudes do processo de descolonização devem ser tributadas à política dos blocos e à ação das metrópoles. Contudo, elas são igualmente tributárias das dissensões internas dos movimentos de emancipação. Inclusive, guerras civis pós-coloniais encontram suas raízes nessa realidade.

O ***Movimento dos não alinhados*** – A independência que se manifestava no plano jurídico não conseguia esconder a dependência política e econômica que se instaurava do Sul em relação ao Norte. Surgiram relações de clientelismo, com os novos Estados tendendo a constituir-se em patrimônio reservado das ex-metrópoles. Adicionando a terrível situação socioeconômica do Terceiro Mundo, era possível identificar claramente os limites dos instrumentos de poder desses novos atores das relações internacionais. Seus insuficientes atributos lhes imprimiam uma condição de *quase-Estados*. Tal situação fez surgir um sentimento de solidariedade e o mundo desenvolvido passou a drenar recursos por meio de ajudas públicas e privada, percebidas como esmolas ou, na pior das hipóteses, um eficaz instrumento de recolonização.

Em 1960, a Assembleia Geral da ONU adotou a Resolução n. 1.515 (Sessão XV) que buscava fazer que as Nações Unidas procurassem "acelerar o progresso econômico e social dos países pouco desenvolvidos". Dois anos após, a AG adotou a Resolução n. 1.803 (XVII), procurando fortalecer a "Soberania permanente sobre os recursos naturais" dos povos e nações dos Estados membros das Nações Unidas.[26]

As riquezas nacionais deveriam servir ao desenvolvimento e ao bem-estar da população. Quando ocorresse uma participação estrangeira, ela deveria respeitar a livre vontade do país receptor. Os benefícios advindos desta colaboração seriam compartilhados, e os investidores não poderiam restringir, por motivo algum, o direito de soberania do dito Estado sobre suas riquezas e recursos naturais.

Quando houvesse necessidade, por razões de utilidade pública, segurança ou interesse nacional, o Estado poderia nacionalizar, expropriar ou requisitar propriedades dos particulares, inclusive estrangeiros, ressarcindo-os por meio de indenizações definidas segundo o Direito Interno e em conformidade com o Direito Internacional.

Na reunião de 1961, a AG promoveu a Década do Desenvolvimento, reconduzida em 1970 e em 1980. Uma das iniciativas deste programa foi a criação, em 1964, de uma Conferência das Nações Unidas para o Comércio e o Desenvolvimento (UNCTAD) e de um Programa das Nações Unidas para o

---

[26] A íntegra da Resolução encontra-se em SEITENFUS, R. *Textos fundamentais do direito das relações internacionais. Op. cit.*, p. 317-319.

Desenvolvimento (PNUD). Prevista inicialmente para ser uma organização especializada da ONU voltada ao Terceiro Mundo, a UNCTAD seria somente um órgão vinculado à Assembleia Geral. Dirigida pelo economista argentino Raul Prebisch, ela desempenhou importante função servindo de espaço de negociações e de reivindicações. Logo se manifestou a solidariedade entre os integrantes do Terceiro Mundo e formou-se um *Grupo dos 77* – que atualmente conta com mais de cem Estados – para coordenar posições.

Acompanhou o surgimento da UNCTAD um novo ramo do Direito Internacional: o do Desenvolvimento. [27] Ele reivindicaria condições especiais para o Terceiro Mundo, tanto de acesso aos mercados dos países desenvolvidos, quanto à transferência de recursos financeiros e tecnológicos do Norte. Em 1980, o Terceiro Mundo conseguiu aprovar uma resolução na UNESCO objetivando uma Nova Ordem Mundial da Informação e da Comunicação (NOMIC). Além disso, tentou fazer com que uma Nova Ordem Econômica Internacional (Noei) prevalecesse. O Presidente francês Valéry Giscard d'Estaing percebeu perfeitamente as dificuldades para alcançar a propalada nova ordem mundial – ela somente poderia ser alcançada por consenso –, e o Chanceler alemão Willy Brandt preconizou que a saúde da economia mundial dependia de uma maciça transferência de recursos financeiros para o Terceiro Mundo.

Apesar das constantes demandas, o fosso que separava os países desenvolvidos dos países pobres continuava aumentando. Raras eram as economias que conseguiam emergir da condição de subdesenvolvimento, o qual era percebido como uma não condição pelos Estados do Sul, que tentariam dela extrair-se. Diante da gravidade da situação, o Terceiro Mundo decidiu agir no campo ideológico das relações internacionais, organizando o Movimento dos Não Alinhados (MNA). Esse *sindicato dos pobres* era marcado mais pelo discurso ideológico e pelas posições políticas do que pelo rigor econômico. Sua força era moral e encaminhava as relações internacionais para os debates de natureza ética, estabelecendo princípios ideais que deveriam transformar-se em normas em detrimento de um conteúdo pragmático. Além disso, os governos de seus Estados-Membros procuravam no coletivo internacional uma legitimação, por vezes de ser difícil de ser encontrada internamente.

Torna-se impossível apreender os contornos do MNA sem se referir aos seus líderes maiores. Em sua primeira fase, duas figuras despontaram: o indiano Nehru e o iugoslavo Tito. O primeiro declarou em 1946 que:

> Pretendemos, na medida do possível, permanecer afastados da política de blocos alinhados uns contra os outros e que podem conduzir a novos desastres numa escala ainda maior. Nós desempenharemos plenamente nosso papel de nações independentes nas conferências internacionais, defendendo nossa política.

O Marechal Tito, por sua vez, faz uma análise aguda dos fundamentos do neutralismo dos Não Alinhados. Para ele, o Movimento

[27] Trata-se de um direito orientado, compósito e contestado. Ele se sustenta nos princípios da soberania, da igualdade e da solidariedade. Consultar FEUER, G.; CASSAN, H. *Droit international du dévelopment*. Paris: Dalloz, 1985, 644 p.

> Nasceu do processo de libertação nacional de numerosos povos do jugo colonial que fez surgir um grande número de novos países independentes, a maioria pequenos e economicamente subdesenvolvidos. Este movimento transformou-se numa arma eficaz para a luta por sua emancipação, a manutenção de sua independência e a sua integração ativa na vida internacional como membros iguais em direitos da comunidade internacional. Fruto da revolução anticolonial, o movimento é também o motor de sua eficaz marcha [...] Esta orientação lhe concede igualmente um caráter antibloco. Nosso movimento não percebe o futuro do mundo no equilíbrio de forças dos blocos, nem na supremacia de um bloco sobre o outro. A realização dos objetivos que nós aspiramos subentende um engajamento permanente objetivando ultrapassar a divisão do mundo em blocos que conduzam à paz, à segurança e ao progresso social.

Em abril de 1955, convidados pelo Pacto de Colombo (Birmânia, Ceilão, Índia, Indonésia e Paquistão), 29 Estados reuniram-se em Bandung, cidade localizada na parte ocidental da ilha de Java, em uma inédita *Conferência Afro-asiática*. Representando 55% da população mundial (1,5 bilhão de pessoas), tais países eram responsáveis por somente 8% da renda mundial. Sob a conduta ativa da China, a Conferência estabeleceu 11 princípios que deveriam reger as relações internacionais:

Tabela 6 – **Princípios orientadores do MNA para as relações internacionais**

1) Respeito aos Direitos do Homem, segundo os objetivos e princípios da Carta da ONU.
2) Respeito à soberania e à integridade territorial de todas as nações.
3) Reconhecimento das igualdades entre raças e entre nações grandes e pequenas.
4) Abstenção de qualquer intrusão ou qualquer interferência nos assuntos internos de um outro país.
5) Reconhecimento do direito de cada Nação em matéria de defesa individual ou coletiva em conformidade com a Carta da ONU.
6) Abstenção de qualquer participação em acordos de defesa coletiva firmados para servir os interesses de uma grande Potência.
7) Abstenção de qualquer manifestação com o objetivo de exercer uma pressão sobre uma outra nação.
8) Frear qualquer ato ou ameaça de agressão, ou o recurso à força, que seja suscetível de prejudicar a integridade territorial e a independência política de uma nação.
9) Resolver os litígios internacionais por meios pacíficos tais como negociações, conciliação, arbitragem, decisões de justiça e outros meios escolhidos pelas Partes em conformidade com a Carta da ONU.
10) Desenvolver a cooperação de interesse mútuo.
11) Comprometer-se a respeitar a justiça e as obrigações internacionais.

No entanto, a conferência que marcou oficialmente o nascimento do MNA ocorreu em Belgrado (1961), e suas ideias-chave repousavam no binômio: libertação dos povos colonizados e não alinhamento. Nove outras reuniões ocorreram, até o início da década de 1990, como demonstra a tabela a seguir. A coluna da direita informa o número de Estados participantes.

Tabela 7 – **Conferências do movimento dos não alinhados**

Estados-Partes		
1961	Belgrado	25
1964	Cairo	47
1970	Lusaka	53
1973	Argel	75
1976	Colombo	86
1979	Havana	92
1983	Nova Délhi	101
1986	Harara	102
1989	Belgrado	102
1992	Jacarta	102

Na Conferência de Lusaka, surgiu a contestação do sistema econômico mundial. Pela primeira vez, um documento específico de natureza econômica foi aprovado. Nele os participantes indicaram que a soberania política devia ser associada à econômica. Para construir os alicerces de um novo sistema econômico, o MNA fez propostas sobre os produtos de base, o comércio internacional, os investimentos, a transferência de tecnologia e a dívida externa.

Na reunião seguinte em Argel, o MNA encontrou seu ápice. Mais da metade dos Estados membros da comunidade internacional participaram dos trabalhos. Eles foram representados por 6.000 delegados, que constataram o fracasso das estratégias utilizadas até então para socializar o desenvolvimento. O sistema de Bretton-Woods foi contestado, e os partícipes advogaram por uma nova ordem econômica mundial. Eles consideravam que o sistema econômico internacional era de natureza colonialista e imperialista, e que a maioria dos países desenvolvidos pretendiam perpetuá-lo em seu exclusivo proveito. Os países do MNA defenderam o direito de exercer a soberania nacional sobre os recursos naturais legitimando as nacionalizações e expropriações. Nestes casos, entendiam que deveriam decidir soberanamente sobre as eventuais indenizações. Um dos governos que seguiu as diretrizes foi o chileno de Salvador Allende, sendo imediatamente vítima de um golpe de Estado sangrento.

As preocupações econômicas do MNA decorriam do agravamento da crise com amplas repercussões sociais junto à população dos países que integravam o movimento. Nos vinte anos seguintes ao encontro em Argel, o produto nacional bruto dos países em desenvolvimento diminuiu 50% se comparado ao dos países industrializados. [28] Para os países não alinhados,

> num mundo onde, ao lado de uma minoria de países abastados, existe uma maioria de países desprovidos, seria perigoso acentuar esta diferença limitando a paz à zona próspera do planeta, enquanto o resto da humanidade seria condenado à insegurança e à lei do mais forte [...] A distensão seria precária caso ela não levasse em conta os interesses dos outros países.[29]

[28] A título de comparação, a produção econômica total dos países Não Alinhados equivalia a somente 4% do valor da produção dos Estados Unidos.

[29] BRAILLARD, P. *Mythe et réalité du non-alignement*. Paris: PUF, 1987.

No plano político, Argel defendeu a democratização das relações internacionais, o fortalecimento das Nações Unidas e o desarmamento generalizado e irrestrito. Marcada igualmente pela tentativa de fazer com que o MNA estabelecesse uma aliança considerada *natural* com a União Soviética, preconizada por Fidel Castro e descartada pela maioria, a Conferência de Argel decidiu institucionalizar o movimento criando uma estrutura própria e permanente. A Figura 1.9 revela o modelo escolhido.

A 5ª Reunião do MNA (Colombo, 1976) confirmou, em seu conteúdo, a precedente. Todavia, ela deixou transparecer dissensões que anunciavam o declínio do movimento. Sob um pano de fundo marcado por conflitos na América Central, na África e no Extremo Oriente – onde os Estados Unidos, União Soviética e China afrontavam-se através de Estados protegidos –, a conferência preferiu desconhecer os embates que agitavam seus integrantes e simplesmente defendeu um embargo de petróleo a ser aplicado, por motivos distintos, à França e a Israel.

Gráfico 2 – **Estrutura do Movimento dos não alinhados**

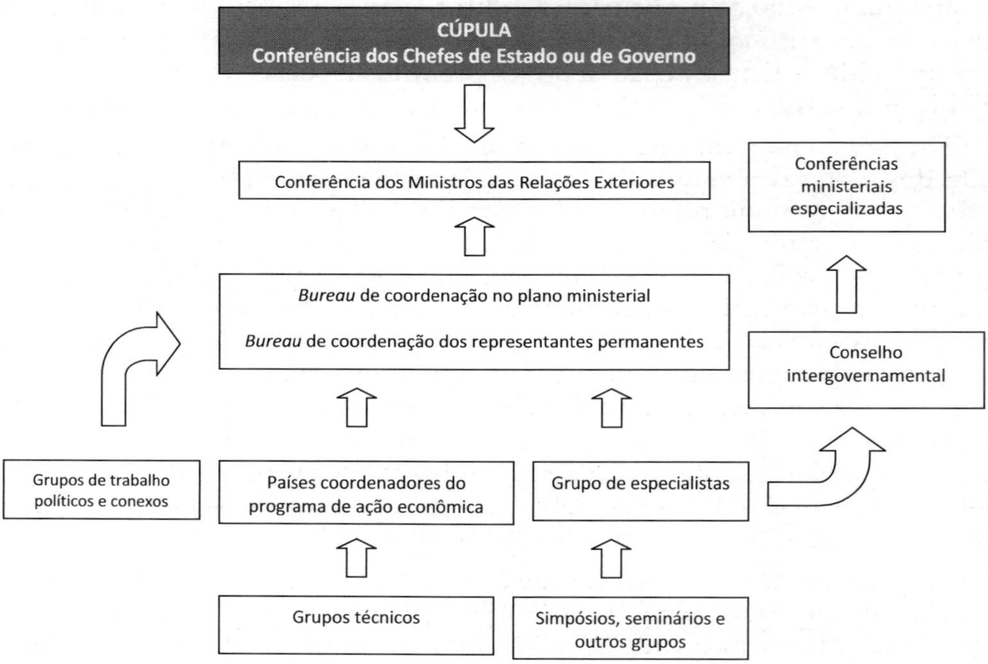

A escolha de Havana como sede do encontro seguinte constituiu o início do fim do neutralismo preconizado pelo MNA. Haveria Estado mais alinhado com as posições soviéticas do que o regime de Fidel Castro? A solidariedade revolucionária cubana aplicada aos conflitos de Angola, Moçambique, Etiópia e na América Central deveria ter convencido os responsáveis pelo MNA a uma maior cautela. Tornou-se inevitável um enfrentamento entre a linha tradicional, e, portanto, moderada, representada por Tito, e a defendida pelo Líder Máximo. Em seu discurso, Castro opôs-se aos Estados Unidos e à China, alinhando-se aos soviéticos. Defendendo sua opção socialista, ele declarou:

> Nós não devemos nos envergonhar de sermos socialistas, mas nós não pretendemos impor nossa ideologia e nosso sistema a ninguém, nem no movimento nem fora dele. Sim, nós realizamos uma revolução radical em Cuba. Sim, nós somos revolucionários radicais, mas nós não pretendemos impor a quem quer que seja, ainda menos ao Movimento dos países não alinhados, o nosso radicalismo.[30]

O marechal Tito relembrou, em sua resposta, os fundamentos do MNA:

> Nosso movimento expressa os interesses fundamentais da humanidade inteira e não somente de uma parte dela [...] Nunca cessamos de opor-nos à política dos blocos e ao domínio estrangeiro, contra todas as formas de hegemonia política e econômica, pelo direito de cada país à liberdade, à independência e ao desenvolvimento autônomo. Nós jamais aceitamos ser a correia de transmissão ou a reserva de quem quer que seja, porque isto é incompatível com a essência da política do não alinhamento.[31]

A continuidade dos conflitos entre países membros do MNA, sem que este pudesse intervir, adicionada às tentativas de colocar um fim ao neutralismo, marcaram as três próximas conferências. O mal-estar era visível e apareceu de maneira insofismável na conferência realizada na capital do Zimbábue (1986). De um lado, o campo progressista tentava fazer com que a neutralidade entre os blocos fosse abandonada em proveito de uma aproximação com Moscou. De outro, os moderados denunciavam a duplicidade dos supostos progressistas que não condenavam a invasão soviética no Afeganistão.

Apesar da luta de tendências internas que enfraquecia o movimento, o golpe de graça seria desferido pela conjuntura internacional. O desmantelamento do império soviético condicionou a 9ª Conferência, realizada em Belgrado. Tratava-se de um retorno à capital que presenciara o nascimento do MNA e que assistiria ao seu epílogo. Com o término da bipolaridade, aproximava-se igualmente o fim do MNA, pois ele foi criado justamente para opor-se à política de blocos.

Em Belgrado, os moderados conquistaram a maioria e aprovaram uma declaração final simpática ao Ocidente. Surgiram temas até então ausentes dos debates, como a defesa dos direitos humanos e as questões ambientais. Mas, em definitivo, assistíamos ao crepúsculo de uma época, já que na conferência seguinte, em Jacarta, o movimento enfatizou a necessidade de um diálogo com os países industrializados. A partir desse momento, o MNA considerava que:

> O desmantelamento da estrutura bipolar do mundo oferece possibilidades sem precedentes bem como desafios para a cooperação entre as nações. A interdependência, a integração e a globalização da economia encontram-se entre estas novas realidades.

Apesar das tentativas de harmonizar sua atuação internacional, o MNA não conseguiu isolar-se dos dilemas que marcavam as relações internacionais. Enquanto as discussões giraram em torno do fenômeno colonial e de sua condenação, ele manteve sua unidade e pôde exercer, em certa medida, seu papel de árbitro entre os blocos. Todavia, a partir da pós-descolonização, a diversidade cultural, política e econômica, aliada às dificuldades internas das elites que dominavam o aparelho de Estado, constituíram fatores que fizeram aparecer

---

[30] BRAILLARD, P. *Mythe et réalité du non-alignement*. Paris: PUF, 1987.

[31] Ibidem.

claramente o dissenso. Além disso, vários Estados-Membros plenos, casos do Irã e do Vietnã, ou partícipes como observadores, caso do Brasil, praticavam uma política internacional de alcance regional baseada exclusivamente em sua percepção do interesse nacional, contrariando as diretrizes do MNA.

Mas, em definitivo, ele desapareceu em razão do surgimento de uma nova realidade internacional. A partir de então, o Terceiro Mundo tornou-se simplesmente uma expressão desprovida de sentido histórico e de funções nas relações internacionais. As sociedades dos Estados do Terceiro Mundo voltaram a ser algo que suas condições objetivas sempre lhes impuseram: um marginal objeto da grande política internacional.

3.5. A dinâmica contemporânea das relações internacionais (1945-2020)

O mundo extraído dos escombros da Segunda Guerra Mundial era marcadamente distinto daquele que a precedeu. Os Estados Unidos e União Soviética dominaram a cena internacional e propuseram modelos opostos para a organização dos Estados e para as relações internacionais. Dessa oposição nasceu um conflito impossível de ser resolvido pela guerra direta, em razão do risco de desencadeamento de um conflito nuclear. Marcado pelo equilíbrio baseado no terror, pois uma hecatombe significaria o fim de qualquer tipo de vida sobre a face da Terra, o período foi perfeitamente identificado por Raymond Aron como o da "paz impossível e da guerra improvável", marca registrada da Guerra Fria.

Tendo até então influenciado vastas regiões do mundo com sua presença militar, política, econômica, científica e cultural, e dominando o núcleo central das relações internacionais, a presença europeia sofreu profunda metamorfose. De ator principal, o Velho Continente transformou-se em um mero objeto à mercê das superpotências. Palco inescapável de uma sempre possível Terceira Guerra de alcance mundial, a Europa esforçou-se para se transformar, em sua parte Ocidental, em um espaço de liberdade, de democracia e de cooperação. A rivalidade que provocou sua marginalização seria substituída pela integração, de início econômica, e logo alcançando todas as formas de organização social, servindo de exemplo para outras experiências regionais. Entretanto, a Europa Central e a Oriental submeteram-se à tutela soviética.

A universalização das relações internacionais, percebidas fugazmente no bojo dos conflitos mundiais, alcançaria efetiva concretização durante a segunda metade do século XX. Graças ao processo de descolonização, sobretudo nos continentes africano e asiático, ao desmantelamento da União Soviética e à crise dos Bálcãs, o número de Estados do sistema internacional foi multiplicado por quatro, passando de meia centena para duas centenas de unidades.

A bipolaridade do sistema internacional no pós-guerra sugeria a imagem da bigorna e do martelo deixando escasso espaço para a autonomia. Compelidos a se prostrarem sob as ordens de Washington ou de Moscou, um número crescente de Estados tentou encontrar um caminho próprio frente aos dois blocos. Nasceu, assim, como foi referido anteriormente, o Movimento dos

Não Alinhados. Apresentado como alternativa viável e projetando desafios diferenciados às relações internacionais, que deveriam ser impregnadas pela busca do desenvolvimento econômico, pela independência política e pela autonomia organizacional, os Estados insatisfeitos contestaram as regras do jogo internacional e alcançaram relativo sucesso em razão do crescimento dos participantes. Todavia, o fim da União Soviética, as rivalidades internas e a globalização impediram o Movimento dos Não Alinhados de conseguir afirmar-se como interlocutor credível, e ele se transformou a partir da 10ª Conferência, realizada em Jacarta (setembro, 1992), em um simples capítulo da história.

Aliados de circunstância para enfrentar o nazismo, o fascismo e o militarismo nipônico, os vencedores da Segunda Guerra, uma vez eliminado o inimigo comum, deram início a um enfrentamento por meio de terceiros. Em uma primeira fase (1945-1953), os litígios giraram em torno das consequências, sobretudo europeias, da vitória aliada.

A ***Guerra Fria (1945-53)*** – Em janeiro de 1946, o Irã solicitou a evacuação das tropas aliadas de seu território. Londres aceitou, mas Moscou se opôs. Além disso, os soviéticos incentivaram a criação da República autônoma do Azerbaijão, tentando provocar uma secessão territorial no Irã. Após a intervenção do Conselho de Segurança, Moscou aceitou partir em troca de um acordo petrolífero com Teerã. Ausente a ratificação do Parlamento iraniano, o acordo não foi cumprido. No entanto, Washington percebeu na crise um sinal de dificuldades futuras com Moscou.

O início da guerra civil grega, em maio de 1946, constituiu a primeira clara demonstração do modelo da Guerra Fria imposta às relações internacionais. Sustentados pela Albânia, Bulgária e, sobretudo, a Iugoslávia, o Partido Comunista, a Frente de Libertação Nacional e movimentos de esquerda opuseram-se ao retorno da monarquia grega após as eleições consideradas fraudulentas. A intervenção britânica e, a partir de 1947, a dos Estados Unidos mantiveram Atenas no campo ocidental.

A organização política e administrativa dos Estados que foram ocupados pelo Exército Vermelho conduziu os anglo-saxões a denunciar o desrespeito à vontade da maioria, já que os partidos comunistas da Bulgária, Tchecoslováquia, Hungria e Romênia venceram facilmente as eleições. Por sua vez, tanto na Albânia (Hodja) quanto na Iugoslávia (Tito), os movimentos de resistência ao nazismo tomaram o poder.

A tentativa de revisão do regime dos estreitos, ou seja, das passagens marítimas estratégicas, proposta pela União Soviética à Turquia em agosto de 1946, encontrou forte oposição anglo-saxônica, transformando Ancara em um dos aliados mais importantes da estratégia ocidental.

As inúmeras peripécias entre os Aliados da Segunda Guerra Mundial atingiram um ponto nevrálgico quando implicaram a administração conjunta da derrotada Alemanha. Após conflitos abertos em 1947, no ano seguinte, foram abandonadas as instituições compostas pelos quatro vencedores da guerra (Estados Unidos, União Soviética, Grã-Bretanha e França), surgindo uma dupla administração: por um lado, a União Soviética, e por outro, os três

Estados ocidentais. Consumada estava a divisão do território alemão. Em julho de 1948, alegando razões técnicas, Moscou interrompeu as comunicações terrestres entre a zona de ocupação aliada e Berlim Oeste. Uma ponte aérea organizou-se, deixando transparecer a vontade ocidental de manter parte da capital do Terceiro Reich sob sua administração.

Em maio de 1949, encerrou-se o bloqueio de Berlim e, em 15 de setembro, a Alemanha recuperou sua condição de Estado com a eleição do chanceler Konrad Adenauer. Cristalizando a divisão alemã, foi criada no mês seguinte a República Democrática Alemã.

A Guerra Fria nasceu da incapacidade de compreensão, por parte dos anglo-saxões, das motivações que moviam seus adversários, pois

> Os soviéticos, obcecados pela segurança, profundamente desconfiados com o mundo ocidental, incapazes de crer na existência de sentimentos desinteressados de seus interlocutores, o interesse de Londres e de Washington no respeito dos direitos humanos em regiões onde ao longo do tempo nunca haviam se interessado, somente pode significar um questionamento da divisão do espólio hitlerista.[32]

O Ocidente considerava que o protetorado exercido por Moscou na Europa Central e Oriental contrariava o princípio da autodeterminação dos povos, consagrado na "Declaração de Yalta sobre a Europa liberada". Para a URSS, ao contrário, sua ação objetivava colocar em prática o princípio da solidariedade proletária e reforçar seu papel de grande potência.

Concedendo um caráter doutrinário, até então inexistente, ao confronto Leste-Oeste, o Presidente Truman anunciou, em março de 1947, a *Doutrina da Contenção (containment)*, que consistia em não admitir que a expansão soviética ultrapassasse os limites estabelecidos em 1945. Consciente de que se tornara imprescindível contrapor-se a Moscou igualmente no campo econômico, Truman adicionou um corolário à Doutrina da Contenção. Nasceu, assim, em junho do mesmo ano, o *Plano Marshall.* Este irrigaria os dezesseis Estados da Organização Europeia de Cooperação Econômica (OECE) com a soma de 10 bilhões de dólares entre 1948 e 1951.

A resposta soviética à doutrina Truman e ao Plano Marshall foi imediata. Para Moscou, essas iniciativas representavam uma tentativa de reorganizar o capitalismo e exigiam rigor, coesão e disciplina do campo comunista. Em outubro de 1947, os partidos comunistas da Europa Central e Oriental, o francês e o italiano, criaram o *Kominform*, fazendo ressurgir o *Komintern* (Terceira Internacional Comunista), que havia sido dissolvido por Stalin em maio de 1943.[33]

Com passos largos, os contendores dirigiram seus esforços à formação de dois *blocos* irredutíveis. Surgiu uma *cortina de ferro* que separava dois grupos de Estados, monolíticos, petrificados em franca hostilidade. Em janeiro de 1949, a União Soviética criou uma Organização de Cooperação Econômica (Comecon) para contrapor-se ao Plano Marshall. Controlada pela URSS, essa forma de organizar a divisão internacional da produção esforçou-se para acelerar o ritmo

[32] FONTAINE, A. *Histoire de la guerre froide.* Paris: Seuil, 1983, vol. 1, p.351.

[33] Após a morte de Stalin (1953), o *Kominform* é extinto e o movimento da Internacional Comunista não mais dispõe de organização oficial estruturada.

de transição em direção ao comunismo, por meio de planejamento, centralização, coletivização e industrialização. Ressalte-se que no mesmo ano Moscou ingressou no restrito clube atômico com o sucesso de sua bomba A. Quatro anos mais tarde, disporia igualmente da tecnologia que permite a fabricação da bomba H.

Os Estados Unidos replicaram, em abril de 1949, fazendo surgir uma aliança defensiva baseada no princípio da segurança coletiva. Nasceu, assim, a Organização do Atlântico Norte (OTAN), instituição militar com algumas atividades civis, percebida como símbolo da unidade ideológica e instrumento de dissuasão militar a serviço do Ocidente.

Os clamores que nasceram nos territórios colonizados foram ouvidos em Moscou. A política de descolonização constituiu um dos principais pilares da ação externa soviética, impelindo vários jovens Estados a estabelecerem relações privilegiadas com a URSS. Todavia, o caráter monolítico do Bloco Soviético apregoado por Stalin sofreu rude golpe com a dissensão iugoslava. O Marechal Tito conquistou o que foi impossível a outros líderes do Leste europeu: provar a existência de um caminho autônomo que conduzisse ao socialismo. Tratava-se de uma clara fissura no Bloco Soviético, mas que não colocou em cheque a liderança moscovita do mundo comunista.

Ao final da década de 1940, o foco de enfrentamento da Guerra Fria transferiu-se da Europa para a Ásia, com o risco de envolver diretamente, pela primeira vez, os ex-aliados da Segunda Guerra. Após uma guerra civil, surgiram duas Coreias em 1948: a do Norte, comunista, e a do Sul, aliada ao Ocidente. A linha divisória foi estabelecida no 38° paralelo. Em junho de 1950, tropas da Coreia do Norte, auxiliadas pela URSS e beneficiando-se do apoio do vitorioso Partido Comunista Chinês, que havia conquistado a China em outubro de 1949, invadiram a Coreia do Sul.

Surpresos, os Estados Unidos recompuseram-se e, aproveitando-se da ausência do delegado da URSS, aprovaram uma Resolução no Conselho de Segurança autorizando o envio de um contingente internacional à Coreia. De fato, a bandeira da ONU esteve à frente dos combatentes, mas os soldados eram, essencialmente, norte-americanos. Comandado pelo General Mac Arthur, o contingente internacional encontrou grandes dificuldades para se opor à progressão das forças norte-coreanas e chinesas. Como solução radical, Mac Arthur propôs a Truman um bombardeio nuclear de caráter preventivo à China. Denegada a autorização, Mac Arthur foi afastado do comando, e os Estados Unidos conseguiram, após um penoso combate com armas clássicas, ausentes as nucleares, manter a independência da Coreia do Sul com o armistício de Pan Mun Jon (1953).

A Guerra da Coreia convenceu Washington da necessidade de instaurar uma rede de alianças militares de alcance regional, à imagem da OTAN. [34] No Sudeste Asiático, foi criada a OTASE; na Oceania, a Anzus, substituída mais

[34] Consultar SEITENFUS, R. *Manual das organizações internacionais*. 6ª ed. Porto Alegre: Livraria do Advogado, 2016, 424 p.

tarde pela ASEAN, e na América Latina, o Tratado Interamericano de Assistência Recíproca (TIAR). [35]

As características da bipolaridade, construídas ao longo da Guerra Fria, algumas com incidências marcantes nas décadas seguintes, são resumidas na seguinte tabela:

Tabela 8 – **Características do sistema bipolar**

1) Criação de blocos estanques.
2) Não intervenção na esfera de dominação adversa.
3) Neutralidade de um bloco quando surgirem dissensões no interior do outro.
4) O não recurso ao armamento nuclear.
5) Constituição de uma rede de organizações de segurança regionais.
6) Necessidade de estabelecer meios de comunicação confiáveis entre os blocos.

O ***degelo (1953-62)*** – A morte de Stalin, aliada à autoconfiança permitida pela arma nuclear, levou Moscou a se acomodar com a possibilidade de uma *coexistência pacífica* entre os dois mundos. Após a solução encontrada na Coreia com a manutenção do *statu quo ante*, vários outros temas foram encaminhados para uma solução parcial e provisória: a crise da Indochina (1954), a recuperação do *status* de país soberano pela Áustria (1955), o ingresso japonês na ONU (1956), a ação americano-soviética impondo o respeito à soberania egípcia no Canal de Suez (1956) e, contrariando a bizarra e interesseira aliança entre Grã-Bretanha, França e Israel, a neutralização da Antártida por meio do Tratado de Washington (1959) [36] e as tentativas para solucionar a questão alemã.

Não deve haver ilusão sobre o degelo. Tratava-se, ainda, de relações frias e por vezes gélidas, indicando claramente os limites de um possível diálogo. Entre os exemplos mais significativos está, novamente, o caso alemão. No período 1952-61, mais de 3 milhões de pessoas abandonaram a República Democrática Alemã e refugiaram-se na Alemanha Ocidental transitando, muitas vezes, pela cidade de Berlim. Kruchev não hesitou em indicar a necessidade de extrair o "tumor cancerígeno" em que se transformou Berlim Ocidental. Sendo impossível extirpá-lo, o líder soviético decidiu isolá-lo. Assim, na madrugada de 13 de agosto de 1961, teve início a construção do Muro da Vergonha, que cindiu a velha capital germânica. [37] Todavia, foi com a crise dos mísseis em Cuba que o degelo mostrou claramente seus limites.

[35] Sobre o TIAR, consultar *ibidem*. A íntegra do texto encontra-se em SEITENFUS, R. *Textos fundamentais do direito das relações internacionais*. *Op. cit.*, pp.21-26.

[36] O Tratado de Washington encontra-se em *ibidem*, p. 365-370.

[37] Ao longo de 166 km de fronteira foi construído um obstáculo de 4m de altura. Uma área iluminada no lado oriental corria ao longo do Muro. Considerada área mortal, era acompanhada por trincheiras e torres de controle. As tentativas de atravessar o Muro provocaram a morte de 246 pessoas. A 9 de novembro de 1989, Günther Schabowski – líder do Partido Comunista Alemão – admitiu que as visitas de natureza privada seriam permitidas. A notícia correu como pavio de pólvora e, na madrugada seguinte, a população de Berlim Oriental tomou de assalto a linha de fronteira, sem qualquer violência, decretando o fim do Muro da Vergonha e o início da reunificação alemã.

Washington reconheceu o novo regime que tomou o poder em Cuba em janeiro de 1959. Após alguns meses de normalidade, as relações tornaram-se difíceis em razão das nacionalizações e expropriações feitas por Fidel Castro. A partir de então, a crise cubano-americana ganhou em proporções: embargo comercial decretado pelos Estados Unidos (1960), ruptura das relações diplomáticas e consulares (início de 1961) e, finalmente, em abril do mesmo ano, a fracassada tentativa de invasão da Baía dos Porcos.

Pressionado pelos Estados Unidos, Castro voltou-se, naturalmente em um sistema bipolar, para a União Soviética, solicitando a instalação de um eficaz sistema de defesa, pois estava convencido que Washington tentaria promover novamente a invasão da ilha.

Em 14 de outubro de 1962, os Estados Unidos descobriram estupefatos que Cuba abrigava uma base de lançamento e aguardava a chegada de mísseis que deveriam ser apontados contra o seu território. Kennedy colocou Cuba imediatamente em *quarentena* e, em 22 de outubro, indicou que não permitiria o acesso à ilha aos barcos soviéticos sem prévia inspeção. Ao mesmo tempo em que solicitava o desmantelamento das rampas de lançamento, ele convidou a URSS a iniciar um diálogo direto para colocar ponto final na corrida armamentista.

Sendo firme embora não extremista, pois respeitou a integridade territorial cubana, Kennedy conseguiu fazer com que, em 28 do mesmo mês, os barcos soviéticos se afastassem da ilha e retornassem às suas bases. Objeto de uma disputa entre as superpotências, a pequena Cuba não pôde desempenhar papel fundamental. Todavia, o acerto previu a retirada de foguetes norte-americanos de médio alcance instalados na Itália e na Turquia e, em compensação, os Estados Unidos comprometeram-se com a manutenção do regime de Fidel Castro. Desde então, não foram patrocinadas novas tentativas de invasão a Cuba. Contudo, Washington prosseguiu, ao longo de todas as administrações, o exercício de forte pressão, impedindo a plena participação cubana nas relações internacionais.

A crise dos mísseis conduziu o mundo à beira da guerra nuclear e provocou, paradoxalmente, uma nova fase das relações internacionais. Única grande crise direta entre Washington e Moscou, ela fez os dirigentes dos dois blocos tomarem consciência dos riscos de manter a escalada armamentista. Iniciou-se, então, um proveitoso diálogo. Foi instalada uma linha de comunicação direta entre o Kremlin e a Casa Branca – *o telefone vermelho* – e logo a seguir tiveram início conversações objetivando o controle dos armamentos, sobretudo nucleares. Começou o período da distensão.

A ***distensão (1962-77)*** – A distensão pode ser definida como um modelo operacional que buscava garantir um patamar mínimo de previsibilidade às relações entre os dois blocos. Além dos ingredientes que marcaram a Guerra Fria, referidos anteriormente, a distensão adicionou os seguintes: diálogo direto, controle dos armamentos, equilíbrio mútuo e competição ideológica.

O objetivo central da distensão era impedir uma guerra mundial. Para tanto, era fundamental manter o equilíbrio de forças por meio do controle mútuo da corrida armamentista. Em 1963, foi firmado um tratado proibindo os testes nucleares, com exceção dos subterrâneos. Em 1967, o espaço foi desmilitarizado e declarado zona livre de armas nucleares. No ano seguinte, um passo capital se deu com a assinatura do Tratado de Não Proliferação Nuclear (TNP).[38]

Em 1972, concluíram-se as negociações SALT (*Strategic Arms Limitation Talks*), com a assinatura do Tratado de Moscou. No ano seguinte, os dois países comprometeram-se a impedir uma conflagração nuclear.

O sucesso das negociações estratégicas e militares provocou uma diminuição da tensão entre os dois blocos. Apareceu, pela primeira vez desde o início da Guerra Fria, a possibilidade efetiva de uma *coexistência pacífica*. A competição deveria prosseguir, embora dentro de limites previamente negociados.

A distensão repercutiu positivamente no conjunto das relações internacionais. Assim, a Alemanha do Chanceler Brandt conseguiu firmar um acordo com Moscou reconhecendo as fronteiras herdadas da última guerra, e os dois Estados alemães se reconheceram mutuamente, ingressando, em 1973, na ONU. Todavia, o acontecimento fundamental foi a *Conferência sobre a Segurança e Cooperação na Europa* (CSCE, Helsinque, 1975). Reunindo 35 Estados, incluindo URSS e Estados Unidos, a CSCE estabeleceu os parâmetros que deveriam condicionar as relações entre os dois blocos no Velho Continente: reconhecimento e intangibilidade das fronteiras de todos os Estados, cooperação econômica e livre circulação de pessoas e de ideias.

O ***fim da bipolaridade (1977-91)*** – A longa Guerra Fria acomodou-se com períodos de distensão. Quando a primeira alcançava seu ápice, era substituída pela segunda. A polarização conjugou-se com um dinamismo circular entre os dois blocos. A incompatibilidade estrutural entre os dois modelos foi acompanhada pela clara consciência da impossibilidade de enfrentamento direto. O entendimento permitia o gerenciamento das crises internacionais e uma mútua limitação na corrida armamentista.

Os sinais de esgotamento da distensão apareceram a partir de 1973 com a Guerra do Kippur. O quarto conflito árabe-israelense demonstrou que a crise do Oriente Médio era recorrente e aparentemente insolúvel. Devido a uma conjuntura econômica desfavorável e às dificuldades em prosseguir com a estratégia do desarmamento, aproximava-se de seu termo o condomínio soviético-americano.

O enfraquecimento dos Estados Unidos após a derrota no Vietnã permitiu que a União Soviética interferisse, por meio de forças cubanas, nas lutas pela independência na África. Em 1979, Moscou decidiu agir diretamente e invadiu o Afeganistão. Desgastada pela derrota militar e criticada no Terceiro Mundo, a União Soviética conheceu uma crise sem precedentes que conduziria ao suicídio da Revolução de 1917 e a mudanças profundas nas relações internacionais.

O fim da URSS prendeu-se a múltiplas causas. Em primeiro lugar, as ideológicas, pois o modelo libertador de 1917 transformou-se em opressor. Os

[38] Ao completar meio século de vida, o TNP conta com 191 Estados aderentes, A íntegra do texto do TNP encontra-se em SEITENFUS, R. *Textos fundamentais do direito das relações internacionais*. *Op. cit.*, p. 310-315

expurgos, a coletivização forçada e a criação de campos de detenção – o famoso *gulag* de triste memória – conduziram o comunismo soviético a um impasse.

Em segundo lugar, a influência de Moscou na Europa Central e Oriental exigia a presença militar das forças do Pacto de Varsóvia. Certos partidos comunistas europeus distanciaram-se e criaram a corrente eurocomunista, que contestava a solidariedade seletiva feita pelas armas.

Finalmente, a economia não conseguia manter um ritmo de crescimento, apesar da exploração petrolífera. A necessidade de sustentar um pesado orçamento militar, aliada à defasagem tecnológica, encaminhou o Estado soviético a uma situação na qual se tornou impossível a competição nos termos colocados pelo Ocidente.

As tentativas de Gorbatchov para administrar a situação pela transparência política (*glasnost*) e pela reestruturação econômica (*perestroika*) permitiram a contestação do modelo. Vários países membros do Pacto de Varsóvia aproveitaram-se das incertezas de Moscou e colocaram em questão os fundamentos da solidariedade comunista. A vitória do movimento de contestação polonês liderado por Walesa e a reunificação alemã constituíram anúncios de mudanças profundas em um dos dois polos do poder internacional.

A queda do Império Soviético reforçou a tese da inevitabilidade do declínio da potência hegemônica a médio e longo prazos. Para muitos autores, a hegemonia somente pode realizar-se em um ciclo histórico reduzido. Ela propicia dividendos políticos e provoca, igualmente, altos custos. A potência hegemônica obriga-se a investimentos para modernizar constantemente suas forças militares e financiar seus aliados. Para tanto, sua economia deve gerar constantes superávits. Ora, estes não crescem na proporção do aumento dos custos do exercício da hegemonia.

Em 25 de fevereiro de 1991, dissolveu-se o Pacto de Varsóvia e, em 25 de dezembro do mesmo ano, Gorbatchov, após ser salvo por Ieltsin de um golpe de caráter restaurador em agosto, abandonou suas funções decretando o fim da União das Repúblicas Socialistas Soviéticas e colocando um termo à bipolarização do sistema internacional.

O ***sistema internacional pós-Guerra Fria (1992-2020) –*** Os *três anos de glória* do capitalismo (1989-1991) modificaram profundamente as relações internacionais. Desmoronou o sistema bipolar criado em Yalta e teve início um período confuso e turbulento. Característica das etapas históricas em que o antigo não desapareceu completamente, e o novo ainda não conseguiu firmar-se, a realidade internacional contemporânea desafia o analista por seus movimentos contraditórios e aparentemente caóticos.

Os principais parâmetros analíticos que auxiliam a compreensão de um mundo sem bússola são os seguintes:

- A manutenção da paz e da segurança internacionais exige a recomposição instrumental das organizações internacionais;
- Os fundamentos das relações internacionais apontam o surgimento de temas transversais como o meio ambiente, o respeito aos direitos humanos fundamentais e ao princípio da nacionalidade, e a integração econômica regional.

Contudo, a maior característica do mundo que se apresenta no início deste período é a unipolaridade, com o exercício do poder realizado pela única superpotência. Em torno desta gravitam núcleos menores de poder que colaboram ou praticam uma concorrência limitada. Portanto, as relações internacionais contemporâneas definem-se como um complexo espaço onde convivem múltiplos polos de poder secundário e de natureza distinta, com um polo central cujo poder manifesta-se de forma hegemônica e multifacetada.

Os Estados Unidos desempenham uma liderança mundial, impondo o capitalismo e a democracia formal, os quais se transformam em modelo único, já que o marxismo resiste somente na Coreia do Norte e em Cuba, pois tanto a China quanto o Vietnã praticam um capitalismo de Estado. Contrapondo-se à inspiração desse pensamento único sobre a organização social e o papel do Estado, restam somente as recorrentes experiências ditatoriais ou autoritárias, com forte intervenção estatal, nas sociedades de um número considerável de países do Terceiro Mundo.

Os conflitos internacionais sofreram profunda mutação com o advento do pós-Guerra Fria. Eles transitaram de uma natureza ideológica e nuclear – que os impregnou durante longa parte do século XX – para retornar às origens clássicas, quando a história, a economia e a geografia desempenharam papel preponderante.

Uma desordem generalizada percorre várias regiões do mundo, colocando em evidência as raízes profundas dos litígios, os quais se sustentam no nacionalismo, em oposições étnicas, religiosas, territoriais e tribais. O desmembramento da ex-Iugoslávia e os conflitos na região dos Lagos africanos desembocaram em guerras mistas – civis e internacionais – que fizeram ressurgir o horror do genocídio e da limpeza étnica.

O crepúsculo da bipolaridade restringiu o alcance dos conflitos, que permanecem localizados, mas em contrapartida, provocou a renovação de formas de luta com a afirmação do terrorismo, da guerrilha, da Intifada, da utilização de armas de destruição em massa e dos instrumentos de intervenção econômica (bloqueio, embargo e boicote).

A corrida armamentista não mais implica embate entre dois blocos. O extraordinário custo das novas tecnologias bélicas deixa os Estados Unidos e aliados em posição de absoluta superioridade militar. Todavia, a possibilidade de disseminação de armas nucleares, químicas e bacteriológicas, possibilitando a ação incontrolada de Estados ou de grupos privados, conduz as relações internacionais a um patamar de grave instabilidade.

A regulação do sistema exige a constante intervenção em conflitos marginais. Multiplicam-se as missões de paz sob a conduta das Nações Unidas, e a Organização do Atlântico Norte abandona seu caráter de aliança defensiva para atuar ofensivamente no território de Estados não membros.

Quase três dezenas de conflitos, sendo doze guerras civis, ocorreram nos primeiros anos do período pós-Guerra Fria. Além dos clássicos distúrbios do Terceiro Mundo, a guerra bateu às portas da Europa com a derrocada da ex-Iugoslávia. As guerras africanas em Somália, Ruanda, Congo e Angola demonstram a extrema instabilidade do continente africano. Não somente este encontra à margem do progresso econômico e da evolução social, mas, igualmente, é cenário de lutas recorrentes que provocam centenas de milhares de mortes.

Contudo, é no Oriente Médio, em sua qualidade de fronteira entre civilizações, religiões e comunicações, bem como de berço geográfico, estratégico e energético, que as relações internacionais alcançam seu maior grau de instabilidade. Tendo como pano de fundo a insolúvel questão palestina, agregou-se à explosiva situação a ação desestabilizadora do Iraque.

Ocorreram três conflitos sucessivos na região do Golfo arábico-pérsico. O primeiro opôs o Iraque ao Irã (1980-1988), provocando a morte de mais de um milhão de pessoas. Dois anos após ser obrigado pelo CS a aceitar um cessar-fogo (Resolução n. 598), o Iraque ocupou o Kuwait, em agosto de 1990, tornando-se o primeiro e mais importante exemplo do funcionamento do sistema internacional pós-Guerra Fria. As ameaças de intervenção não foram suficientes, e a comunidade internacional, por meio de uma coalizão formada por 28 Estados, desencadeou a operação "Tempestade no Deserto". Em fevereiro de 1991, as forças de Saddam Hussein foram expulsas e restaurou-se a soberania do Kuwait. O CS ofereceu garantias de independência e segurança ao país agredido e impôs severas sanções ao Iraque. A partir deste momento, a questão iraquiana inscreveu-se de maneira permanente na agenda internacional, apresentando-se como elemento crucial do pós-Guerra Fria.

Por intermédio da Resolução n. 687 (abril de 1991), o CS estabeleceu as condições do cessar-fogo e determinou uma lista de condições a Bagdá: definição de duas zonas de exclusão – ao Norte e ao Sul – nas quais o governo iraquiano não exerceria sua soberania, pagamento de pesadas indenizações de guerra e desmantelamento de sua capacidade de produção e armazenamento de armas de destruição em massa. A execução das medidas fez o Iraque se transformar no epicentro das relações internacionais durante o período.

O terceiro conflito foi desencadeado em março de 2003 quando tropas dos Estados Unidos, apoiadas por tropas britânicas e australianas, iniciaram o bombardeio da Bagdá e a invasão por terra do Iraque. Contrariando o Direito Internacional, pois não foi aprovada nenhuma Resolução do CS permitindo a ação bélica, os invasores não levaram em consideração a posição de numerosos governos e de parte ponderável da opinião pública mundial.

O conflito foi motivado por questões securitárias, econômicas e psicológicas. Todavia, as autoridades inglesas e norte-americanas alegaram a existência de uma capacidade potencial iraquiana em lançar mão de armas de destruição em massa. A notável assimetria de forças em presença comporta a impressão de que as guerras do novo século conservarão sua imoralidade escapando, ao mesmo tempo, da bipolaridade. Por outro lado, a região do Oriente Médio tende a permanecer como epicentro dos litígios internacionais.

A solução dos conflitos bélicos do pós-Guerra Fria anunciou a possibilidade do reforço do multilateralismo e do papel das Nações Unidas. O epílogo das duas primeiras guerras do Golfo constituiu exemplos significativos da eficácia dos mecanismos para a solução pacífica dos litígios. Tal esperança frustrou-se com a marginalização do CS quando se tornou impossível uma solução consensual em março de 2003.

A terceira guerra do Golfo desnudou, igualmente, os limites da cooperação europeia e de sua atuação autônoma no sistema internacional. Extraordinários progressos foram realizados na construção da Europa – criação do Euro, acolhida de novos Estados, adoção de um Projeto de Constituição e o aprofundamento dos vínculos. No entanto, a possibilidade de uma política externa e de defesa comuns, percebidas como possíveis nos conflitos da ex-Iugoslávia, alcançou seus limites com as divisões no seio da União Europeia frente à questão iraquiana.

Surgiu um nítido corte entre, de um lado, a posição pacifista e de defesa do multilateralismo de Alemanha, Bélgica e França e, de outro, o alinhamento ativo de um grande número de Estados europeus à posição belicosa dos Estados Unidos (Grã-Bretanha, Espanha, Itália, Portugal, Dinamarca e Holanda). Os contrastes europeus impuseram uma indagação: poderá a Europa manter o ativismo econômico e de cooperação ao desenvolvimento que marcaram sua atuação internacional sem apresentar, paralelamente, uma política externa unificada perante os desafios internacionais? Em outros termos, o polo de poder econômico, tecnológico e moral que a Europa reconstruiu, por meio da cooperação, poderá afastar os aspectos políticos, militares e estratégicos de uma ação coletiva?

Finalmente, a extraordinária capacidade bélica dos Estados Unidos torna flagrante a assimetria em relação ao restante do mundo. Contudo, a superioridade militar não dispensa as considerações de natureza jurídica e moral das relações internacionais. Frente a uma ativa opinião pública mundial não basta à única superpotência a capacidade técnica de dominação. Para que esta se torne efetiva, é necessário reunir atributos que somente o caminho da razão e do direito podem conceder. Em um mundo onde se intensifica o intercâmbio de todos os gêneros, surgem novos atores que se orientam por parâmetros distintos. Há, portanto, um duplo sentido que opera nas relações internacionais contemporâneas. Por um lado, o entrelaçamento do mundo, transnacionalizando os interesses e, por outro, multiplica-se o número de atores cuja ação incide sobre as relações internacionais.

Parte II

Os atores das relações internacionais

Malgrado o surgimento de importante concorrência, as relações internacionais prosseguem sendo dominadas por um ator principal – o Estado – secundado e, muitas vezes, contraditado por vários atores cuja influência manifesta-se de maneira parcial e episódica: as organizações interestatais – sejam elas simplesmente intergovernamentais ou atinjam o estágio complexo da supranacionalidade, como é o caso da União Europeia (EU), criando o original Direito Comunitário – os entes privados de vocação transnacional e, de certa forma, os indivíduos.

Encontra-se na atuação externa do Estado o alicerce das modernas relações internacionais. Membro inquestionável do sistema internacional, o Estado é seu ator originário e nele permaneceu de forma solitária por longo período. Não se trata somente do exercício de uma primazia ou de dominação da figura estatal, como propugnam as teorias tradicionais. Na verdade, trata-se de exclusividade, pois, centrado em seu único ator, o sistema foi identificado, até o início do século XX, como sendo *interestatal*, e não internacional, como se define atualmente.

A atuação externa do Estado pode inspirar-se nos interesses privados de seus nacionais, sejam eles empresas ou indivíduos. Todavia, o Estado permanece como o juiz – único e supremo – da oportunidade, da forma e do conteúdo do agir no plano externo.

Não obstante, ao final da Primeira Guerra Mundial e após a Segunda, a conjunção de vontades dos Estados fez nascer um novo ator. Pela expressão de um consentimento coletivo, os Estados delegaram funções específicas e delimitadas às Organizações Internacionais (OI). Nasceu, então, um ator secundário, pois as OI passaram a existir em razão de uma vontade externa a elas, qual seja, a vontade de seus Estados-Membros fundadores e, posteriormente, a dos membros associados.

As OI possuem caráter público, uma vez que somente os Estados nelas detêm representação plena. Ao perseguir objetivos específicos, adotam modelos institucionais diferenciados, que podem prever a transferência de poderes de seus membros para a instância coletiva ou simplesmente constituir um fórum de contato e cooperação. As relações entre a criatura e os criadores são impregnadas de uma carga conflituosa, pois a organização coletiva tende a buscar, de forma incessante, a diminuição de seu grau de dependência em relação aos Estados.

Por outro lado, o grupo heterogêneo das organizações internacionais não estatais que denomino de Organizações Não Governamentais de Alcance Transnacional (ONGAT), é composto por instituições de origem privada, vinculadas a uma ordem jurídica nacional, mas que, em razão de seus objetivos e atividades, visam a atingir os indivíduos ou os bens localizados no território de dois ou mais Estados, ou em espaços internacionalizados. A diferença essencial com relação ao ator anterior está na ausência formal do Estado e, portanto, na autonomia da organização em relação aos governos.

Com efeito, o surgimento de uma ONGAT não provém de uma vontade externa a sua, tampouco da ação do Estado. Não raro tal organismo é criado para opor-se ao Estado, competindo com ele tanto no campo internacional quanto no espaço em que o Estado detém jurisdição exclusiva, ou seja, no interior de suas fronteiras nacionais. A variada gama de organizações internacionais privadas – confessionais, culturais, jurídicas, esportivas, econômicas, cooperativas, políticas – repousa sobre um denominador comum: a autonomia com relação aos outros dois atores das relações internacionais.

Um terceiro grupo de atores internacionais encontra-se nas manifestações de fé, organizadas de maneira transnacionais, aqui designadas genericamente como igrejas. Paradoxalmente, a religião tem servido como combustível de incontáveis conflitos internacionais, mas também exerce e dissemina o valor da solidariedade em missões humanitárias relevantes mantidas pelos movimentos religiosos.

Paralelamente à existência das religiões monoteístas, que se afrontam no mercado da fé com nítida tendência a transcendê-lo, conduzindo a disputa para o terreno das armas, existem outras centenas de movimentos paralelos, alguns subterrâneos, que agem internacionalmente. Essas *seitas*, pouco conhecidas, interferem nas relações internacionais de maneira crescente.

As dificuldades para identificar os contornos do submundo do crime internacional não devem servir de escudo para desconsiderá-lo. Os diferentes tráficos – de narcóticos, de seres humanos, de armas, de metais preciosos etc. –, a lavagem de dinheiro por meio de paraísos fiscais, a corrupção transnacional que afeta a administração dos Estados e, finalmente, as redes de terror que demonstram sua força são atores fundamentais das relações internacionais contemporâneas.

A história das relações internacionais já havia indicado o quanto o indivíduo, agindo isoladamente, com total autonomia e desvinculado de liames organizacionais, poderia influenciar seus rumos. O estopim da Primeira Guerra Mundial decorreu de um ato terrorista individual. Por essas razões, paralelamente à contribuição de certos indivíduos à tomada de consciência sobre questões transnacionais, é necessário ter presente, igualmente, a face obscura das ações individuais.

Acrescente-se ao rol de atores das relações internacionais a complexidade intrínseca aos fenômenos de opinião pública. Sua possível manipulação e o impacto diferenciado nas distintas sociedades tornam perigoso o exercício de análise de sua influência nas relações internacionais. Todavia, desde meados da década de 1930, com o surgimento dos mecanismos de avaliação da sensibilidade pública por meio das pesquisas de opinião, esse termômetro é utilizado pelos responsáveis por decisões políticas e econômicas. Por conseguinte, em certas condições, a opinião pública nacional ou transnacional, como a que se organiza na contemporaneidade, torna-se um ator que influencia o curso das relações internacionais.

Finalmente, o indivíduo, considerado por parte da doutrina jurídica como um sujeito fragmentário de Direito Internacional, esforça-se para deixar a condição de mero destinatário das relações internacionais. Sua recente evolução indica que certas categorias particulares de indivíduos alcançam níveis razoáveis de autonomia com relação aos outros atores, tendo acesso ao privilegiado campo de atuação internacional.

1. O principal ator das relações internacionais: o Estado

O Estado é um fenômeno internacional de marcante sucesso cuja vivacidade impressiona. Quando um Estado desaparece em razão de conflitos, internos ou internacionais, decretando o fenecimento da vontade de compartilhar valores e destino, a história demonstra que sua morte equivale a um renascimento de um ou de vários outros entes estatais, no mesmo espaço territorial.

O sucesso do modelo fez com que sociedades sem Estado ou dependentes de outros Estados buscassem criar seu próprio Estado, como bem o revela a organização das sociedades que passaram pelo processo de descolonização. Tal fenômeno significou o aumento extraordinário do número de Estados, alcançando atualmente duas centenas.

O surgimento desordenado de novos Estados traz consigo uma das principais características do Estado contemporâneo: grande parte deles é simplesmente uma caricatura de Estado de Direito e de fato. Trata-se de Estados objetivamente inviáveis ou em colapso, enfim, *quase-Estados*. Um exemplo marcante dessa realidade encontra-se no grupo dos Países Menos Avançados (PMA ou LDC, *Least Developed Countries)*. Composto de 49 Estados, sendo 34 africanos (os demais asiáticos ou localizados no Pacífico, com apenas um americano, o Haiti), os PMA reúnem um décimo da população mundial, sem qualquer perspectiva de desenvolvimento, condenada à mendicância internacional para encontrar meios de subsistência.[39]

O Estado desempenha três funções que correspondem a necessidades contemporâneas:

1) *Repartidor de espaços.* A ordem internacional é essencialmente territorial e, portanto, compartimenta o espaço, na medida em que todos os espaços somente adquirem sentido através dos Estados. Através desta função, os Estados

[39] O crescimento anual médio durante a década de 1990 foi somente de 0,9%. Onze destes Estados, vítimas de guerra civil, sofreram uma diminuição anual de 3% de seu PIB durante o mesmo período.

se apresentam como verdadeiros *esquartejadores de espaços*. Como instrumento de organização da sociedade humana, o Estado é ator universal, pois administra diretamente, ou por meio de concessão de delegação estatal, a totalidade do espaço terrestre.[40] Seu alcance atinge igualmente o espaço marítimo contíguo de 200 milhas. Assim, as primeiras 12 milhas são consideradas mar territorial sobre o qual o Estado exerce plena soberania, e as restantes 188 milhas, consideradas como zona econômica exclusiva, onde ele detém os direitos exclusivos de exploração econômica, mas não a soberania relativa ao mar territorial.

No mesmo sentido, os Estados definem coletivamente, por tratados internacionais, o mar internacional, ou alto-mar, ou seja, o espaço marítimo que não constitui propriedade individual de um Estado, mas patrimônio comum da humanidade, tanto em sua superfície quanto nos fundos marinhos. As terras emersas desprovidas de soberania ou objeto de litígio, bem como o espaço extra-atmosférico, são igualmente objetos de variadas regulamentações provenientes dos Estados.

2) O *Estado-instrumento,* que tenta adaptar as sociedades ao ambiente em constante evolução. Como ordenador dos anseios da sociedade, a ação do Estado decorre dos vínculos de:

- *Causalidade* – a mudança nascida da necessidade;
- *Funcionalidade* – a criação de novas estruturas e a reforma de outras;
- *Intencionalidade* – capacidade do homem de Estado, ao contrário do burocrata, de moldar seu ambiente segundo os objetivos a ser alcancados.[41]

3) O Estado garante da *segurança* para seus cidadãos. Lutando contra o estado de natureza de Hobbes, o Estado obriga-se a diminuir os riscos de violência proveniente do exterior e a eliminar a violência privada dentro de seu espaço territorial.

Contrariamente às duas funções precedentes, percebidas como dogmas pelo Estado, essa última merece variadas interpretações. Assim, durante o violento século XX, marcado por duas guerras mundiais, o número de vítimas eliminadas por seus próprios governos foi amplamente superior ao número de vítimas de guerras internacionais, pois alcançou 150 milhões de pessoas.[42]

1.1. Os fundamentos institucionais da ação externa dos Estados

Internamente, o Estado não sofre, a princípio, qualquer concorrência. Organizado segundo critérios que lhe são próprios, os atributos da soberania, o

[40] Há uma exceção. A base militar norte-americana de Guantánamo, localizada no extremo leste da ilha de Cuba, não é considerada território sob jurisdição comum dos Estados Unidos. Em razão desse ambíguo estatuto, os bens e as pessoas que nela se encontram estão submetidos às regras jurídicas vigentes nas Forças Armadas norte-americanas. Ao conduzir àquele local os prisioneiros capturados no Afeganistão e no Iraque, as autoridades militares norte-americanas tentaram subtraí-los de qualquer proteção concedida por suas próprias leis nacionais, ou ainda dos direitos que os protegem em razão dos dispositivos das Convenções de Genebra.

[41] Consultar ROCHE, J. J. *Relations internationales*. Paris: L.E.D.J., 1999, p.99.

[42] RUMMEL, R. *Death by Government*, citado por ROCHE, J. J. *Op. cit.*, p. 105.

Estado dispõe da legitimidade que lhe confere o *poder fazer* nos limites de seu espaço territorial, em que exerce, sem partilha, seu poder discricionário.

Sua discricionariedade somente pode vir a ser limitada por princípios que inspiram sua organização, portanto por sua própria iniciativa, e por compromissos firmados com o exterior, com os quais livremente consentiu. Neste caso, a assinatura de tratados internacionais, como lembrou, em 1923, a Corte Permanente de Justiça Internacional (CPJI), "não significa um abandono de soberania, pois a capacidade de contrair compromissos internacionais é justamente um atributo da soberania do Estado".[43] No entanto, enquanto a formalização do compromisso decorre do exercício da soberania, sua execução tende a limitá-la. Em outras palavras, o tratado entre Estados expressa, a montante, um de seus atributos fundamentais, e a jusante, limita ou modifica uma ou algumas de suas competências.

O Estado apresenta três elementos necessários, indispensáveis e exclusivos:

- *Território delimitado e inconteste* – a massa territorial constitui o espaço onde o Estado exerce sua soberania. Esse espaço encontra seu limite territorial na linha de fronteira que separa sua soberania daquela de que dispõe o Estado contíguo;
- *População estável* – os habitantes da massa territorial são nacionais do Estado em questão. Tal vínculo, acrescido da residência no espaço territorial, descarta a possibilidade da existência de Estado sem população ou provido unicamente de uma população nômade;
- *Poder de polícia* – ao Estado é atribuído o direito, mas igualmente o dever, de organizar a sociedade humana sob sua responsabilidade, respeitando, evidentemente, os compromissos internacionais e o princípio do *jus cogens*.[44]

Na seara externa, o Estado define-se como detentor inconteste, portanto soberano, de um espaço territorial delimitado, ocupado de forma permanente por indivíduos que se vinculam a ele pelo liame da nacionalidade. Compartilhando valores comuns, estando à sua frente um governo que dispõe de vontade e instrumentos, como a Diplomacia e as Forças Armadas, que operacionalizam sua atuação externa, o Estado encontra pares no sistema internacional, que apresentam os mesmos atributos. No princípio da igualdade jurídica entre os Estados, sustenta-se o Direito Internacional Público; na desigualdade de fato entre os Estados, nasce o estudo das Relações Internacionais.

Tais predicados tornam o Estado distinto de outros atores internacionais, pois somente ele os possui. Contudo, será a conjunção e a efetividade desses elementos que concederão ao Estado a natureza singular que o caracteriza.[45]

---

[43] Confere decisão no caso Wimbledon da CPJI, 1923.

[44] O *jus cogens* pode ser definido como o direito cogente, ou seja, os princípios que se impõem ao conjunto da humanidade e, portanto, são de caráter imperativo. Em outras palavras, um tratado firmado por um Estado não pode conter objetivos que contrariem o *jus cogens*.

[45] Uma parte reduzida da doutrina do Direito Internacional indica a necessidade de um quarto elemento: o Estado deve ser objeto de reconhecimento internacional manifestado pelos outros Estados. Em outras palavras, é indispensável que a efetividade da nova realidade interna seja transposta além das fronteiras. Todavia, caso fosse aceita esta condição, colocar-se-ia nas mãos do exterior o poder tanto de criação quanto de existência de um novo Estado. Ora, o Estado é um ente per se, que independe da vontade alheia a sua realidade. Por conseguinte, segundo o direito das gentes, o reconhecimento da existência de um novo Estado não é ato constitutivo, mas simplesmente declaratório. Porém, a prática de um novo Estado contradiz a

O traço fundamental das relações internacionais consiste na inexistência de uma ordem legal e de subordinação dos Estados a instâncias coletivas superiores. A ausência de um poder comum e de uma ordem centralizada em âmbito externo, ao contrário do que ocorre no plano interno, conduz o Estado a cooperar, competir ou mostrar-se indiferente em relação aos outros integrantes do sistema internacional. Essa situação faz do Estado, detentor de exclusiva competência interna, um ser radicalmente distinto quando age na seara externa, pois ele se confronta com pares, em perfeita igualdade jurídica, mas em flagrante desigualdade de fato.

Tanto quanto a administração da justiça e o estabelecimento de normas tributárias no plano interno, as relações exteriores constituem monopólio do Estado, que o exerce de maneira centralizada. Trata-se de longa evolução que desembocou na criação do instituto da *personalidade jurídica internacional*. Tornando-se atributo intransferível e exclusivo dos Estados, ele elimina definitivamente os rivais e concorrentes, tais como a Igreja e a nobreza. A partir de então, ao Estado é reconhecida a exclusividade do exercício de um duplo direito: o de *desejar* (negociar e concluir tratados) e o de *agir* (conceder legações e recorrer à força).[46]

O monopólio das relações exteriores, exercido pelo Estado, é incontestável quando este apresenta uma forma unitária. Não pode haver transferência de atributos diplomáticos aos órgãos infraestatais. Da mesma maneira, o exercício de representação do Estado, de negociação e conclusão de acordos internacionais é atribuído ao Poder Executivo nacional.

A situação dos 23 Estados que atualmente se organizam sob a égide dos princípios federativos é distinta, já que suas unidades federadas detiveram, em passado recente, importantes atribuições no campo externo. No entanto, progressivamente, suas capacidades internacionais foram restritas pela União. A Constituição da Confederação Helvética prevê que somente de *maneira excepcional* os Cantões possam concluir tratados sobre a economia pública, as relações de vizinhança e de polícia. A Constituição dos Estados Unidos indica que nenhum Estado da União poderá concluir um tratado.[47]

No sentido oposto, com a modificação do artigo 23 da Constituição alemã, os Estados federados (*Länder*) ampliaram sua participação no processo de tomada de decisão em política externa, sobretudo nos assuntos de integração europeia. Eles podem designar um representante em Bruxelas detentor de atribuições funcionais, excetuando as de representação diplomática, e participam dos debates prévios na Câmara baixa do Congresso (*Bundestag*) sobre todos os temas que lhes interessam.

---

percepção declaratória, pois a procura do reconhecimento de seus pares e a busca de relações com eles são invariavelmente seu primeiro e principal desafio. Portanto, essa prática indica a existência de um quarto elemento constitutivo do Estado, embora recusado majoritariamente pela doutrina jurídica.

[46] O reconhecimento da personalidade jurídica internacional às organizações internacionais ocorre por delegação dos Estados, que são seus únicos detentores originários. Consultar ZOLLER.E. *Droit des relations extérieures*. Paris, PUF, 1992,368p.

[47] Esse dispositivo foi confirmado pela Suprema Corte que o justificou, em 1936, entendendo que mesmo antes da independência os Estados federados nunca haviam desfrutado de soberania.

A federalização da política externa torna mais pesado e complexo o processo de tomada de decisões. No entanto, concede maior legitimidade e, sobretudo, permite alcançar o consenso político, condição indispensável aos processos de integração econômica.

Todavia, mesmo que certas Constituições reconheçam atributos residuais aos Estados federados, elas não lhes concedem competência exclusiva, mas concorrente ou complementar à competência da União. Além disso, as atribuições externas dos entes federados são impregnadas pelo princípio de tutela da União, que se concretiza pela concessão de autorizações específicas e de um controle permanente sobre suas atividades na esfera internacional.[48]

O Executivo federal encontra-se em permanente dilema. Por um lado, a concessão de legítimas e indispensáveis atribuições na seara internacional aos entes federados pode ocasionar dispersão e contradições de sua ação internacional, provocando seu enfraquecimento. Por outro, a ação externa de um ente federado, mormente a diplomática, pode representar a perspectiva de uma secessão. As turbulentas relações da Província do Quebec, dotada de uma *paradiplomacia* ativa, paralela e contrária à diplomacia federal, com o Executivo da União canadense demonstram esses tênues limites.[49]

As atividades internacionais dos entes infraestatais têm sido objeto, nas duas últimas décadas, das atenções dos pesquisadores em relações internacionais. Todavia, ainda não foi solidificada uma teoria da *paradiplomacia.* A própria denominação das atividades dos entes infraestatais é tema controverso. Trata-se de uma diplomacia paralela ou uma diplomacia com vários níveis, ou, ainda, uma pós-diplomacia? Por outro lado, seria mais apropriado designar essas ações como um *ativismo público transnacional,* já que, tanto sob o ângulo jurídico como de conteúdo, a ação dos atores infraestatais encontra sustentação exclusivamente em propósitos concretos.

No entanto, alguns elementos conceituais podem ser indicados. O primeiro vincula a intensidade da *paradiplomacia* à existência de conflitos étnicos e culturais no interior do espaço nacional e à incapacidade do governo central em administrá-los. Tais litígios transbordam as fronteiras e colocam-se no centro da política internacional, como demonstram vários exemplos em todos os continentes.

Um segundo conceito indica a natureza não conflitante entre a *paradiplomacia* e a ação centralizada do Estado. Trata-se de uma complementaridade funcional, pela qual os entes infraestatais colaboram na elaboração de uma pauta secundária, de conteúdo técnico, àquela estabelecida pela diplomacia central. Nesses casos, a denominação de *paradiplomacia* parece errônea, na medida em que os entes infraestatais tendem a defender interesses, e não valores.

Finalmente, há o conceito de *regionalismo estreito* ou de *localismo,* que identifica as correntes de cooperação transnacional de alcance limitado, envolvendo

[48] Para um debate atual sobre a questão, consultar DEHOUSSE, R. *Fédéralisme et relations internationales.* Bruxelas: Bruylant, 1991, 284p.

[49] Consultar MORIN, C. *L'art de l'impossible*: la diplomatie québécoise depuis 1960. Montreal: Boréal, 1987, 478 p.

o intercâmbio de uma comunidade a qual foi dividida pela linha de fronteira política dos Estados. A Europa abriga inúmeros exemplos, e o caso brasileiro mais revelador desta situação encontra-se na fronteira entre Santana do Livramento (RS) e Rivera (Uruguai).

A organização da Federação brasileira demonstra a inexistência de um espaço próprio de atuação internacional dos Estados federados. Durante o regime militar, o Executivo federal interpretou de forma abusiva seu monopólio, proibindo inclusive que contatos internacionais fossem realizados pelos representantes dos poderes municipal e estadual sem a prévia e expressa anuência do Ministério das Relações Exteriores (MRE).

O retorno ao Estado de Direito, o processo de integração econômica no âmbito do MERCOSUL e a interpenetração dos interesses domésticos e externos, conduziu à seara internacional administrações municipais – por exemplo, a rede *Mercocidades* – e concederam aos Governadores um espaço inédito de atuação internacional.[50] Consciente dos novos tempos, o MRE criou escritórios de representação regionais em vários Estados da federação.[51]

A Constituição de 1988, marcada pela superficialidade ao tratar das questões externas, faz somente uma única referência à atuação externa dos Estados federados quando aborda a política tributária.[52] Contudo, a debilitação crescente do governo da União, adicionada à ausência de planejamento necessário a um projeto nacional, fornece aos Estados federados um inesperado espaço de atuação na seara externa. Assim, a política de atração de novos investimentos, sustentada, entre vários elementos, na concessão de incentivos fiscais, provém do Estado federado. Resultando em uma redefinição do tecido industrial no país e na desconcentração da produção do Sudeste, a União assiste a uma *guerra fiscal* que limita seu poder e dificulta, inclusive, o exercício de uma indispensável arbitragem.

Ao silêncio constitucional, os entes federados responderam com iniciativas políticas e administrativas, criando instâncias, sob várias denominações (secretaria, assessoria, núcleo), capazes de coordenar a política estadual voltada para o exterior e sustentar as ações externas do Chefe do Executivo estadual. Os campos de atuação preferidos concernem à atração de novos investimentos, à busca de novos mercados e, em certos casos, à contestação da ordem internacional e da diplomacia do Executivo federal.

Além da rede *Mercocidades,* há significativos exemplos de uma nova fase da ação externa das regiões, conduzindo-as da defesa exclusiva de interesses

[50] Argentina e Brasil firmaram, em novembro de 1988, um "Protocolo de cooperação regional e fronteiriça" que prevê a participação, limitada às questões regionais, tanto dos municípios quanto das Províncias argentinas e Estados brasileiros fronteiriços, na definição de uma política de cooperação local, inclusive com ações preventivas oriundas dos comitês de fronteira.

[51] Vinculados à Subsecretaria Geral de Serviço Exterior (SGEX), o MRE conta com os seguintes Escritórios de Representação nos Estados: ERESUL (RS), ERESC (SC), EREPAR (PR), ERESP (SP), ERERIO (RJ), EREMINAS (MG), ERENOR (Norte, Manaus) e ERENE (Nordeste, Recife).

[52] Em seu art. 155 (II), a CF estipula que "compete aos Estados e ao Distrito Federal instituir impostos relativos à circulação de mercadorias e à prestação de serviços de transporte interestadual e intermunicipal e de comunicação, ainda que as operações e as prestações se iniciem no exterior". Grifo nosso.

econômicos para o campo do embate político e ideológico. Sublinhe-se o projeto de criação de um novo liame regional infraestatal denominado *Mercoprovíncias,* no âmbito do MERCOSUL, e o apoio concedido pelo Governo do Rio Grande do Sul e pela Prefeitura de Porto Alegre à realização do Fórum Social Mundial (FSM) na capital gaúcha.[53]

O Executivo federal desfruta de incontestável primazia e de amplos privilégios na condução das relações exteriores dos Estados federados. Trata-se de traço indelével, profundamente ancorado nos princípios do Estado autocrático. A expansão do modelo republicano, a afirmação recente de um número cada vez maior de Estados de Direito e a consolidação do regime democrático como forma que tende a universalizar-se não afetaram a condução da política externa. Esta permanece na alçada do Executivo, nas mãos de poucos privilegiados. Nesse sentido, sua condução sugere uma reminiscência do estilo monárquico de governar,[54] que alcançou extraordinária intensidade na administração de Fernando Henrique Cardoso com a implementação da chamada *diplomacia presidencial.*

A personalização dos sistemas políticos contemporâneos incide sobre a condução das relações exteriores. Esse questionamento da "lógica estatal através da pessoa do Chefe de Estado é particularmente saliente na cena internacional pois, de um lado, ele consagra por meio de encontros de cúpula um suplemento de recursos do príncipe e, de outro, a função de representação favorecida pela política internacional conforta as tradições culturais que encontram no chefe uma função de encarnação da nação".[55]

A seara internacional reserva um lugar especial ao Chefe de Estado. Sustentado em dispositivos constitucionais, ele detém poderes de intervenção muito mais amplos e profundos se comparados aos demais âmbitos da ação governamental.[56] Nos regimes presidencialistas, trata-se de poderes substantivos, reais e incontestáveis que fazem que o Primeiro Mandatário ocupe um lugar *sui generis,* primando sobre todos os outros Poderes do Estado,[57] que podem assim resumir-se:

> Garante da unidade nacional, o Chefe de Estado detém a função de representação formal do Estado, que independe do regime governamental; a realidade do poder do Primeiro Mandatário

[53] Para um breve relato sobre a criação e atuação da pioneira Secretaria de Assuntos Internacionais de um Estado da federação, consultar SEITENFUS, R. *Para uma nova política externa brasileira.* Porto Alegre: Livraria do Advogado, 1994, p.74-97.

[54] Para Norbert Elias, as sociedades contemporâneas, no que diz respeito a suas relações exteriores, permanecem vivendo na tradição do Estado monárquico soberano. In: *La société des individus.* Paris: Fayard, 1991, p.298.

[55] BADIE, B.; SMOUTS, M. C. *Le retournement du monde.* Sociologie de la scène internationale. Paris: Dalloz, 1992.

[56] Um quadro resumindo os dispositivos constitucionais brasileiros no que atine aos princípios das relações exteriores, às prerrogativas do Chefe de Estado e dos órgãos da administração federal encontra-se In: SEITENFUS, R. *Direito Internacional Público.* 5ª ed. Porto Alegre: Livraria do Advogado, 2016, 220 p.

[57] Nos regimes semipresidencialistas ou parlamentaristas, há repartição de atribuições e competências entre os Chefes de Estado e de Governo. Mesmo quando a Constituição estabelece os limites e o alcance da atuação de cada um na seara internacional, constata-se uma intensa luta entre as duas instituições. Geralmente, ao Primeiro Mandatário é reservado, com exclusividade, o poder de representação. As lições dos casos italiano, português e francês ilustram as dificuldades funcionais e políticas que se originam neste embate.

decorre de sua capacidade exclusiva para nomear embaixadores,[58] exonerá-los, aceitar o *acreditamento* de representantes diplomáticos dos Estados estrangeiros[59] e declará-los *persona non grata*;

Todas as convenções internacionais são submetidas aos poderes de iniciativa e de negociação, e à ratificação do Chefe de Estado. Sem sua anuência expressa, nenhum compromisso internacional poderá vincular o Estado. Por conseguinte, a construção dos liames que sustentam o direito das relações externas do Estado encontra no Chefe de Estado, mais do que seu arquiteto, aquele que definirá o nível de eficácia do acordado, pois é o responsável por sua operacionalização; o Primeiro Mandatário dispõe do poder de manter a paz externa e de declarar a guerra.

Essas últimas atribuições constituem, geralmente, poderes compartilhados com outros órgãos do Estado – Congresso Nacional, Conselhos de Defesa Nacional – mas a última palavra será a do Chefe de Estado. Portanto, a política das relações exteriores não pode prescindir da ação do Chefe de Estado, nada podendo ser feito sem seu ativo e formal concurso.

Contrapondo-se ao caráter estabilizador e conservador do Estado nas relações internacionais, surgem os movimentos de libertação nacional que aspiram a criar seu próprio Estado. Desprovidos dos elementos constitutivos do Estado, tais movimentos apresentam-se como contestadores da ordem internacional vigente e, nesse sentido, podem ser identificados como um ator em construção. Auxiliados por escassos Estados e combatidos por muitos – tal combate provém essencialmente, mas não exclusivamente, dos Estados que cederiam território e população para o novo ator -, os movimentos de libertação nacional são impregnados pelo dinamismo de sua ação internacional.

Tais movimentos vincularam-se estreitamente ao processo de descolonização (cf. Capítulo 1). Atualmente, encontram-se na Europa e no Pacífico Sul, além das aspirações à independência do Quebec (Canadá). Contudo, os movimentos que almejam atualmente a criação de um Estado devem ser percebidos de forma distinta se comparados à descolonização. Nesta, um território estava submetido à soberania de uma metrópole, enquanto aqueles pretendem fazer uma *secessão*. Ou seja, desligar-se do território nacional.

Por isso, o *princípio da autodeterminação dos povos*, que inspirou e legitimou o nascimento de grande parte dos Estados no século XX, não deve ser aplicado. Esse é o sentido das diferentes resoluções adotadas no âmbito das organizações internacionais.[60] Assim, por exemplo, Israel concordou tão somente com a transferência de territórios e de competências para uma *Autoridade* Palestina, descartando a possibilidade de existência de um Estado Palestino. Trata-se de

[58] No caso brasileiro, o art. 52 (IV) da CF estipula que o Senado Federal deve "aprovar previamente [os nomes submetidos pelo Presidente da República], por voto secreto, após arguição em sessão secreta, a escolha dos chefes de missão diplomática de caráter permanente".

[59] O art. 84 (VII) da CF é redigido de forma equivocada, pois reza que compete privativamente ao Presidente da República "manter relações com Estados estrangeiros e acreditar seus representantes diplomáticos". Ora, trata-se, tão somente, de aceitar a acreditação, também denominada de *agrément* (francês) ou *agreement* (inglês), do diplomata que foi indicado, em realidade, pelo Estado estrangeiro. A recusa de acreditação pode ocorrer sem obrigar o Chefe de Estado a fundamentá-la.

[60] Consultar o texto da Resolução n. 1.514 da AG das Nações Unidas que trata da descolonização. In: SEITENFUS, R. *Legislação Internacional. Op. cit.*, p. 107-108.

um estatuto ambíguo e de caráter provisório que se aplica nos territórios, concedendo-lhes limitada autonomia administrativa.

Definidas as prerrogativas em política externa na estrutura institucional dos Estados, é necessário estabelecer os parâmetros da ação externa estatal e identificar quais os objetivos, tanto os perenes quanto os transitórios, perseguidos pelos Estados em suas relações recíprocas.

1.2. Os objetivos da política externa

A política externa define-se como o processo de *percepção, avaliação, decisão, ação* e *prospecção* estatais, inclusive aquelas iniciativas tomadas no âmbito interno que possuam uma incidência além-fronteiras. Ela decorre da confrontação entre, de um lado, as aspirações internas traduzidas pelo interesse nacional e os instrumentos de que o Estado dispõe para promovê-lo e, de outro, as oportunidades e limitações oferecidas pelo sistema internacional. Portanto, a política externa pode ser considerada como a resultante entre as necessidades internas e os constrangimentos externos.

Uma clara divisão surge entre dois níveis de política externa. Em primeiro lugar, não deve haver confusão entre política externa e política internacional: a primeira é consequência da existência do próprio Estado, que o obriga a manter relações externas. Ao contrário, a segunda decorre da capacidade de agir externamente, ou seja, do nível de potência do qual ele dispõe. Por conseguinte, somente um número reduzido de Estados participa da política internacional, enquanto todos praticam uma política externa. Há, igualmente, um terceiro, não obstante raro nível de atuação de certos mandatários: a política mundial.

Para entender o conceito de *política mundial* e como ela complementa as atividades de *política externa* e de *política internacional*, e em que ela difere das anteriores, é preciso levar em consideração os três níveis de sua atuação conforme ilustrado:

Gráfico 3 – **Os três níveis de atuação**

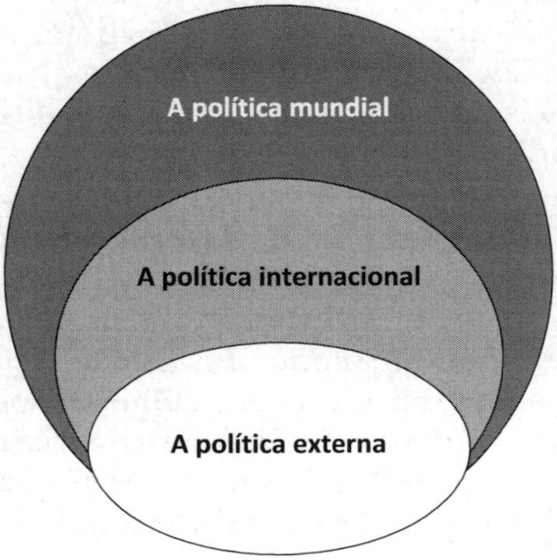

No primeiro centro, está o que pode ser considerado seu núcleo duro. Trata-se da *política externa* em sua acepção clássica. Ela engloba os temas tradicionais do Estado: comércio, investimentos, defesa comercial, boas relações com os Estados contíguos, reconhecimento das assimetrias de poder no plano internacional e iniciativas para diminuir seus efeitos, ênfase no papel do Direito e da cooperação multilateral. Trata-se de ações diplomáticas assentadas na experiência histórica e constitui a demonstração da continuidade do Estado.

No centro médio, encontra-se uma novidade, de alcance estrutural e ideológico, que pode ser designada como *política internacional*. Ela somente existe quando o Estado, a partir de uma vontade política e de uma capacidade humana e material, é capaz de agir sobre o conjunto do sistema internacional. De fato, esta ação busca extrair o país de sua reduzida área de interesse e alargar seu horizonte.

Se todos os Estados possuem uma *política externa* e raros são os que atuam na *política internacional*, ainda mais difícil é encontrar Estados que tenham uma *política mundial*. Esta dimensão está vinculada à figura pessoal do Chefe de Estado e a dimensão simbólica de sua imagem. Ao interessar-se pelos problemas da Humanidade – muito além daqueles decorrentes do interesse do Estado – o Chefe de Estado ingressa no círculo restrito dos atores individuais do cenário internacional. Ele é acolhido por uma ampla audiência em razão da legitimidade que lhe é reconhecida.

Como certos laureados do Nobel, o Chefe de Estado transforma-se em profeta e porta-voz de todos os humanos, especialmente aqueles que não possuem voz ativa. Os temas abordados pela política mundial são abrangentes e de interesse público (luta contra as pandemias, contra o aquecimento global, contra a fome, em favor do pacifismo e o reconhecimento que a saúde é um direito humano fundamental, etc.).

Há um aumento constante do número de temas que transitam da política interna para a externa, em decorrência da interpenetração de interesses, dos regimes internacionais e da regulamentação oriunda das instâncias internacionais. Todavia, há temas tradicionais da agenda externa dos Estados que foram excluídos. O mais significativo, no campo da segurança, encontra-se no abandono, por parte da grande maioria dos Estados, de qualquer possibilidade de dotar-se de armamento sofisticado, seja de defesa ou de ataque, especialmente os de natureza nuclear.

A principal obrigação interna de todos os governos, independentemente de seu perfil político-ideológico, definida de forma límpida nos textos constitucionais, é lutar para tornar perene a existência do Estado. Ao fazê-lo, ele pode vir a contrapor-se à ação de outros Estados que, na tentativa de aumentar seu poder externo, tentam influir no interior dos Estados estrangeiros. Portanto, o princípio essencial da ação externa estatal resume-se, por um lado, no resguardo da amplitude de decisão dentro da linha de fronteira de seu território e, por outro, na tentativa de direcionar os debates sobre as questões internacionais e sobre a evolução interna dos outros Estados, seguindo uma percepção própria do interesse nacional.

Como já enfatizado, a política internacional restringe-se a escasso número de Estados, e atualmente a um número inferior a duas dezenas. O aumento geométrico do número de Estados foi acompanhado pela equivalente diminuição do poder da quase totalidade dos Estados. Na atualidade, as relações internacionais são totalmente condicionadas pelos Estados excepcionais, ou seja, a superpotência norte-americana, pelas grandes potências militares, tais como Rússia, China, França, Inglaterra e pelas potências econômicas (Alemanha, Japão e Itália).

O interesse nacional encontra-se no âmago da política externa dos Estados e, por conseguinte, no centro das relações internacionais. E ele quem orienta as tomadas de posições do Chefe de Estado, as iniciativas diplomáticas, os acordos comerciais, a constituição de blocos econômicos, os votos nas instâncias multilaterais, as concessões de favores e a obtenção de vantagens entre os Estados.

Para o bom entendimento da política externa de um Estado, nada é mais importante do que a clara percepção de seu interesse nacional. No entanto, trata-se de um dos conceitos que apresenta um sensível número de incógnitas, a provocar percepções distintas e contraditórias. À problemática identificação de seu conteúdo e de seu contorno, adiciona-se a dificuldade de visualização dos caminhos percorridos pelo conceito até transformar-se no *leitmotiv* da ação externa do Estado.

O ceticismo deve ser a regra, pois o interesse nacional não existe por si mesmo. O que existe é uma percepção majoritária dos responsáveis pela orientação da política externa dos Estados. Condicionado pela cultura, pela moral, pela ideologia, pelos interesses partidários e por sua visão de mundo, o Chefe de Estado ou de Governo, em última instância, arbitra as diferentes opções que se apresentam e, na melhor das hipóteses, decide da forma que lhe parece mais conveniente e compatível com o que ele julga ser o interesse nacional.

Não se deve, portanto, confundir a eventual realidade objetiva do interesse nacional com o discurso ideológico que o justifica. Há de se proceder, igualmente, a uma clara distinção entre interesse nacional e interesse governamental. A sustentação das atividades externas dos Estados não repousa sobre o primeiro, mas sobre o segundo, que transforma em ação externa a vontade expressa pelo governo em exercício ou, em uma verdadeira democracia, a vontade expressa pela parcela do eleitorado que o sustenta no exercício do poder. Todavia, nos regimes autocráticos o interesse estatal é definido por escassos indivíduos.

Além de difícil identificação, o suposto interesse nacional tem sofrido importantes mutações ao longo do tempo. Assim, a conquista de novos territórios e a busca de riquezas (objetivos materiais), bem como a afirmação do prestígio e do reconhecimento dos demais (elementos abstratos não menos importantes), constituem elementos fundadores da competição entre os Estados. Pode-se afirmar, de forma realista, que o interesse nacional se expressa pela *potência,* ou seja, pela *capacidade de fazer, de obrigar outros a fazer, de impedir que outros o façam ou recusar-se a fazer.*

A realidade internacional contemporânea apresenta novos desafios para a identificação do interesse nacional. A primazia dos objetivos anteriores é solapada pela atual complexidade das relações internacionais. A concorrência de novos atores e o surgimento de temas transversais abranda o esquema até então predominante. A conquista de mercados consumidores, a circulação financeira, a manutenção de preços estáveis para os produtos energéticos, o desenvolvimento em Ciência e Tecnologia (C&T), o controle das migrações transfronteiriças, a segurança alimentar, a difusão de valores ideológicos e a luta contra o terrorismo constituem componentes recentes, em todo caso pela sua intensidade, do interesse nacional dos Estados.

A pesquisadora inglesa Susan Strange identificou corretamente a nova realidade do interesse nacional ao propor o conceito de *potência estrutural.* Esta é composta pela estrutura de *segurança* (poder auferido pela capacidade de oferecer, recusar ou ameaçar a segurança); pela estrutura *financeira* (capacidade de oferecer, recusar ou solicitar créditos); a estrutura de *produção* (capacidade de determinar a localização, o modo e o conteúdo da produção industrial e de serviços) e, enfim, a estrutura do *saber* (capacidade de influenciar as ideias e as crenças).

Um utensílio importante na identificação do interesse nacional é fornecido pelos elementos internos que compõem e, de certa forma, condicionam a política externa.

1.3. Os condicionantes internos da política externa

As mais de duas centenas de unidades estatais hoje existentes moldam sua política externa a partir de dois grupos de determinantes: o primeiro é comum a todos os Estados, pois se trata do contexto internacional. A grande maioria desses Estados pratica uma política externa meramente reativa, condicionada pelo ambiente exógeno, tentando tão somente manter seu *status.* Um ínfimo número de Estados, ao contrário, age no sistema internacional tentando modificá-lo segundo seus interesses e percepções.

O segundo grupo de determinantes origina-se na realidade interna dos Estados. As distintas características destes fazem que cada política externa seja efetivamente nacional na medida em que encontra suas raízes numa realidade singular. Frente a um estímulo externo, os Estados tendem a reagir de forma distinta, indicando a importância das condições endógenas na definição da política externa.

Há duas classificações para os condicionantes internos. A primeira os divide em elementos *estruturais,* que são estáticos e perenes, e *conjunturais,* ou seja, dinâmicos e provisórios. Os elementos *estruturais* são compostos por aqueles que não são passíveis de modificação: a localização geográfica, a dimensão territorial, os recursos naturais disponíveis, as condições climáticas, a cultura dominante que se apresenta por meio da língua, da religião e do sistema de valores.

Ao contrário, os elementos *conjunturais* sofrem constante mutação e tendem a adaptar-se mais facilmente às mudanças e à realidade cambiante: nível de desenvolvimento socioeconômico, organização político-administrativa, capacitação tecnológica e nível de mobilização social.

A segunda forma classificatória é mais abrangente. Ela divide os diferentes elementos em quatro grandes categorias de fatores: físicos, organizacionais, militares e culturais. Além de listar essas características, indica-se que elas podem ser estáticas, mistas e dinâmicas. Há consciência das limitações da última diferenciação. Todavia, ela objetiva simplesmente sugerir a possibilidade evolutiva de alguns elementos.

O inventário dos condicionantes propostos não pretende ser exaustivo ou exclusivo, e não há uma hierarquia definida entre os valores. Em outras palavras, não se encontram as raízes que explicam a política externa de um Estado em uma simples indicação de uma causa solitária. Ela resulta de uma combinação de fatores que evoluem no tempo e são impregnados de maneira diferenciada para a elaboração de cada uma das políticas externas dos Estados. O analista atento deve perceber que a singularidade dos Estados implica a mensuração diferenciada dos ingredientes internos que contribuem para a definição das políticas externas.

O quadro proposto a seguir indica um rol de condicionantes internos que, se bem adaptados a uma situação específica, poderão oferecer chaves explicativas para a ação externa dos Estados.

Descartando a visão simplista que justifica a história, explica o presente e condiciona o futuro pelo determinismo geográfico, é necessário, no entanto, reconhecer que as *condições físicas dos Estados* constituem um elemento fundamental de suas estratégias externas. Assim, em razão das posições geográficas, pode-se afirmar que tanto existem grandes eixos de confrontação internacional – Oriente Médio, Europa, Caribe, Bacia do Pacífico, rotas marítimas – quanto espaços menos interessantes do ponto de vista estratégico e econômico, como, por exemplo, a América do Sul. O fato de um Estado localizar-se em um ou em outro destes espaços condiciona sua política externa: na primeira hipótese pode conceder a ele riscos e oportunidades, e deixá-lo, na segunda, à margem do interesse internacional.

A localização territorial determina a existência de certos fenômenos naturais que incidem fortemente na organização do Estado: a situação insular ou seu contrário, a impossibilidade de acesso ao mar aberto representa condição importante para as relações exteriores de um Estado. O fato de o território abrigar fraturas tectônicas, estar sujeito à ação de vulcões ou furacões, torna frágil o Estado, que deve apelar periodicamente à ajuda internacional para fazer frente a essas catástrofes naturais.[61]

Enfim, a localização geográfica traz consigo a noção de ambiente e de vizinhança, auxiliando a definir o conteúdo, a intensidade e o direcionamento

[61] Consultar a íntegra da Resolução n. 43/131 da AG das Nações Unidas relativa à assistência humanitária às vítimas de catástrofes naturais e situações de urgência. In: SEITENFUS, R. **Textos fundamentais do direito das relações internacionais**. *Op. cit.* p. 300-302.

da política externa dos Estados. Em certos casos extremos, a vizinhança condiciona a evolução histórica do país. O caso mexicano ilustra perfeitamente tal realidade, resumida na frase amargurada do presidente Porfírio Diaz (1876-1911), que lamentava a localização do México, "tão longe de Deus e tão perto dos Estados Unidos".

A grande maioria das políticas externas dos Estados esgota-se em seu limitado espaço regional de vizinhança. A contiguidade geográfica representa, historicamente, um liame problemático para os Estados: conflitos fronteiriços, contrabando e migração clandestina. A realidade fronteiriça carrega consigo as noções do proibido e do ilegal. Ainda em passado recente, o horizonte espacial representava constante sobressalto em razão de oposições veladas ou abertas entre os Estados contíguos. Embora perdurem na atualidade casos em que a vizinhança possui uma carga negativa, é imperioso reconhecer que, em muitos outros, o convívio no mesmo espaço guia-se por princípios cooperativos. A contiguidade e a vizinhança significam, na atualidade, perspectivas de cooperação e intensificação das trocas. Os processos regionalizados de integração econômica atestam a reversão da histórica tendência de oposição, transformando importantes regiões fronteiriças em pólos de aproximação entre dois ou mais Estados. Os exemplos dessa mudança são encontrados nas relações franco-germânicas, entre Canadá/Estados Unidos/México, e entre Brasil/Argentina.

Tabela 9 – **Condicionantes internos da política externa**

	Físicos			Organizacionais		Militares	Culturais
	Geografia	Recursos naturais	Demografia	Formais	Informais		
Estático	1.dimensão territorial 2.posição estratégica 3.perfil do território 4.clima	1.fertilidade do solo 2.reservas energéticas 3.riqueza ambiental	1.distribuição espacial da população entre cidades e campo 2.existência de minorias	1.organização do Estado (federado ou unitário) 2.repartição do poder entre as diferentes esferas 3.separação e equilíbrio entre os três poderes	1.grau de mobilização social, coesão e tipologia dos partidos políticos	1.importância das forças armadas na estrutura do Estado 2.disponibilidade de armamento sofisticado, sobretudo nuclear	1.caráter nacional 2.língua 3.sistema de valores
Misto			1.distribuição étnica 2.pirâmide de idade 3.número de habitantes	1.regime político 2.estrutura econômica (liberal ou intervencionista) 3.divisão por setor de atividade econômica	1.ação dos grupos de pressão 2.mobilização social 3.importância das ONG	1.nível de desenvolvimento tecnológico	1.existência de uma opinião pública
Dinâmico		1.capacidade tecnológica para explorar os recursos naturais		1.nível de desenvolvimento 2.inserção internacional 3.liberdade de imprensa	1.ação dos grupos linguísticos, étnicos e religiosos 2.messianismo	1.autonomia da indústria nacional de armamentos	1.ideologia predominante 2.personalidade dos responsáveis políticos

Apesar do desenvolvimento das trocas e do comércio de bens e serviços, a dimensão e a configuração territorial do Estado ainda conservam o condão de conceder maior ou menor grau de autonomia em relação ao exterior. Os miniestados serão fortemente dependentes. Ao contrário, os Estados que dispõem de amplo território poderão praticar regimes relativamente autárquicos com maior facilidade. Contudo, um território de dimensão continental apresenta geralmente sensíveis desequilíbrios e exige uma administração pública atenta às especificidades locais.

O fato de abrigar importantes recursos naturais, sobretudo energéticos, transforma radicalmente a política externa de um Estado. Além de facilitar seu desenvolvimento, o potencial energético situa o Estado no centro nevrálgico do poder internacional. O exemplo contundente desta situação encontra-se junto aos países membros da Organização dos Produtores e Exportadores de Petróleo (OPEP).

As condições climáticas e de solo podem fazer com que o Estado transforme-se num importante ator no comércio de *commodities*. O caso brasileiro é ilustrativo, agregando-se o fato de o país possuir imensa riqueza ambiental – objeto de cobiça dos grandes laboratórios de pesquisa, sobretudo os fármacos, químicos e medicinais. Todavia, tais riquezas podem incidir de maneira negativa sobre a política externa do Estado caso ele não disponha de capacidade tecnológica para explorá-las corretamente.

As condições populacionais, como o número de habitantes, a densidade demográfica, o perfil da pirâmide de idade, as características étnicas – responsáveis por guerras civis e internacionais que inviabilizaram numerosos Estados –, podem incitar a emigração de parte da população, fenômeno que ocorreu nos Estados europeus durante o século XIX e ocorre atualmente com frequência em muitos Estados do Terceiro Mundo, em que parte significativa da população tenta ingressar nos territórios dos Estados desenvolvidos, provocando inúmeros conflitos.

O grau de unicidade étnica deve ser ponderado quando seu baixo nível não for compensado por ações políticas e administrativas que afastem o sempre possível confronto étnico e tribal. A região dos Grandes Lagos na África onde a fronteira política entre os Estados, herdada da colonização, separou comunidades que historicamente mantinham um convívio harmônico, viveu terríveis conflitos que provocaram, na década de 1990, mais de um milhão de mortes. O genocídio de Ruanda deve lembrar ao analista a importância da questão étnica.

Os *condicionantes organizacionais formais* indicam o modelo institucional escolhido pelo Estado e como ele pode influir sobre sua política externa. Reitere-se que a política externa é sempre centralizada, independentemente da forma unitária ou federal do Estado. No entanto, um Estado centralizado tende a ser mais coerente em sua ação internacional, embora em detrimento de uma maior legitimidade.

A independência entre os Poderes do Estado, por sua vez, possui forte incidência sobre a condução de sua política externa. O Judiciário poderá declarar inconstitucional uma parte ou a totalidade de um tratado internacional firmado pelo Executivo. O Legislativo terá a oportunidade de refutá-lo. Há, ainda, Estados que permitem que o Legislativo aprove parcialmente o teor de um tratado e indique ao Executivo os aspectos que deverão sofrer modificações. O embate que ocorre nos Estados Unidos em torno do *fast track* é exemplo dessa situação[62]

Um Estado dominado por uma filosofia econômica liberal tenderá a colocar sob a responsabilidade da iniciativa privada importantes atividades. Ele privatizará os bens públicos e acolherá de maneira laxista os recursos financeiros provenientes do exterior. Portanto, ao transferir responsabilidades e vincular-se profundamente ao exterior, o Estado perde autonomia interna e abandona instrumentos importantes de política externa. O recente caso argentino é exemplar. Por outro lado, todas as negociações econômicas internacionais de um Estado fortemente intervencionista deverão ser realizadas por meio do poder público. Assim, enquanto no primeiro caso há uma diminuição da pauta e de opções de política externa, no segundo esta adquire amplo leque e fundamental conteúdo. Ambos indicam o grau de inserção externa do Estado.

A política externa é profundamente tributária do regime político. As ditaduras de partido único ou personalizadas são marcadas por políticas externas decididas sem qualquer controle público, institucional e social, e são elaboradas por escassos atores, impregnadas por um voluntarismo agressivo. Nas democracias, inversamente, existem múltiplas instâncias que colaboram com a definição da política externa. Um Estado democrático não permitirá que decisões fundamentais, como a de construir a paz e declarar a guerra, fujam de um controle institucional. A liberdade de imprensa das democracias faz surgir um contrapoder que pode e deve contestar as escolhas governamentais. Em resumo, as ditaduras sustentam-se em políticas externas de confrontação, enquanto as democracias tendem à cooperação.

Os *condicionantes organizacionais informais* listam a realidade do embate sociopolítico e como ele pode incidir sobre a formulação e condução da política externa dos Estados. Historicamente, raros foram os partidos políticos preocupados com as questões internacionais. Com sua atenção monopolizada em conquistar o poder ou manter-se nele, os partidos negligenciam o exógeno, já que seu potencial eleitor move-se exclusivamente pelos problemas internos. São reveladoras as diferenças mínimas existentes entre os grandes partidos políticos nas democracias ocidentais em matéria internacional.

No entanto, a atualidade aponta indícios de mudanças, já que os partidos, atentos à sensibilidade de uma opinião pública que se volta às questões externas, tendem a cortejá-la inserindo tais preocupações em sua estratégia. Por outro lado, os partidos agrupam-se de maneira transnacional em famílias

---

[62] O *Trade Promotion Act* (TPA), conhecido como *fast track*, permite ao Executivo negociar acordos comerciais retirando do Congresso sua capacidade de modificá-los. Uma vez aprovado o TPA, restam ao Congresso somente duas possibilidades: aprovar ou rejeitar em bloco o acordado.

filosóficas e ideológicas pelas diferentes *internacionais*,[63] e em ações legislativas concretas como as que ocorrem no âmbito do Parlamento europeu.

O grau de mobilização da sociedade incide sobre a política externa dos Estados, seja de maneira pontual e desorganizada, seja com a constância das ONGAT ou por meio da atuação dos grupos de pressão – por exemplo, os que impedem mudanças tanto na política agrícola comum europeia quanto na dos Estados Unidos, bem como aqueles vinculados aos interesses da indústria bélica. Há muito a pesquisa tem demonstrado interesse por essas misteriosas e paralelas atividades. O escasso conhecimento científico, sobretudo nos países do Sul, não deve constituir obstáculo para que não se leve em consideração sua importância.

Da mesma forma, a ação de grupos linguísticos, étnicos e religiosos pode incidir, em certos casos de maneira definitiva, como em alguns países muçulmanos, na condução da política externa, a qual, quando praticada por Estados multiculturais, deve contemplar as expectativas das diferentes comunidades. Raros são os Estados, como Brasil e Portugal, que, além de apresentarem uma única língua nacional, esgotam-na na linha de fronteira. Ou seja, o estrangeiro não somente possui outra nacionalidade, mas também diferente língua. A maioria dos Estados abriga população que pratica a mesma língua dos Estados contíguos.

A mudança de regime político de maneira inconstitucional, sobretudo nos países cenários de revoluções violentas, imprime uma reviravolta completa em suas relações exteriores. Impregnados por um messianismo revolucionário, tais Estados, como nos casos da União Soviética, de Cuba e do Irã, tornam-se hiperativos no cenário internacional, imbuídos de uma missão redentora e de uma solidariedade seletiva. A influência internacional da revolução cubana contrasta com os escassos recursos da pequena ilha caribenha. As atividades por ela inspiradas e patrocinadas na América Latina e na África representam o quanto uma revolução tem de condão de modificar profundamente a política externa de um Estado.[64]

Os *condicionantes militares* exercem, logicamente, extraordinária influência na política externa dos Estados. O discurso diplomático brasileiro minimiza esta proeminência. Contudo, a tabela 10 transcrita a seguir indica o contrário. Embora não seja um Estado belicoso, o Brasil participou dos seguintes conflitos:

---

[63] As internacionais socialista, democrata-cristã, social-democrata e liberal são algumas das instâncias de atuação transnacional dos partidos políticos. A ativa e influente Fundação Konrad Adenauer, vinculada à democracia-cristã alemã, dispõe de dois escritórios de representação no Brasil (Fortaleza e São Paulo) e participa dos debates nacionais sobre questões de interesse público.

[64] Em sentido contrário, os fatores físicos incitam a certa continuidade, como no caso da busca incessante de uma saída para os mares quentes que orientava a política externa czarista e soviética.

Tabela 10 – **As cinco guerras do Brasil**

	Cisplatina	Tríplice Aliança ou Guerra do Paraguai	Segunda Guerra Mundial	FIP (República Dominicana)	MINUSTAH (Haiti)
Período de participação brasileira	10 de dezembro de 1825 a 28 de agosto de 1828	27 de dezembro de 1864 a 8 de abril de 1870	01 de agosto de 1942 a 2 de setembro de 1945	26 de junho de 1965 a 23 de setembro de 1966	01 de junho de 2004 a 15 de outubro de 2017
Aliados	Não	Argentina e Uruguai	Estados Unidos, União Soviética, Reino Unido e França.	Organização dos Estados Americanos	Nações Unidas
Inimigos	Províncias Unidas do Rio da Prata Trinta e Três Orientais	Paraguai	Alemanha, Itália e Japão.	Movimentos de esquerda.	Quadrilhas haitianas
Número de militares utilizados	26.000	150.000	25.700 militares enviados à Itália.	4.000	37.500 militares (em rodízio semestral)
Brasileiros Mortos em combate	8.000	50.000	2.500	4	Zero

Considerando, como o faz Raymond Aron, que a política externa de um Estado manifesta-se pelo diplomata e pelo militar, adquire fundamental importância o papel das Forças Armadas na estrutura do Estado, seu nível tecnológico e a existência de uma indústria bélica nacional, que pode significar uma garantia de autonomia em relação ao exterior. A grande maioria dos Estados depende da boa vontade externa para o equipamento de suas Forças Armadas. Raros são aqueles que dispõem de uma produção nacional. Portanto, seria relativamente simples controlar o mercado internacional de armas, o que não ocorre em virtude da influência da indústria bélica e de sua utilização por parte dos Estados que a abrigam.

Como a defesa nacional é um dos atributos fundamentais dos Estados, é natural que eles procurem armar-se ou colocar-se sob a proteção dos mais poderosos. Os casos de Estados que por livre iniciativa não se dotaram de Forças Armadas, como a Costa Rica, ou daqueles aos quais foram impostos constrangimentos oriundos de suas recentes derrotas militares – Iraque, Afeganistão, Japão, Alemanha e Itália – são exceções. Geralmente, o mercado internacional de armamentos opera segundo regras de oferta e demanda, sendo o número de compradores sensivelmente superior ao de vendedores.

Os Estados dotados de tecnologia militar de ponta tentam, com o auxílio das organizações internacionais, controlar a disseminação das armas sofisticadas e de destruição em massa. Neste sentido, os Estados membros do Clube Nuclear formam um grupo cujo poder é incontestável. As recentes experimentações de artefatos nucleares da índia e do Paquistão impulsionaram a política externa dos dois países no cenário internacional. Até então, o litígio da Cachemira não havia despertado o interesse da comunidade internacional, apesar de datar de 1948.

Raros são os Estados que possuem uma estratégia de defesa exclusivamente nacional. A quase totalidade optou por participar de alianças militares defensivas, baseadas no princípio da segurança coletiva. Outros Estados, sobretudo ex-colônias, mantêm vínculos de dependência securitária com as ex-metrópoles. Somente a China, os Estados Unidos e a Rússia conservam clara autonomia. Os Estados Unidos são a grande exceção, já que promovem e lideram inúmeras alianças militares, mas conseguem, simultaneamente, manter uma autonomia nacional de julgamento e de ação.

Finalmente, é imprescindível levar em consideração os *condicionantes culturais:* o sistema de valores, o caráter nacional, a língua, o papel desempenhado pela opinião pública, os componentes ideológicos e a qualidade dos responsáveis políticos. A cultura de um país o conduz a aproximar-se daqueles que esposam os mesmos valores. Muitos eixos estratégicos das relações internacionais repousam em afinidades culturais, como, por exemplo, o eixo Estados Unidos/Grã-Bretanha e o pan-arabismo. O conceito de América Latina, passível de importantes críticas, encontra suas raízes na história e na geografia, mas igualmente na cultura.

Trata-se de uma redundância insistir sobre a importância da qualidade dos homens públicos para a definição da política externa de um Estado. Contudo, os numerosos exemplos históricos confirmam que, em época de calmaria das relações externas, a personalidade do Chefe de Estado desempenha um papel essencial. Quando desinteressado pelas questões internacionais, ele comandará uma diplomacia reativa. O contrário ocorrerá quando, em razão de sua formação e interesse, ele der importância às relações externas.

Em caso de crise internacional, até mesmo os políticos provincianos e desinteressados pelas questões mundiais são levados a desempenhar políticas relevantes. Muitos desses dirigentes demonstraram estar à altura dos desafios e transformaram-se em estadistas, contrariando expectativas, por causa de sua ação internacional.

Uma vez feito um sobrevôo dos elementos internos que concorrem para a definição da política externa do Estado, é chegado o momento de analisar o itinerário do processo decisório e os instrumentos utilizados para colocá-la em prática.

1.4. O processo de tomada de decisões: itinerário e instrumentos

A grande diversidade do número de condicionantes internos que concorrem para a formulação da política exterior de um Estado encontra eco na formidável complexidade internacional, que implica grande variedade de situações e dilemas. A extensa pauta internacional, na qual há crescente confluência entre o endógeno e o exógeno, aconselha prudência ao analista que busca modelos explicativos para os processos decisórios.

Reunindo alguns critérios, como sua natureza, a amplitude dos grupos envolvidos, o grau de violência implícito, os custos previsíveis, o nível de urgência e a necessidade ou não de uma escolha entre as alternativas propostas, são possíveis perceber os contornos dessas decisões, aqui reunidas em quatro grupos: decisão política ou de poder, econômica ou de riqueza, ideológica ou de valor, e de prestígio.

Tabela 11 – **Classificação das decisões em política externa**

Natureza	Amplitude	Violência	Custo	Urgência	Escolha
Política	nacional	dramática	ruinoso	imediata	inevitável
Econômica	importante	perigosa	alto	urgente	evitável
Ideológica	limitada	sem perigo	reduzido	prazo fixo	criadora
Prestígio	individual	insignificante	zero	sem prazo	gratuita

Fonte: DUROSELLE, J. B. *Todo império perecerá – teoria das relações internacionais.* Brasília: UnB, 2000, p. 168. As decisões constantes da primeira coluna podem ser combinadas, enquanto as demais impõem exclusividade de escolha.

Inexiste modelo analítico ideal que possa ser aplicado à totalidade das decisões em política externa, a qual resulta de um somatório de condições que impõe maleabilidade ao observador. Malgrado tal limitação, cabe indicar algumas formulações que se esforçam para explicar o itinerário da decisão. A primeira pressupõe a constatação de algumas precondições: a decisão é racional, fundamentada numa clara percepção do interesse nacional, tomada por um dirigente supremo, que age solitariamente com total conhecimento de causa.

Um segundo modelo considera o dirigente supremo um simples porta-voz da decisão, que resulta do funcionamento normal da burocracia do Estado. O respeito aos princípios hierárquicos da administração pública deve ser percebido como uma pirâmide invertida, já que os funcionários técnicos são os primeiros a ser consultados e enquadram a tomada da decisão definitiva. Quanto mais a decisão amadurece ao longo de sua escalada nessa pirâmide invertida, paradoxalmente, mais difícil torna-se para o superior hierárquico modificá-la.

Complementando o modelo analítico, a decisão pode resultar, igualmente, de um jogo de influência dos diferentes setores da administração pública – planejamento, finanças, diplomacia, comércio exterior, agricultura – que possuem percepções próprias e que levam em consideração, de forma diferenciada, a realidade internacional. Para contornar o risco de uma fragmentação da decisão, alguns Ministérios das Relações Exteriores, como o brasileiro, colocam diplomatas à frente da área internacional dos demais Ministérios.

A evidente vantagem conferida pela unicidade e homogeneidade decisória deve ser contraposta a duas possíveis debilidades. Por um lado, o monopólio da cooperação técnica internacional pelos diplomatas fere o princípio da legitimidade, pois eles deveriam restringir-se à execução dos programas elaborados pelos distintos ministérios. Por outro, a supremacia diplomática concede poder de decisão a agentes cuja formação profissional não os habilita a identificar com competência as necessidades técnicas e concretas das demais instâncias do poder público.

Na estrutura do Estado brasileiro, as funções externas são distribuídas entre diferentes órgãos. Resumidamente, assim se apresenta a repartição de competências segundo a versão atualizada da Lei nº 9.649/98.

Um quarto modelo analítico indica que as decisões em política externa resultam, em definitivo, das pressões de setores informais e clandestinos situados no interior das fronteiras do Estado e que, de fato, estão vinculados a interlocutores que se encontram no exterior. O liame entre os condicionantes nacionais, ressaltados anteriormente, e os interesses transnacionais analisados a seguir criam coniventes redes de influência que modelam e orientam as decisões em política externa.

Finalmente, uma quinta categoria analítica sublinha a impossibilidade, para os responsáveis pelos processos decisórios, de reunir a totalidade das informações pertinentes e projetar as possíveis consequências de suas decisões. A escassez das variáveis utilizadas para tomar uma decisão afasta do processo a racionalidade. Contudo, a incessante busca da racionalidade pode, inclusive, ser questionada, pois o objetivo a ser perseguido em política externa não é uma hipotética e impossível racionalidade, mas como fazer que a decisão tomada alcance os objetivos desejados.

Tabela 12 – **Repartição de competências no Estado brasileiro**

Órgão	Dispositivo legal	Competências
Ministério da Aeronáutica	14, I, *c*	planejamento estratégico e execução das ações relativas à defesa interna e externa do país, no campo aeroespacial
Ministério da Agricultura e do Abastecimento	14, II, *c*	mercado, comercialização e abastecimento agropecuário, inclusive estoques reguladores e estratégicos
Ministério do Desenvolvimento, Indústria e Comércio Exterior	14, VI, *d*, modificado pela MP 1.999-14, de 13/1/00	d) políticas de comércio exterior e) regulamentação e execução dos programas e atividades relativas ao comércio exterior f) aplicação de mecanismos de defesa comercial g) participação de negociações internacionais relativas ao comércio exterior
Ministério do Esporte e do Turismo	14, VII, *b*	promoção e divulgação do turismo nacional, no país e no exterior
Ministério do Exército	14, IX, *d*	planejamento estratégico e execução das ações relativas á defesa interna e externa do país
Ministério da Fazenda	14, X	a) moeda [...] b) política [...] tributária e aduaneira c) administração das dívidas pública interna e externa d) negociações econômicas e financeiras com governos e entidades nacionais, estrangeiras e internacionais e) fiscalização e controle do comércio exterior
Ministério da Justiça	14, XI	d) entorpecentes [...] h) nacionalidade, imigração e estrangeiros
Ministério do Orçamento e Gestão (ver 1.3.2.)	14, XV, *i*	formulação de diretrizes, avaliação e coordenação das negociações com organismos multilaterais e agências governamentais estrangeiras, relativas à financiamento de projetos públicos
Ministério das Relações Exteriores	14, XVII	a) política internacional b) relações diplomáticas e consulares c) participação em negociações comerciais, econômicas, técnicas e culturais com governos e entidades estrangeiras d) programas de cooperação internacional e) apoio à delegações, comitivas e representações brasileiras em agências e organismos internacionais e multilaterais

Ministério da Saúde	14, XVIII, *f*	ação preventiva em geral, vigilância e controle sanitário de fronteiras e de portos marítimos, fluviais e aéreos
Ministério do Trabalho e do Emprego	14, XIX, *g*	política de imigração
Ministério dos Transportes	14, XX, *b*	marinha mercante, portos e vias navegáveis
Casa Militar da Presidência da República	6, § 1º	coordenar e integrar as ações do governo nos aspectos relacionados com as atividades de prevenção e repressão ao tráfico ilícito, ao uso indevido e à produção não autorizada de substâncias entorpecentes e drogas que causem dependência ...
Estado Maior das Forças Armadas	10	[...] estabelecimento de planos para o emprego das forças combinadas ou conjuntas, e de forças singulares destacadas para participar de operações militares, [...] na coordenação das informações estratégicas no campo militar, na coordenação dos planos [...] de mobilização das Forças Armadas e nos programas de aplicação dos recursos decorrentes e na coordenação das representações das Forças Armadas no país e no exterior
Conselho de Defesa Nacional	11, combinado com art. 91, § 1º, I e III CF	opinar nas hipóteses de declaração de guerra e de celebração da paz propor critérios e condições de utilização da área de segurança nacional, especialmente na faixa de fronteira

Os instrumentos utilizados pelos Estados em suas relações externas são numerosos: a diplomacia (política, econômica e cultural), os instrumentos informais e as forças armadas. Frente a cada desafio, o Estado deve optar por uma estratégia que pode implicar a utilização simultânea de seu instrumental. A escolha dependerá do objetivo perseguido: uma política de aproximação ou de confrontação. Ou seja, trata-se de aprofundar o conflito ou, ao contrário, buscar fórmulas para solucioná-lo e dar demonstrações de cooperação. Encontram-se no quadro transcrito a seguir (Figura 2.5) os principais instrumentos estatais utilizados em suas ações externas.

Entre os diferentes meios e fórmulas para relacionar-se com o exterior, sobressai um agente indispensável para o Estado: o diplomata, representante do Estado e, ao mesmo tempo, instrumento de ligação entre os seus objetivos externos e a realidade internacional.

1.5. O agente estatal da política externa: o diplomata

A diplomacia, concebida como a arte de negociar, encontra suas raízes na Antiguidade. No entanto, sua acepção moderna data do final do século XVIII, quando Linguet e Robespierre utilizaram-na pela primeira vez. Desde então, surgem incompreensões sobre seu significado. A primeira confunde diplomacia com política externa, ou seja, entre *negociar* e *executar* – funções do diplomata – com a tarefa de *concepção*, característica superior e exclusiva da política externa. A segunda imprecisão consiste em considerar o termo diplomacia como um adjetivo. A terceira, finalmente, sugere uma carga positiva e misteriosa que afasta os leigos, colocando essas questões nas mãos de supostos profissionais.

Tabela 13 – **Instrumental da política externa**

Instrumento	Cooperação	Confrontação
Diplomacia bilateral	relações diplomáticas; visitas de autoridades; métodos pacíficos; mediação	notas de protesto; retirada do embaixador; suspensão e ruptura das relações diplomáticas; denúncia de acordos; expulsão de cidadãos estrangeiros
Diplomacia multilateral	participação em conferências e organizações internacionais; encontros de cúpula	boicote de conferências e organizações internacionais; apoio à oposição interna
Político-econômicos	concessão de preferências tarifárias; ajuda econômico-financeira	barreiras alfandegárias; nacionalização de bens estrangeiros; embargo; corrupção de agentes públicos
Integração	criação e participação de organismos multilaterais; acolhida de conferências regionais	isolamento; recusa de concessão de ajuda
Militares	designação de adidos; fornecimento de armas; participação em missão de paz; sistema de alianças	manobras militares; intervenção; bloqueio; auxilio à ações terroristas
Serviços de inteligência	busca de informações; propaganda; financiamento oculto de agentes	desinformação; auxilio para derrubada de governo estrangeiro
Informais	utilização das ONGS, das igrejas e do esporte	manipulação das missões de ajuda humanitaria; operacionalização das seitas
Jurídicos	assinatura de tratados; solução dos litígios através das OI	medidas unilaterais, sobretudo comerciais

O termo *diplomacia* deriva do verbo grego *diploun,* que significa *dobrar*. Desde o Império Romano, documentos em forma de placas metálicas dobradas, designadas *diplomas,* legalizavam a circulação nas estradas imperiais. A seguir, todos os documentos oficiais, sobretudo os que regulavam as relações exteriores, passaram a ter esta denominação. Os encarregados da sua conservação, ou seja, os arquivistas, foram identificados como diplomatas, ou seja, os que lidam com os diplomas. Essa é a origem de uma das funções importantes da diplomacia: a continuidade de uma política de Estado e a conservação da memória por meio dos arquivos.

Há várias definições para a diplomacia: trata-se de uma "ciência das relações exteriores ou negócios estrangeiros dos Estados" *(Dicionário Aurélio)*; ou "a atividade política referente às relações entre os Estados e à representação dos interesses de um governo no exterior" (*Dicionário Robert*), ou, ainda, a que considera "a diplomacia como a condução das relações internacionais através da negociação; a maneira como estas relações são resolvidas pelos embaixadores e pelos enviados especiais; a atividade ou a arte do diplomata" (*Dicionário Oxford).*

Decorre dessas diferentes definições um elemento que fundamenta a diplomacia: ela está a serviço dos interesses do Estado e do governo. Nesse sentido, os serviços encarregados da diplomacia são o instrumento da soberania externa do Estado. O diplomata é um funcionário público especial, integrante de uma carreira de Estado submetida, no mínimo, às mesmas regras impostas ao serviço público civil. Entretanto, o dever de reserva do diplomata constitui uma notável exigência suplementar.

Não estando a serviço da sociedade, da nação ou de grupos de interesses (políticos, partidários, religiosos ou econômicos), o diplomata sofre restrições à sua liberdade pessoal. Ele deve cumprir com lealdade as funções que lhe são atribuídas pelo governo, que detém naquele momento o controle do Estado, independentemente de sua orientação política e ideológica. A liberdade de apreciação pessoal do diplomata não pode interferir na execução de suas obrigações profissionais. Em síntese, a função de representação estatal do agente diplomático retira-lhe os atributos da cidadania quando estes se chocam com os interesses do Estado.

Para agir externamente, os Estados dotam-se de instrumentos específicos. Em geral, um Ministério das Relações Exteriores, órgão do Executivo, depositário de delegação de competência do Chefe de Estado,[65] dispõe de uma estrutura burocrática própria e de um serviço permanente localizado no país e no exterior. O organograma dos diferentes Ministérios das Relações Exteriores reflete uma dupla preocupação. Por um lado, é imprescindível que a estrutura administrativa cubra a totalidade da face do globo. Ou seja, a divisão espacial impõe-se, e os departamentos obedecem a um corte regional: Departamento das Américas, da África, da Europa, da Ásia etc.

Por outro lado, a existência de assuntos transversais ou de maior relevância leva à criação de departamentos ou divisões temáticas, ressaltando o interesse por certas questões internacionais: direitos humanos, desarmamento, integração econômica etc. O dilema imposto pela organização mista espacial/temática traz consigo o permanente risco de diminuir as atribuições e responsabilidades dos departamentos delimitados geograficamente, que se tornam essencialmente administrativos, em benefício da estrutura temática.

A título de comparação entre a forma de organizar os serviços externos dos diferentes países, transcrevem-se a seguir os organogramas dos Estados Unidos e do Brasil. Ambos são marcados pela dualidade espacial/temática. Todavia, a atuação externa dos Estados Unidos, na condição de única superpotência, concede ao Departamento de Estado uma estrutura *sui generis,* na qual são indicados temas fundamentais de sua agenda externa.

Há outras duas especificidades do Departamento de Estado. Por um lado, a importância capital das Nações Unidas na estratégia de política externa de Washington. Seu representante na ONU é o único a vincular-se diretamente ao Secretário de Estado. Assim, Susan Rice, que foi chefe da Missão na ONU e Conselheira de Segurança Nacional de Barack Obama, indica que "caso a Organização das Nações Unidas não existisse deveria ser inventada".[66]

Por outro lado, apesar da pomposa designação de sua sigla USAID (*United States Agency for International Development*) e sugerir que se trata de uma agência técnica voltada ao financiamento do desenvolvimento no Terceiro Mundo, o fato de depender diretamente do Secretário de Estado indica claramente seu caráter político e instrumental a serviço da estratégia dos Estados Unidos no cenário mundial.

---

[65] O domínio de competência do MRE brasileiro alcança os seguintes assuntos: "política internacional, relações diplomáticas e serviços consulares, participação nas negociações comerciais, econômicas, técnicas e culturais com governos e entidades [*sic*] estrangeiras, programas de cooperação internacional e apoio a delegações, comitivas e representações brasileiras em agências e organismos internacionais e multilaterais" (Decreto n. 3.959 de 10/10/2001, Anexo I, art. 1º).

[66] RICE, Susan, "Facing 21st-Century Threats: Why America Needs the UN", *World Affairs Council of Oregon*, Portland, Oregon, February 11, 2011.

Gráfico 4 – **Organograma do Departamento de Estado dos Estados Unidos**

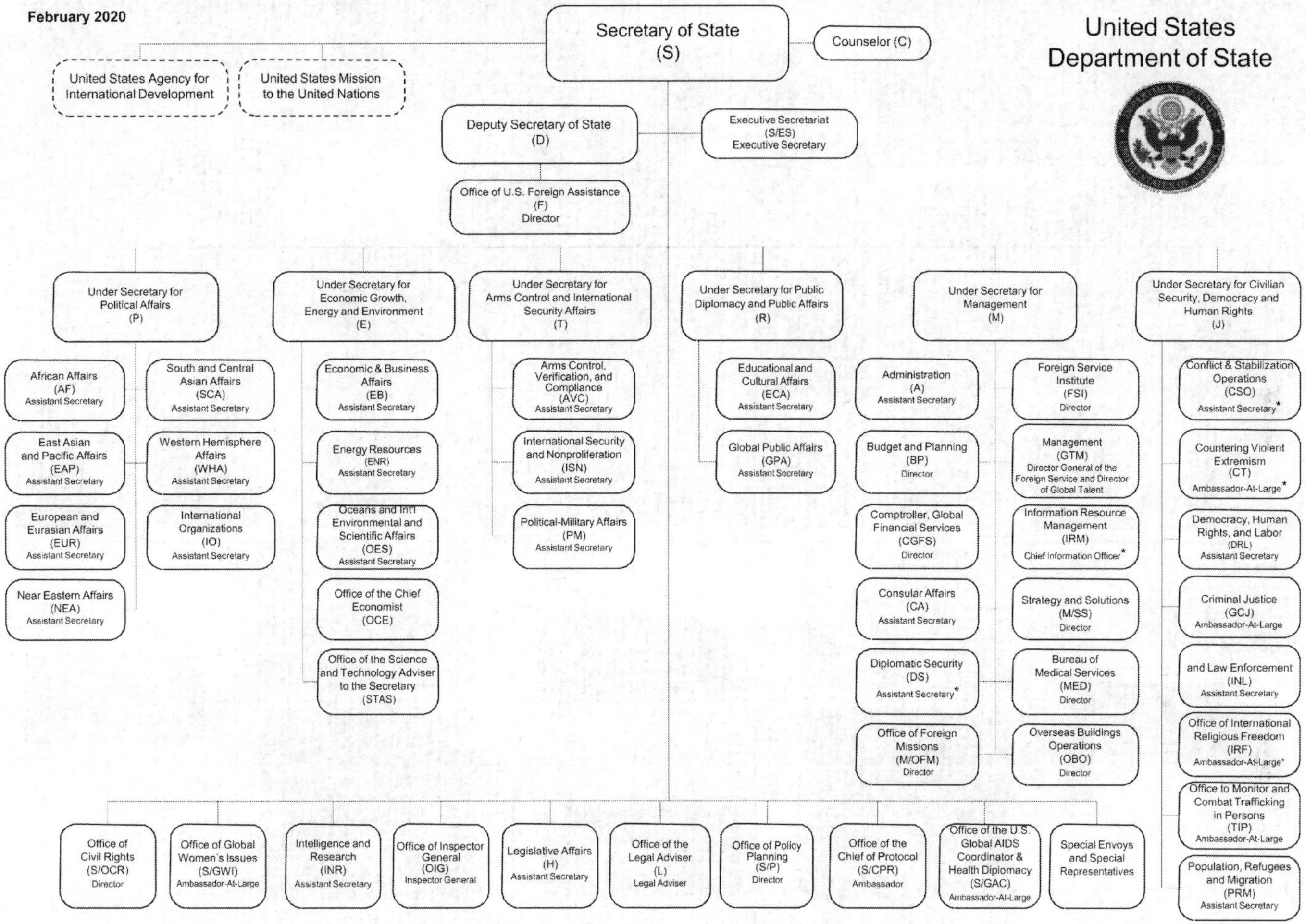

* The head of these organizations report directly to S for certain purposes

Gráfico 5 – **Organograma Geral do Itamaraty**

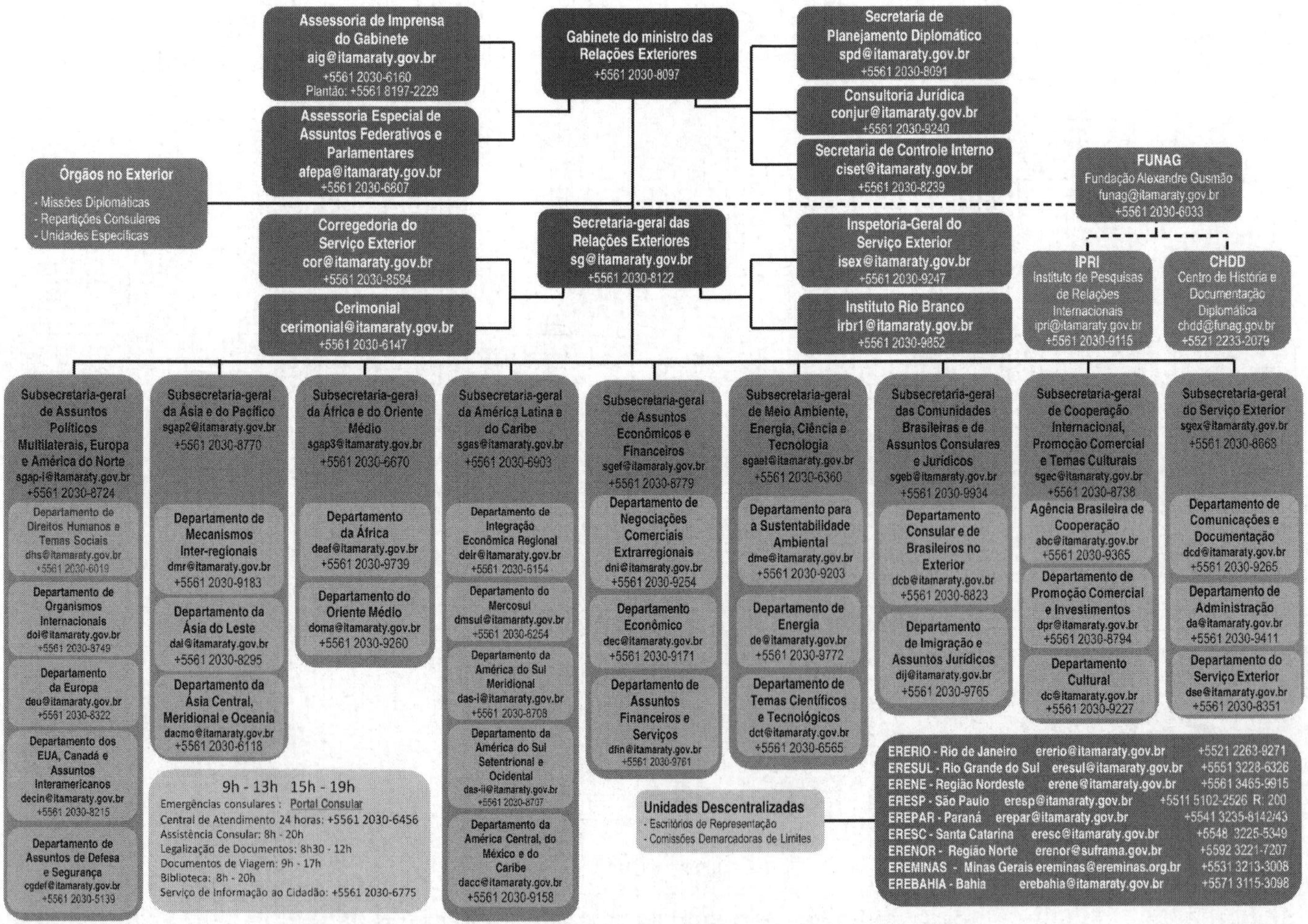

O organograma dos serviços externos brasileiros é marcado por três características essenciais. Por um lado, expressa a estrutura política e administrativa de uma potência média do sistema internacional, com forte matriz em suas relações econômicas. Por outro lado, contempla novos temas, como a assistência aos brasileiros no exterior e os processos de integração em curso no Continente. Enfim, o organograma do Itamaraty revela a importância da atual reestruturação de nossos serviços diplomáticos, que tentam estar à altura dos novos desafios internacionais.

A diplomacia é o *instrumento de execução* de uma estratégia de negociação para atingir objetivos definidos pelo Estado. Portanto, ela se compõe de atividades práticas e concretas embasadas em técnicas de gestão e de negociação dos interesses externos dos Estados. A política externa é, por sua vez, uma atividade estritamente intelectual que expressa a *concepção* do relacionamento externo de um Estado.

A política exterior tem a dimensão de uma estratégia, enquanto a diplomacia vincula-se a uma tática ou, como enfatizava Metternich, "a diplomacia é a aplicação quotidiana da política externa".

A formulação e a execução são noções distintas por natureza. No entanto, alguns serviços diplomáticos tendem a fundi-las. O exemplo brasileiro é sugestivo. Segundo o Decreto n. 3.959 (10/10/2001), "cabe ao Ministério das Relações Exteriores *auxiliar* o Presidente da República *na formulação* da política exterior do Brasil, assegurar sua *execução* e manter relações com Estados estrangeiros, organismos e organizações internacionais" (art. I2, parágrafo único),

Uma parte importante – e complicada – da arte de governar decorre da capacidade de prever e antecipar os acontecimentos. Com razão o humorista Pierre Dac enfatizava que a "prospecção é uma arte difícil sobretudo porque ela diz respeito ao futuro". Todavia, certos Estados que atuam de forma intensa e possuem importantes responsabilidades e interesses internacionais preocupam-se com análises prospectivas, criando espaços de reflexão independentes do quotidiano ministerial.

O Secretário de Estado George Kennan, dos Estados Unidos, foi o primeiro, em 1947, a lançar mão de um *Policy Planning Staff* (PPS) integrado por acadêmicos e especialistas independentes, e que desempenhou importante papel na elaboração do Plano Marshall voltado à reconstrução europeia pós-Segunda Guerra Mundial.

A diplomacia francesa criou em 1973 um Centro de Análise, Previsão e Estratégia (CAPS) vinculado ao Ministro de Relações Exteriores. Muito criticado em razão da ausência de independência e liberdade de pensamento, a experiência da França exemplifica o problemático relacionamento entre diplomacia e academia.

Encontramos outro exemplo no caso brasileiro. Assim, somente o Ministro das Relações Exteriores dispõe de um *Conselho de Política Exterior*, cuja composição, ao descartar a participação externa, transforma-o em mais uma instância da burocracia, já que não tem independência de avaliação e julgamento, indispensáveis para o profícuo exercício das funções de tais instâncias.

A busca de uma definição da diplomacia é facilitada quando se recorre ao conteúdo de suas atribuições. As quatro principais são a representação, a negociação, a informação e a proteção. A *representação* é a mais antiga das funções diplomáticas. Ela implica, para o embaixador, substituir o Chefe de seu Estado, do qual recebe delegação expressa e intransferível, junto ao Chefe de Estado estrangeiro que o acolhe em missão diplomática. O princípio de legação, ou seja, o direito de receber e de enviar representantes do Estado é recíproco e encontra-se no centro das funções de representação.

A representação pode ser cumulativa, um mesmo Embaixador pode representar o Chefe de Estado junto a vários países, não existindo qualquer subordinação hierárquica entre as representações. Como delegação originária do Estado, a missão diplomática beneficia-se da extraterritorialidade e de total liberdade, pois, como indica Montesquieu, "os embaixadores são a palavra do Príncipe que lhes envia e esta palavra deve ser livre".[67]

A capacidade de *negociação* foi, historicamente, uma das funções essenciais do diplomata. Generalistas, conhecedores do direito, da história e dos idiomas, os negociadores recebiam instruções e estavam aptos a tratar, no nível mais elevado, dos interesses do Estado. As negociações, segundo o Cardeal Richelieu, "são remédios inocentes que jamais fazem mal: é necessário agir em todos os lugares, próximos ou distantes e, sobretudo, em Roma".[68]

Atualmente, a multiplicação e a complexidade temática exigem predicados que o generalista não possui. Assim, raramente os embaixadores negociam temas bilaterais, e as embaixadas são utilizadas frequentemente como lugar de acolhida e de intendência para especialistas responsáveis pela condução das negociações. Essa situação deve incitar os jovens diplomatas a especializarem-se em alguns temas ou regiões, o que pode transformá-los em verdadeiros negociadores.

A *proteção* dos direitos e interesses do representado é a terceira função do diplomata. As Convenções de Viena definiram o alcance das proteções diplomática (1961, art. 3º) e consular (1963, art. 52). A primeira trata da representação política do Estado. O serviço consular, ao contrário, defende interesses concretos e situa-se no plano administrativo. Por isso, há uma só representação diplomática junto ao Estado estrangeiro, enquanto podem existir, segundo as necessidades, várias representações consulares, cada qual respondendo por uma jurisdição espacial.

Mesmo que os interesses do Estado não coincidam com os dos nacionais que se encontram em solo estrangeiro, o diplomata moderno é conduzido a prestar auxílio, socorro e proteção a seus compatriotas. Para tanto, é necessário

[67] Graças ao princípio da extraterritorialidade, o local onde se situa a Embaixada é considerado uma extensão do próprio território do Estado acreditado. Por outro lado, o diplomata e seus familiares desfrutam de determinados privilégios fiscais e penais que os diferenciam do restante da população sob a jurisdição do Estado hospedeiro.

[68] Aquele que negocia pode encontrar um momento propício para a defesa de seus interesses. Mesmo que não o encontre, ele se informa, por meio da negociação, da evolução do mundo.

haver coragem e profundo conhecimento jurídico, sem os quais a missão de proteção pode resultar em mal-entendidos e gerar crises desgastantes.

Finalmente, as representações diplomáticas são encarregadas de recolher *informações* do país de acolhida. Sofrendo a concorrência do jornalismo e dos particulares, a informação transmitida deve conter aspectos, qualidades e originar-se em interlocuções incompatíveis com os informes das agências de imprensa ou dos relatos turísticos. A observação diplomática – que não se confunde com espionagem – deve utilizar-se de meios lícitos e é prática quotidiana das embaixadas.

As informações devem ser transmitidas de forma concisa e clara para que possam auxiliar na tomada de decisões do Estado. Com efeito, um dos principais entraves encontrados pela prática da diplomacia contemporânea prende-se ao extraordinário acúmulo de informações sobre um mesmo assunto. Elas podem apresentar-se, segundo o jargão jornalístico, como dados "plantados" nos meios de comunicação, ou informações falsas apresentadas como confidências, ou ainda de maneira distorcida ou contraditória, dificultando sua utilização. Portanto, o *tratamento da informação* apresenta-se atualmente, para o responsável pela decisão em política externa, como um enorme desafio, tão grande quanto o vivido nos séculos passados, quando buscava somente colhê-las.

Além de recolher informações do Estado acreditante, a missão diplomática deve divulgar notícias sobre seu próprio país que lhe pareçam úteis. A montagem de um banco de dados sobre a capacidade econômica e exportadora do país, a divulgação de suas características naturais e a organização de mostras culturais são instrumentos valiosos para a ação diplomática.

Todavia, o diplomata deve evitar a transmissão de falsas informações ou de meias-verdades. Ninguém deve duvidar de sua palavra, pois a suspeição e a desconfiança são sentimentos que o incapacitarão para o exercício do cargo. Portanto, o anedotário diplomático que define o embaixador como "um homem honesto incumbido de mentir no exterior para o bem de seu país" encontra-se absolutamente desatualizado e desprovido de sentido.

A diplomacia foi exercida, originalmente, pela aristocracia e pelo clero. A democratização do Estado e o aumento geométrico das relações inter-estatais conduziram a um duplo fenômeno: a profissionalização e o acesso a carreira por concurso público. Nasce, assim, no âmbito do serviço público civil dos países democráticos avançados, uma *méritodiplomacia,* com estabilidade funcional, dotada de prerrogativas e deveres específicos.

Apesar da ausência de dados estatísticos gerais, é possível calcular a quantidade de funcionários de Estado envolvidos com as relações diplomáticas e consulares na atualidade: aproximadamente 350 mil. Na Grã-Bretanha, tem-se um dos quatro principais corpos de servidores do Estado, com 13.400 funcionários que servem em 222 missões no exterior; a Alemanha conta com 231 representações, sendo 147 embaixadas, 74 consulados e 10 missões permanentes junto às OI, totalizando 8.300 funcionários; a França dispõe de 417 postos no exterior com mais de 10 mil funcionários (147 embaixadas, 123 consulados, 128 estabelecimentos culturais e 17 missões permanentes); o Japão conta com

5 mil funcionários em 140 representações diplomáticas ou consulares; os Estados Unidos dispõem de 260 postos diplomáticos e consulares congregando mais de 39 mil funcionários; finalmente, o Brasil possui 149 representações no exterior (92 embaixadas, 6 missões permanentes junto às OI, 37 consulados e 14 vice-consulados).[69]

Agregadas as atividades de divulgação cultural – casas de cultura e línguas, rádio e televisão -, bem como as Câmaras de Comércio,[70] o número de especialistas envolvidos com as relações exteriores dos Estados atinge cifras impressionantes. Contudo, grande número de observadores da evolução do Estado e de suas relações externas sustenta a inutilidade da diplomacia em face da globalização e do papel preponderante das forças do mercado. Ora, a necessidade de mudança situa-se no plano da atualização da diplomacia e jamais em sua extinção. O diplomata do futuro deve estar atento às transformações do mundo, com o surgimento de uma opinião pública mundial, o crescimento da relevância do econômico, as facilidades de comunicação e o crescimento da influência cultural.

À estreiteza progressiva do mundo deve ser contraposta sua crescente complexidade. Assim, a multiplicação dos contatos internacionais faz aumentar de forma exponencial os temas internacionais até então restritos a um tratamento nacional. Somente poderá fazer frente a essa realidade uma diplomacia capaz de autoquestionar-se e agir segundo os desafios contemporâneos.

2. Os atores secundários das relações internacionais

2.1. As organizações internacionais[71]

Apesar das interpretações divergentes sobre suas prerrogativas, as organizações internacionais (OI) adquiriram capital importância nas relações internacionais contemporâneas, em razão de sua extraordinária multiplicação. Recorrendo à tradicional tecnologia parlamentar desenvolvida pelo modelo estatal, a diplomacia criou, sobretudo a partir do final da Segunda Guerra Mundial, mais de trezentos e cinquenta OI, sendo uma centena de alcance universal.

Uma verdadeira rede cooperativa institucionalizada cobre a face do globo, os fundos marinhos e o espaço extra-atmosférico, abordando os mais variados temas de interesse coletivo. Assim, questões que sempre foram tratadas como cerne da ação estatal, passam a ser objeto de consideração das instituições internacionais, tais como as que se referem à manutenção de paz e segurança

[69] Os dados foram obtidos nos diferentes *sites* oficiais dos Ministérios das Relações Exteriores dos países mencionados.

[70] A Alemanha e a França dispõem de mais de setenta instituições do gênero no exterior.

[71] Ver SEITENFUS, R. *Manual das Organizações Internacionais. Op. cit.*

internacionais, bem como às comunicações, migrações, saúde, trabalho, além de temas transversais e difusos como os vinculados aos direitos humanos e ao meio ambiente.[72]

As OI podem ser definidas como "associações voluntárias de Estados[73] constituindo uma sociedade, criada por um tratado, com a finalidade de buscar interesses comuns através de uma permanente cooperação entre seus membros".[74] Nota-se que a própria intitulação das OI pode causar confusão: não se trata de instituições que congregam várias *nações*. Seus exclusivos membros plenos são os Estados. Portanto, tais organizações deveriam denominar-se *interestatais* ou *intergovernamentais*. Outros atores menores ou fragmentários das relações internacionais podem alcançar somente o patamar de observadores, colaboradores e consultores. Jamais serão membros plenos.

Muitos autores enfatizam a importância de a organização internacional ser dotada de instituições, ou seja, de órgãos próprios. Alguns, como Paul Reuter, somente consideram a existência de uma organização internacional quando ela pode, por meio de uma organicidade própria e independente, manifestar uma vontade distinta dos Estados-Membros.[75]

Dessa percepção decorre uma definição distinta das OI. Elas seriam uma "associação voluntária entre Estados, constituída através de um tratado que prevê um aparelhamento institucional permanente e uma personalidade jurídica distinta dos Estados que a compõem, com o objetivo de buscar interesses comuns, através da cooperação entre seus membros".[76]

As OI são percebidas de forma diferenciada pelos Estados-Membros. Para os mais poderosos, elas constituem um inovador instrumento de ação externa pelo qual se busca a *eficácia* que o bilateral não comporta e, sobretudo, a *legitimidade* outorgada pelo coletivo. Para os Estados mais débeis, sobretudo os PMA, as OI representam fator de sobrevivência. Para os Estados intermediários, elas representam incontornável instrumento de administração pública, como é o caso das ações do FMI e do Banco Mundial (BIRD) na América Latina.

Os princípios do *bom governo* e da *estabilidade econômica* são elementos que orientam as iniciativas das OI, mormente as vinculadas à cooperação econômica (FMI, OMC, BIRD, BID). Em definitivo, quanto maior for o peso do

---

[72] A importância das OI é perceptível no tratamento que elas recebem da mídia impressa internacional. Os mais importantes quotidianos voltados às questões mundiais reservam um lugar específico às notícias das OI, atribuindo a estas uma autonomia muitas vezes desmentida tanto pelos fatos quanto pela história.

[73] Em razão das características de seus sócios, as organizações internacionais são interestatais, pois a responsabilidade dos Estados encontra-se comprometida. Neste sentido, a governabilidade das OI decorre da atuação dos Estados-Membros.

[74] O art. 2°, § 6°, da Carta das Nações Unidas ressalta o voluntarismo desta participação, pois a ONU não pode impor sua autoridade a um Estado que não a integra. Contudo, as regras e os princípios contidos em um tratado constitutivo de uma organização internacional com vocação universal podem adquirir, por meio do costume, valor para os Estados não membros. Exemplos são fornecidos pela declaração da República Federal Alemã de 1954, que aceitava os princípios contidos na Carta da ONU, ou ainda o art. 28 da Convenção de Viena sobre o Direito dos Tratados.

[75] REUTER, R *Institutions internationales*. Paris: Dalloz, p. 199.

[76] A Convenção de Viena sobre o Direito dos Tratados define de forma sucinta as OI: "entende-se por Organização Internacional uma organização intergovernamental" (art. 22).

Estado, mais presente será a tendência de perceber a OI como um espaço suplementar de atuação de política externa, excluindo desde logo os constrangimentos do coletivo.

A importância das OI no cenário internacional decorre igualmente da paciente construção de princípios e valores compartilhados de maneira transnacional. Formalizadas por meio de tratados internacionais, certas OI detêm instrumentos de controle tanto de sua aplicação quanto de sua eficácia. Elas contribuem para o processo de juridicização das relações internacionais, concedendo-lhe um maior grau de previsibilidade e, por conseguinte, de estabilidade. Assim, as OI não se opõem aos Estados, constituindo, de fato, um instrumento complementar indispensável às ações estatais.

Contudo, é permanente a tensão entre criatura e criador, entre OI e Estado. As OI tentam desvencilhar-se dos limites impostos pelos Estados-Membros – fundadores ou associados – que figuram em seu tratado constitutivo e nos documentos subsequentes. Trata-se de luta incessante em busca de maior autonomia. Há, inclusive, raras OI que conseguiram obter dos Estados-Membros tradicionais prerrogativas de Estado, como o caso das OI que adotaram o modelo supranacional cujo melhor exemplo é a União Europeia (UE). No entanto, a quase totalidade dos Estados reluta em delegar competências e prefere fazer com que as OI permaneçam como simples organizações intergovernamentais, cujas decisões são tomadas por consenso ou por maioria qualificada.

As OI são atores secundários das relações internacionais. Contrariamente aos Estados, sua existência vincula-se à vontade de terceiros, ou seja, dos próprios Estados. Seus eventuais poderes foram obtidos por delegação, e eles somente podem ser exercidos quando imprescindíveis à consecução dos objetivos estabelecidos no tratado constitutivo. Há, todavia, a teoria dos poderes implícitos das OI, que defende a ideia da extensão de suas competências, desde que dita ampliação mostre-se imprescindível à consecução dos objetivos fixados em seu tratado constitutivo.

Como decorre de sua denominação, o tratado constitutivo é um acordo firmado por dois ou mais Estados que obedece a normas oriundas do direito dos tratados, em particular da Convenção de Viena, ao qual é acrescido um elemento singular, qual seja, a criação de um novo sujeito de Direito Internacional dotado de personalidade jurídica específica.

A evolução das OI consolida três de suas atuais principais características: multilateralidade, permanência e institucionalidade.

O caráter *multilateral* das OI apresenta-se pelo seu alcance *regional* ou *universal*. Mais do que objetivos e princípios, a diferença entre as duas formas é encontrada na composição dos sócios. As OI regionais pertencem a um espaço físico delimitado, onde a contiguidade geográfica é uma das principais, mas nem sempre a decisiva característica. Ao contrário, as OI de cunho universal não fazem discriminação de origem, de natureza política ou de localização dos parceiros. As relações entre as organizações regionais e as universais são estabelecidas nos tratados constitutivos. Os compromissos assumidos pelos

Estados em âmbito regional não podem ser incompatíveis com os firmados na organização universal.[77]

A *permanência* da OI manifesta-se pelo fato de que ela foi criada com o objetivo de durar indefinidamente. Mas não se pressupõe que ela seja perene, pois muitas já desapareceram; ou ainda que os Estados-Membros não possam desobrigar-se e dela retirar-se, após cumprir o rito previsto no tratado constitutivo. A duração por tempo indeterminado prende-se à ausência de qualquer limite temporal estabelecido no ato constitutivo. Ainda que este contenha a previsão, de forma explícita, de sua própria reforma, fica excluída, desde logo, sua extinção.[78]

A *institucionalização* das OI é tema controverso em razão da natureza da realidade internacional, cuja essência se encontra no sistema relacional entre os Estados, isto é, uma intrincada rede de relações bilaterais. Com o surgimento das OI, o sistema relacional não desapareceu, na medida em que, até o momento, as relações no âmbito das organizações não atingiram um grau que pudesse vir a substituí-lo.

A mais simplista e primária forma de institucionalização consiste em compor um restrito secretariado administrativo sob a responsabilidade, por vezes rotativa, de um dos sócios. A mais complexa e avançada se reflete na delegação de competência e poderes dos Estados-Membros para um órgão *supranacional,* capacitado a impor certas decisões e controlar sua forma de aplicação. Como exemplo atual e marcante, serve uma parte da estrutura orgânica da União Europeia: a Comissão Europeia e o Tribunal de Luxemburgo.

Decorrem da institucionalização das OI três importantes mudanças nas relações internacionais. Em primeiro lugar, surge uma maior previsibilidade de situações que outrora eram enfrentadas coletivamente apenas quando os interessados buscavam auxílio ou atuavam em defesa própria. A organização internacional prevê em seus tratados fatos e condutas que poderão vir a materializar-se na realidade, e atribuem-lhes consequências, inclusive sanções internacionais. Cria-se, assim, um espaço institucional de solução de conflitos e de relacionamento interestatal. Por isso, o advento das OI é um importante fator de juridicização das relações internacionais.[79]

---

[77] A Carta das Nações Unidas (art. 52), mesmo reconhecendo que "nada na presente Carta impede a existência de acordos ou entidades regionais, destinadas a tratar dos assuntos relativos à manutenção da paz e da segurança internacionais que forem suscetíveis de uma ação regional", enfatiza que essa liberalidade pressupõe que "tais acordos ou entidades regionais e suas atividades sejam compatíveis com os Propósitos e Princípios das Nações Unidas". O art. 131 da Carta da Organização dos Estados Americanos (OEA) reconhece a primazia da organização universal ao definir que "nenhuma das estipulações desta Carta se interpretará no sentido de prejudicar os direitos e obrigações dos Estados membros, de acordo com a Carta das Nações Unidas". Consultar a íntegra das duas Cartas In: SEITENFUS, R. *Legislação Internacional. Op. cit.*

[78] Além disso, o caráter permanente das organizações internacionais expressa-se pela criação de um Secretariado, com sede fixa, dotada de personalidade jurídica internacional. Seus funcionários não perdem a nacionalidade original mas, no exercício de suas obrigações funcionais, dispõem de poderes e documentos legais fornecidos pela organização internacional.

[79] "A organização internacional tende a corrigir o caráter facultativo dos procedimentos políticos e jurisdicionais, colocando a sua disposição instâncias pré-instituídas". In: DUPUY, R.J. *Le droit International.* Paris: PUF, 1993, p. 115.

Em seguida, apesar do crescimento incessante do número e do alcance das OI, os Estados mantêm plena autonomia de vontade. Ou seja, eles as criam ou a elas aderem de maneira *voluntária*. O desejo manifestado por um Estado de integrar uma OI constitui condição *sine qua non* de sua participação. Ou seja, os Estados não são obrigados a fazê-lo. Embora uma vez aceito o seu ingresso, comprometem-se tanto quanto aqueles que as criaram. Tal conclusão resulta na impossibilidade da OI de impor uma decisão a um Estado que dela não faz parte, com exceção do poder que detém o CS, reconhecido por parecer da CIJ, de constranger Estados não membros da ONU a acatar decisões que objetivam a manutenção da paz e da segurança internacionais.

Enfim, a institucionalização das OI questiona os princípios que sustentam a *soberania* do Estado. A participação estatal pode vir a significar a necessidade de dimensionar coletivamente certas competências que antes pertenciam ao absoluto domínio nacional, no caso de algumas culturas, sob a forma de um dogma. No entanto, é necessário enfatizar que a plena participação em uma OI vincula-se exclusivamente aos Estados e decorre, justamente, do fato de estes disporem da soberania. Em definitivo, somente os Estados soberanos são sujeitos das OI, porque detêm a soberania primária e sua adesão constitui um evidente exercício de soberania.

Frente ao amplo e díspar leque que abarca as OI, deve-se identificar os princípios que as caracterizam. Elas podem ser classificadas segundo a *natureza* de seus propósitos, atividades e resultados. Assim, delineiam-se dois objetivos distintos. Por um lado, as organizações que perseguem objetivos *políticos* e, por outro, aquelas que buscam cooperação *técnica*. As primeiras enfrentam questões essencialmente conflitantes. As segundas trabalham com temas para os quais o bom senso, a busca de eficácia e um mínimo de racionalidade, impõem um tratamento internacional.

As OI de natureza política podem pretender congregar a totalidade do mundo, como, por exemplo, a Liga das Nações ou a ONU, ou somente parte dele, caso da OEA. Seu traço fundamental prende-se ao caráter político-diplomático de suas atividades. Seu objetivo primeiro é a manutenção da paz e da segurança internacionais. Uma OI dessa natureza interfere em questões vitais dos Estados membros e sua forma de ação é essencialmente preventiva.

As OI de cooperação técnica, denominadas também de organizações *especializadas*, descartam, em princípio, a interferência em assuntos de natureza política, e restringem-se a aproximar posições e tomar iniciativas conjuntas em áreas específicas. Trata-se, por exemplo, do combate às epidemias, da busca de melhoria da produtividade agrícola, da divulgação do conhecimento científico, educacional e cultural ou, ainda, da introdução de regras trabalhistas. São exemplos a OMS, OIT, OMPI, UNESCO, UIT, OACI, FAO etc.

Outra forma de classificar as OI emana da análise das *funções* que se vinculam aos *objetivos*, inclusive implícitos, de seu ato constitutivo, e aos *instrumentos* utilizados para alcançá-los. Trata-se de organizações que não recebem delegação de competência ou de poderes dos Estados-Membros. Elas são denominadas *de concertação* e tentam regular a sociedade internacional, por distintas formas de cooperação, perseguindo os seguintes objetivos:

- *Aproximar posições* dos países membros sobre temas de mútuo interesse. A OCDE e o Grupo dos 8 (G8) constituem exemplos perfeitos dessa forma institucional na qual, por meio da diplomacia parlamentar em seu nível mais elevado, tais organizações ajustam atitudes e utilizam-se da mídia para interferir nas relações internacionais.[80] A segunda forma congrega os Estados membros com o fim de adotar *normas comuns de comportamento* em áreas específicas como os direitos humanos (ONU, OEA), as questões trabalhistas (OIT) ou de saúde pública internacional (OMS).
- Existem igualmente organizações voltadas a *ações operacionais*, quando há urgência em aportar soluções a crises humanitárias decorrentes de conflitos civis ou internacionais e catástrofes naturais (CICV, ACNUR, PNUD). As OI operacionais podem, igualmente, orientar a colaboração na pesquisa em CUT entre os Estados em áreas de interesse comum, como a energia nuclear (AIEA e CERN).
- Finalmente, as OI de *gestão* prestadoras de um serviço público aos Estados membros, particularmente no campo da cooperação monetária, financeira e do desenvolvimento econômico (FMI, BIRD e BID).

Uma terceira e singela forma de classificar as OI prende-se a sua *composição* e, consequentemente, ao seu alcance espacial. Há organizações *regionais* que admitem como sócios unicamente Estados que se encontram em determinada região do mundo (OTAN, OEA, ASEAN, MERCOSUL, UE). Nestas, o princípio da contiguidade geográfica é determinante.

Ao contrário das organizações de alcance regional, existem OI compostas de maneira *universal*, que não impedem por motivos de localização geográfica a participação dos Estados (ONU e a quase totalidade das organizações especializadas).

Uma derradeira classificação de grande utilidade para o pesquisador e reveladora das verdadeiras intenções dos Estados-Membros decorre da *estrutura ao poder* adotada pela OI. A identificação da repartição do poder entre os parceiros incontornável instrumento que desvenda a *alma* da OI manifesta-se de maneira objetiva no processo de tomada de decisões. As regras dividem-se entre aquelas que impõem a *unanimidade* para que um organismo tome uma decisão e as que estabelecem diferentes tipos de *maioria* como *quorum* para definir o resultado das votações.

Há uma estreita relação entre a politização ou a tecnicidade dos objetivos perseguidos pela OI e o grau de democracia de seu processo decisório. Trata-se de uma aparente evidência a ser, entretanto, enfatizada. Quanto mais a natureza da OI for marcada por questões políticas, estratégicas e diplomáticas, mais ela irá afastar-se do voto universal. Inclusive no interior das organizações, os órgãos podem dotar-se de diferentes modelos de tomada de decisão, segundo o assunto a ser enfrentado. Assim, por exemplo, ao contrário da Assembleia Geral, o Conselho de Segurança da ONU diferencia o peso do voto entre

[80] A Organização Mundial do Comércio (OMC) poderia ser assimilada à regulação. Contudo, os mecanismos de solução de controvérsias comerciais com utilização, por exemplo, do panel, ou seja, de um comitê de arbitragem, concede à OMC a faculdade de permitir que países considerados infratores venham a ser objetos de represálias por parte de seus parceiros.

membros permanentes e não permanentes. Tal situação repete-se com a ponderação de votos na UE, FMI, BIRD e OMI, entre outras.

O princípio da *unanimidade* apresenta uma grande vantagem e um nítido inconveniente. A primeira vincula-se à legitimidade da decisão, que garante boas possibilidades de eficácia na medida em que inexiste, presumidamente, oposição ou obstáculo à execução daquilo que foi unanimemente decidido. O grande inconveniente atine à extraordinária dificuldade em alcançar a unanimidade, o que implica propalada paralisia ou lentidão das instituições internacionais.

Foram criados, então, mecanismos que alteraram a regra da unanimidade em seu estado puro, originando diversos critérios no deslinde das votações. Há a *unanimidade fracionada,* pela qual se concluem acordos parciais que vinculam apenas os Estados que votarem favoravelmente a determinada decisão, eximindo-se, assim, os demais membros da organização de seu cumprimento. Já a *unanimidade limitada* é praticada no Conselho de Segurança da ONU, na medida em que os membros permanentes dessa instância dispõem, na prática, de um direito de veto. Portanto, a ausência de um dos membros permanentes ou sua abstenção não impede que se determine um resultado unânime, porém limitado.

A *unanimidade formal,* por sua vez, tem como objetivo impedir a paralisia que poderia decorrer da abstenção reiterada de parte de alguns membros. Trata-se da busca do chamado *consenso,* que pode ser definido como a ausência de objeção. Ao contrário da unanimidade *stricto sensu,* em que há votação, o consenso é uma espécie de *não voto,* que assegura a definição de um texto ou de outra espécie de manifestação de vontade que contemple a ausência de uma contrariedade expressa por um dos signatários.

Logo, a unanimidade formal, que é o consenso, diferencia-se das demais modalidades por ser um conceito ontologicamente negativo. Ou seja, é pela inação das partes que ele se estabelece, originando a tendência à timidez dos acordos firmados sob sua égide e a menor visibilidade de sua repercussão. Há, enfim, a possibilidade de simples adoção de um texto ou de uma moção sobre assunto específico, sendo desnecessária a redação de um texto de acordo. O Conselho de Segurança da ONU, mais uma vez, oferece exemplos vários, como a condenação de um atentado ou a recomendação de atitudes a serem adotadas pelos Estados-Membros.

O sistema de decisão por maioria pode ser quantitativo, qualitativo ou misto. A *maioria quantitativa,* clássica nas OI, considera cada Estado como um voto. Em tais circunstâncias, pode estipular diversos *quoruns,* seja a chamada maioria simples, de 50% mais um dos membros, ou a qualificada, de dois terços ou três quartos. Obviamente, a OI pode prever diferentes *quoruns* para cada tipo de tema a ser enfrentado.

A *maioria qualitativa* diferencia os membros, segundo critérios próprios a cada organização internacional. Trata-se do denominado *voto ponderado.* Atribui-se a cada Estado-Membro um determinado coeficiente a ser computado quando do escrutínio. Há critérios como a população, o PIB e a disponibilidade de forças armadas. O grau de interesse de cada um pode ser um critério de ponderação. Nos organismos de harmonização, cooperação e financiamento econômico, tais como o BIRD, BID e FMI, introduziu-se o *voto ponderado* calculado com base nas cotas de participação financeira de cada país membro.

O *sistema misto,* como seu nome indica, exige uma dupla maioria, ou seja, quantitativa e qualitativa. Assim funciona o Conselho de Segurança da ONU, que, para tomar uma decisão, necessita de nove dos quinze votos possíveis. Ocorre que entre os nove devem, obrigatoriamente, estar os votos dos cinco membros permanentes, ou ao menos sua abstenção. O voto contrário de um membro permanente, ainda que reunidos nove votos favoráveis, impedirá a tomada de uma decisão pelo Conselho.[81]

O tratado constitutivo (fonte de direito originário) e os textos normativos ou "legais" adotados posteriormente (fonte de direito derivado) indicam o alcance e os limites da competência de cada organização internacional. Por conseguinte, a análise jurídica constitui o primeiro e indispensável passo para apreender o alcance e os limites das OI. Os textos indicarão os motivos que levaram os Estados a fundar uma OI: os objetivos perseguidos, os meios colocados a sua disposição, a repartição do poder de decisão entre os Estados-Membros, as obrigações financeiras, materiais e militares dos parceiros, os mecanismos para a eventual atualização do rol de direitos e obrigações, e, eventualmente, as sanções aplicadas aos membros infratores.

Tome-se como exemplo a Carta que constitui a Organização das Nações Unidas. Esse diploma legal determina a natureza político-diplomática de uma organização de alcance universal encarregada da manutenção da paz e da segurança internacionais. Como princípio constitutivo, ela detém, por meio do Conselho de Segurança (CS), a principal responsabilidade na manutenção da paz e da segurança internacionais. Os Estados-Membros "concordam em que, no cumprimento dos deveres impostos por essa responsabilidade, o Conselho de Segurança aja em nome deles" (art. 24.1).

O poder do CS é amplo e pode ser preventivo, já que ele dispõe da faculdade de determinar "a existência de *qualquer ameaça* à paz, ruptura da paz ou ato de agressão, e fará recomendações ou decidirá que medidas deverão ser tomadas" (art. 39). Há progressividade nas medidas a serem adotadas pelo CS. Portanto, ele detém ampla margem de manobra e de interpretação, pois decidirá sobre as medidas que, sem envolver a utilização das forças armadas, deverão ser tomadas para tornar efetivas suas decisões e poderá convidar os membros das Nações Unidas a aplicarem tais medidas. Estas poderão incluir a interrupção completa ou parcial das relações econômicas, dos meios de comunicação ferroviários, marítimos, aéreos, postais, telegráficos, radiofônicos, ou de outra qualquer espécie, e o rompimento das relações diplomáticas (art. 41).

[81] O poder de veto não pode ser utilizado nas questões processuais. O sistema tripartite da OIT é uma notável exceção. Cada país tem direito a quatro votos: dois do governo, um patronal e um dos trabalhadores. Não se trata propriamente de uma ponderação, mas de uma natureza diversa da organização, que ultrapassa a representação nacional para buscar em cada país setores privados, que certamente poderão emitir votos de conteúdo diferenciado em relação aos expressos pelos representantes do governo.

Caso necessário, o CS poderá tomar medidas ofensivas por forças aéreas, navais ou terrestres que poderão incluir "demonstrações, bloqueios e outras operações, por parte das forças aéreas, navais ou terrestres dos membros das Nações Unidas" (art. 42). Para comandar a utilização de forças armadas, o CS prevê a criação de uma Comissão de Estado-Maior composta pelos Chefes de Estado-Maior, dos membros permanentes ou de seus representantes. Portanto, a operacionalização do comando das intervenções militares – inclusive preventivas – será realizada pelos cinco Estados-Membros permanentes do CS.

Tanto o surgimento da organização internacional quanto a sua evolução e a eficácia de suas iniciativas decorrem de uma equação de forças. A presença da OI somente institucionaliza essas relações e tende a não colocar em xeque o poder exercido pelos Estados mais fortes. Nesse sentido, as OI formalizam e concedem legitimidade a uma *hegemonia consensual.* Não se deve, contudo, confundir a existência das OI com uma ampla e objetiva eficácia. Por tal razão, multiplicam-se as vozes, tanto no Norte quanto no Sul, que exigem sua profunda transformação.

O século que findou deve ser considerado como o *século das organizações internacionais,* que aportam métodos decisórios distintos e incluem a totalidade dos Estados no jogo internacional, provocando uma verdadeira revolução conceituai e prática no sistema das relações internacionais. Com a introdução da diplomacia parlamentar, ficou afastada a possibilidade de voto, cláusula ou reserva secretos, antes considerados como causas da eclosão de conflitos bélicos. Os Estados manifestam abertamente suas posições. A publicidade dos debates, além de conceder transparência e respeito a posições diferenciadas, permite que o próprio processo decisório sofra a influência que a opinião pública nacional exerce sobre seus delegados, revelando a possibilidade de afirmar-se uma opinião pública internacional.

Tanto o processo institucional que se acaba de retratar quanto o processo efetivo de tomada de decisões nas OI desenrolam-se tendo como pano de fundo o movimento do poder hegemônico de certos Estados. Ora, a hegemonia não pode ser exercida somente através de meios materiais, financeiros e tecnológicos. É imprescindível que ela atue igualmente no campo dos valores, ou seja, no plano da ideologia.

Torna-se, então, imprescindível distinguir claramente a ideologia da organização internacional como sujeito da decisão e a ideologia dos atores, particularmente os Estados-Membros. Contudo, a distinção não pode afastar a organização internacional do meio onde ela atua. Ora, mesmo a unidade ideológica que atualmente impera em grande parte do sistema internacional é mais aparente do que real. Os conflitos interestatais prosseguem, sustentando-se com menos vigor no discurso ideológico, mas não afastando seu conteúdo. Portanto, para identificação dos contornos reais, além dos institucionais, dos processos decisórios no âmbito das OI, eles devem ser inseridos no âmbito das relações internacionais e dos embates que nelas se travam.

Desse modo, as OI representam um subconjunto das relações internacionais. Torna-se, então, impossível identificar os mecanismos concretos do exercício do poder em seu seio sem compreender os contornos do sistema das relações internacionais. A primeira indicação do exercício do poder internacional transparece no perfil hierárquico dos Estados. Os principais traços do meio internacional onde se manifestam a ação e o discurso das OI indicam que sua ideologia está intimamente vinculada às ideologias dos Estados-Membros. A margem de manobra disponível para as OI dependerá do grau de coesão sistêmica do meio internacional.

A trajetória ideológica das OI repousa em cinco momentos distintos de sua evolução pós-1945. Certamente o fato de os Aliados digladiarem-se após a vitória permitiu o surgimento da primeira fase das OI: trata-se do *funcionalismo*. Baseada no princípio de que as OI deveriam servir aos interesses da sociedade e descartar a preponderância da influência dos Estados, a teoria funcionalista propõe-se a socializar suas ações e iniciativas. Criou-se o mito da possibilidade da existência de uma relação direta, portanto sem intermediação dos Estados-Membros, entre a organização internacional e a sociedade.

A segunda fase ideológica das OI surgiu a partir do início da década de 1960, com o *desenvolvimentismo*. Enredadas em suas próprias contradições, em plena oposição Leste/Oeste, impossibilitadas de atuarem mais incisivamente no campo da manutenção da paz e segurança, as OI encontraram uma nova justificativa ideológica para as suas atuações: trata-se do estreito vínculo entre paz e desenvolvimento.

Impulsionado pela presença de um grande número de Estados que recentemente haviam tido acesso à independência política, o desenvolvimento econômico de ampla maioria dos Estados do mundo tornou-se um fim em si. Para tanto, as OI deveriam transformar-se em um instrumento para a expansão econômica nos moldes liberais, e criar condições favoráveis para o investimento direto de capitais privados e públicos, tanto nacionais quanto estrangeiros.

A terceira fase decorreu da precedente. Trata-se da teoria do *transnacionalismo*, que se formou a partir da década de 1970. Como os detentores da escassa capacidade de poupança interna dos países pobres transferiam, por variadas razões, seus recursos para os países ricos, foi necessário apelar para os investimentos das empresas transnacionais. Por outro lado, a incapacidade dos países pobres em dispor de divisas, inviabilizando, portanto, a importação de bens de capital induziu-os a oferecer condições para a instalação em solo pátrio de filiais de empresas estrangeiras. A ideia central das OI presumia que essas empresas seriam os elementos dinâmicos do processo de desenvolvimento.

A quarta fase ideológica das OI apresentou, em um primeiro momento, uma visão exclusivamente nortista e negativa do desenvolvimento. Tratava-se do *globalismo*, a partir do final da década de 1970 e início de 80, que identificava os limitados recursos em matérias-primas de que dispunha a Terra e os efeitos perversos, do ponto de vista ecológico, da busca incessante do crescimento econômico. Sintetizado pelo Clube de Roma, que propugnava o crescimento zero e o controle demográfico, o globalismo foi rejeitado pelos países pobres, pois significava a manutenção do *status quo* e o abandono de políticas indutoras do desenvolvimento.

Finalmente, a quinta fase marca atualmente as OI: trata-se da *globalização*. Em razão de suas características fundamentais, que tendem a diminuir o papel do Estado em benefício de forças transnacionais privadas, essencialmente comerciais, tecnológicas e financeiras, a globalização enfraquece igualmente as OI. O poder dos mercados e dos entes privados que atuam no sistema internacional representa um inovador desafio, que pode colocar em risco os fundamentos das OI, sobretudo os esforços coletivos que objetivam alcançar um desenvolvimento solidário e manter a segurança e a paz internacionais.

2.2. Os entes privados das relações internacionais

Os avanços extraordinários da tecnologia de comunicações aumentaram de forma geométrica o intercâmbio internacional, fazendo surgir uma verdadeira sociedade transnacional. Ela se manifesta por meio das relações econômicas, em particular as comerciais e financeiras, pela comunhão ou oposição de valores, solidariedade ativa com os integrantes mais frágeis das sociedades nacionais, ação dos partidos políticos e dos movimentos sindicais, por intermédio da atuação de igrejas e seitas e ação dos consumidores, pela transnacionalização do crime e pelo surgimento de uma influente opinião pública internacional.

A importância dos atores privados na formatação das relações internacionais é facilmente observável. Os numerosos casos em que eles exerceram sua *influência* – como, por exemplo, o programa brasileiro de luta contra a epidemia da AIDS, que conseguiu dissuadir os fabricantes de medicamentos e o governo dos Estados Unidos, com o auxílio da opinião pública internacional e das ONGAT – fizeram sua interferência ser claramente perceptível. No entanto, ela é difusa e de difícil quantificação. Por essa razão, somente se podem indicar as características básicas de alguns desses atores tendo presente que na atualidade impõe-se a realização de pesquisas capazes de avaliar seu alcance, eficácia e limites.

2.2.1. As empresas transnacionais

São empresas transnacionais aquelas cujas matrizes estão localizadas no território de um Estado, que lhes concede nacionalidade, possuindo, ao mesmo tempo, filiais em outro(s), ou exercendo um controle acionário sobre empresas cujas atividades desenvolvem-se em vários países.[82]

O planejamento das atividades empresariais é concebido de forma centralizada. No entanto, sua execução – por exemplo, gestão, pesquisas e comér-

[82] Essa definição exclui a palavra *multinacional* na medida em que a empresa não desfruta de múltiplas nacionalidades, mas somente a concedida pelo Estado onde se localiza sua matriz.

cio de bens e de serviços – estende-se a múltiplos espaços nacionais. Trata-se, portanto, de um desrespeito à *territorialidade* dos Estados ou, como preferem alguns autores, sua *desterritorialização*, criando um campo empresarial divorciado e independente do espaço delimitado pelas linhas de fronteira nacionais.

A tecnologia e o capital transformaram-se em elementos fundamentais para o desenvolvimento econômico dos Estados, que, quando dispõem de mão de obra abundante e amplo mercado consumidor, preenchem dois requisitos fundamentais para a implantação das empresas transnacionais. A terceira virtude que, mais do que uma condição, constitui uma exigência decorrente da definição de regras claras sobre a promoção e a proteção dos investimentos estrangeiros. Garantias sobre a não desapropriação de empresas e ausência de barreiras para a transferência de lucros para o país de origem são pontos essenciais desses acordos.

Um dos aspectos inovadores dos acordos sobre investimentos trata da solução dos eventuais litígios entre o Estado hospedeiro e o investidor privado. Até o presente, os tribunais nacionais possuíam jurisdição sobre o assunto. Os novos textos preveem que os litígios podem ser solucionados por instâncias privadas estrangeiras, com mediação e arbitragem compulsórias.

A crescente importância econômica das empresas transnacionais pode ser percebida no quadro transcrito a seguir, sobretudo quando seu valor de mercado é confrontado com o orçamento dos Estados nacionais.

Tabela 14 – **Valor das dez maiores empresas do mundo (2020 – em bilhões de US$)**[83]

1. Saudi Aramco – Arábia Saudita – 1 880
2. Apple – Estados Unidos – 1 397
3. Microsoft. – Estados Unidos – 1 274
4. Alphabet – Estados Unidos – 1 020
5. Amazon – Estados Unidos – 924,52
6. Facebook – Estados Unidos – 633,49
7. Alibaba Group – China – 610,13
8. Berkshire Hathaway – Estados Unidos – 562,39
9. Tencent – China – 492,9
10. Visa – Estados Unidos – 441,61

A empresa transnacional pode tanto ser uma aliada circunstancial quanto uma opositora ao poder do Estado hospedeiro. A procura do lucro, da rentabilidade e da segurança para os investimentos realizados pode ocasionar conflitos com as autoridades públicas locais. A fase mais crítica nas relações entre empresas transnacionais e os Estados receptores ocorreu durante as décadas

[83] Fonte: <https://fr.fxssi.com/les-plus-grandes-entreprises-du-monde>.

de 1960-1970. O princípio da soberania sobre os recursos naturais e a autonomia de escolha do regime político, da organização social e do modelo econômico – princípios que nortearam a Nova Ordem Econômica Internacional (NOEI) reivindicada por uma maioria de Estados no âmbito da AG das Nações Unidas – chocaram-se com o desejo de autonomia e de garantia dos investimentos defendidos pelas firmas transnacionais.

Em caso de conflito, a nacionalização dos ativos nas mãos dos estrangeiros foi, durante o período referido, uma das estratégias adotadas por vários Estados, sobretudo na África e na América Latina. O caso chileno é exemplar desta fase: o socialista Salvador Allende nacionalizou várias empresas norte-americanas e introduziu novos critérios que afastaram a possibilidade de ressarcimento e de pagamento de indenizações. Apoiados pelos Estados Unidos e financiados por empresas transnacionais, movimentos de protesto resultaram, em setembro de 1973, em um golpe militar sangrento que conduziu ao poder Augusto Pinochet e garantiu o retorno dos ativos econômicos aos seus antigos proprietários.

Ao longo da década de 1970 e nos anos subsequentes, vários textos e declarações multilaterais foram propostas, sem sucesso, buscando regulamentar as relações entre os Estados hospedeiros e as empresas transnacionais: Comissão das Sociedades Transnacionais no âmbito do Conselho Econômico e Social (AG/NU, 1974), declaração envolvendo Estados, sindicatos patronais e de trabalhadores, sobre a política social das empresas transnacionais (OIT, 1977), um código de boa conduta no âmbito da mesma organização e igualmente na Organização de Cooperação e Desenvolvimento Econômico (OCDE). A União Europeia (UE) adotou, por sua vez, vários textos proibindo a formação de cartéis e a chamada "posição dominante" de mercado.

Apesar das regulamentações, nota-se que as empresas transnacionais opõem decidida resistência às tentativas de enquadramento nacional ou multilateral de suas atividades. No entanto, elas incentivam a criação de instrumentos de avaliação privados que auxiliem em sua política de investimentos. O primeiro desses mecanismos consiste na avaliação do grau de competitividade de uma economia nacional. Para tanto, são listadas aproximadamente três centenas de itens que fornecem, por uma média ponderada, uma hierarquia dos países consultados. Eles auxiliam a estratégia de expansão empresarial indicando os parâmetros do cenário de acolhida para novos investimentos e podem, igualmente, sublinhar os pontos fracos de cada país para que seu governo tome iniciativas objetivando aumentar sua eficiência.

Amplamente divulgado pela mídia, o resultado dessas pesquisas influencia a política de investimentos estrangeiros e, por conseguinte, o desempenho econômico e a balança de pagamentos dos Estados. A indispensável condição a ser preenchida pela cesta de indicadores é sua credibilidade. Por isso, as instituições responsáveis lançam mão de especialistas universitários, tentando afastar qualquer perigo de manipulação. A instituição mais respeitada nesse campo é o Fórum Econômico Mundial (WEF) sediado em Genebra, Suíça.[84]

O segundo mecanismo de controle, divulgado pela primeira vez em 1992, provém do *Índice de Liberdade Econômica*. Promovido pela *Heritage Foundation* em colaboração com o *Wall Street Journal*, ele parte do pressuposto de que quanto maior for a liberdade para as atividades econômicas, maiores serão as taxas de crescimento econômico no longo prazo. Além disso, os países mais livres apresentam níveis de tolerância e de civilidade maiores do que os economicamente repressivos. Ou seja, os autores constatam a existência de um estreito vínculo entre a liberdade empreendedora e o grau de democracia. A história recente tende a demonstrar que tal vinculação pode ser contestada, pois muitos regimes ditatoriais latino-americanos impuseram políticas econômicas liberais. Por outro lado, a colocação da França e de outros Estados reconhecidamente democráticos junto a tradicionais e consolidadas ditaduras listadas no quadro transcrito a seguir (Figura 2.9) demonstra claramente as limitações existentes nos supostos vínculos entre responsabilidade econômica e liberdade política.

A classificação obedece a quesitos como liberalidade da política de comércio exterior, carga regulamentar e fiscal sobre os contribuintes, solidez da política monetária, proteção ao direito de propriedade e importância do mercado negro, considerado revelador da existência de uma repressão à atividade econômica. A classificação indica quatro níveis de liberdade: países livres, predominantemente livres, predominantemente não livres e reprimidos.

O desenfreado liberalismo normatizado preconizado pela *Heritage Foundation* como formulação mágica para alcançar o desenvolvimento econômico e a democracia política, não revela uma de suas importantes distorções: a existência dos paraísos fiscais e da prática sistemática de corrupção a eles intrinsecamente vinculada.

O descompasso entre os modernos métodos dos crimes financeiros internacionais e o desinteresse dos Estados em combatê-los, faz com que uma longa lista de países se transforme em paraísos fiscais acolhendo capitais errantes ausentes as preocupações por suas origens. Uma simples solicitação de informação de um magistrado, através de uma Carta Rogatória, permanecia sem resposta. Inclusive democracias consolidadas, como a Suíça, demoravam dois anos para respondê-las. Chicanas procedimentais faziam caducar os processos. Uma vez atravessada uma fronteira, os circuitos financeiros estavam protegidos.

No início de outubro de 1996, um grupo de magistrados europeus responsáveis pela luta contra a evasão fiscal e a corrupção que impregnam as relações

[84] O Fórum Econômico Mundial, conhecido como o Fórum de Davos (pequena estação turística dos Alpes suíços), foi criado em 1971 pelo economista alemão Klaus Schwab. Professor no Instituto de Altos Estudos Internacionais da Universidade de Genebra, Schwab pretendia, inicialmente, ensinar práticas comerciais aos empresários europeus. Atualmente, o WEF é percebido como centro do pensamento liberal. Publica anualmente The Global Competitiveness Report. *O Relatório referente a 2019 indica que em um universo de 141 Estados analisados, o Brasil ocupa o lugar 71°.*

internacionais, lança o *Apelo de Genebra*. Conscientes que ausente a justiça e, sobretudo, a justiça financeira, as sociedades ocidentais ingressariam em uma etapa de desregulamentação generalizada, podendo conduzi-las à barbárie, os signatários clamam por uma efetiva cooperação judicial na Europa.

Apesar dos esforços de juízes como o espanhol Baltasar Garzon, o suíço Bertossa e o francês Robert, tanto a União Europeia quanto os governos dos Estados-Membros pouco fizeram para remediar o câncer do crime financeiro transnacional que corrói a democracia e hipoteca o desenvolvimento equilibrado do continente europeu. O que dizer então das demais regiões do mundo onde a corrupção viceja sem freios?

O terceiro mecanismo é de fundamental importância. Trata-se das agências de *notação de risco soberano,* instrumento que permite que as políticas públicas dos Estados, sobretudo as de natureza econômica, sejam avaliadas por empresas privadas que elaboram uma notação sobre o denominado risco soberano. Os índices computados indicam uma hierarquia sustentada na confiabilidade futura do Estado analisado para honrar, sobretudo, suas dívidas internas e externas. Trata-se, na verdade, de um exercício de *meteorologia financeira* com a pretensão de prever, a médio e longo prazo, o comportamento dos agentes econômicos, notadamente as políticas públicas.

Uma vez colhidas e analisadas as informações disponíveis, as agências de notação de risco soberano emitem um diagnóstico. Ele pode provocar o afastamento do Estado do mercado financeiro internacional ou fazê-lo pagar um pesado tributo para dele participar. Assim, um Estado que apresenta frágeis índices macroeconômicos é levado, caso necessite recorrer ao sistema financeiro internacional, a oferecer garantias e condições suplementares, em particular uma elevada taxa de juros.

Um risco mais consistente deve ser compensado por um prêmio maior àquele que se dispõe a enfrentá-lo. Por conseguinte, surge um flagrante desajuste do sistema financeiro internacional: quanto mais um país necessitar de um auxílio externo, mais alta será a taxa de juros dele cobrada, pois maior é a insegurança do empréstimo. Assim, o risco-país resume-se ao medo, por vezes ao pânico, dos credores.

Essa realidade não deve ser interpretada como resultante de teorias conspiratórias sustentadas na má-fé ou na corrupção que possam afetar as agências de notação. A condição *sine qua non* das atividades das agências vincula-se a sua credibilidade. Portanto, as constantes reclamações dos Estados mal notados decorrem de desacertos metodológicos entre as agências e as instâncias governamentais. Além disso, os instrumentos analíticos não seguem uma padronização, pois suas fontes de informações são variadas, por vezes incompletas, irregulares e pouco confiáveis.[85]

---

[85] Assim, por exemplo, as avaliações de risco soberano feitas pela Caixa de Depósitos e Consignações (CDC) francesa alcançam resultados distintos da média das agências tradicionais. As oscilações positivas e negativas indicam a falta de consenso e o nível científico medíocre das avaliações. CDC IXIS. Risques émergents, Paris, maio de 2002, n. 59.

A capacidade de influir sobre a realidade do objeto analisado embasa a crítica mais pertinente às agências de notação. Quando elas elaboram e divulgam uma previsão sobre um país, influem sobre o desenrolar dos acontecimentos, sobretudo os de natureza econômica e financeira, do dito país. Não se trata de um trabalho acadêmico que se beneficia do recuo do tempo. Ao contrário, de um instrumento prático que deve orientar instantaneamente seus utilizadores em suas decisões econômicas, o *rating*, ou seja, a classificação do país segundo os critérios adotados,[86] detém o condão de influenciar o próprio objeto analisado.

A autoconfirmação da hipótese em razão de sua própria existência obedece ao *princípio da reflexividade*. Conhecido das ciências humanas, ele consiste na relação entre elementos de um mesmo conjunto.

Ou seja, a simples aferição de um dado – real ou fictício, justo ou falso – incide sobre esse dado. O observador de campo, pelo fato de observar e divulgar os resultados de sua análise, interfere sobre o campo observado. Nestas condições, pode-se concluir que o analista não somente integra o analisado, mas também detém o condão de deturpá-lo.

A importância adquirida nos últimos anos pelas agências de notação de risco potencializou este efeito: uma economia cuja delicada situação é constatada por uma agência conhecerá um agravamento da crise, com o aumento das taxas de juros ou a simples suspensão da concessão de empréstimos. Ao contrário, uma economia bem avaliada terá melhores condições para extrair-se da crise.

Os pequenos investidores, não dispondo de informações amplas, profundas e confiáveis para seus investimentos, tal como ocorre com os grandes bancos e instituições de investimentos, fazem surgir uma nova prestação de serviço que fornecerá tais informações, em um primeiro momento exclusivamente a seus clientes. Note-se que todos os países desenvolvidos mantêm em seus bancos de fomento às exportações e às importações (*eximbanks*) um núcleo de prospecção de mercados, de análise de risco e de estudos sobre as perspectivas da economia mundial.

A hierarquização do país observado resulta da conjunção de variadas informações, tais como a estrutura econômica, a liquidez, o câmbio, o nível da dívida externa comparada com a capacidade de exportar, a situação política, a orientação econômica governamental e o sistema financeiro nacional. A preocupação essencial gira em tomo da capacidade de honrar dívidas, ou seja, a relação entre o endividamento e a capacidade de gerar receita para honrá-la.

Apesar de existirem mais de 150 agências classificadoras de risco soberano, três delas dominam mais de 95% do mercado na atualidade: *Fitch, Moody's e Standard & Poors.* O quadro transcrito a seguir fornece os *ratings* de três agências de notação e alguns dos critérios utilizados para o estabelecimento de uma hierarquia entre os Estados.

---

[86] O *rating* origina-se de um anglicismo que significa avaliação. Trata-se originalmente, de um índice classificando os iates e barcos de luxo em várias categorias segundo suas características técnicas.

Tabela 15 – **Classificação e significado do risco soberano**

Moody's	Standard & Poor's	Fitch	Significado
Aaa	AAA	AAA	Segurança máxima. Capacidade *extremamente* forte para cumprir compromissos.
Aa1 Aa2 Aa3	AA+ AA AA-	AA+ AA AA-	Alta segurança e qualidade. Capacidade *muito forte* para cumprir compromissos.
A1 A2 A3	A+ A A-	A+ A A-	Segurança média alta. Capacidade forte para pagar dívidas e relativamente suscetível à mudança do cenário econômico.
Baa1 Baa2 Baa3	BBB+ BBB BBB-	BBB+ BBB BBB-	Segurança média baixa. Possui capacidade *adequada* para cumprir compromissos, podendo sofrer mais com alterações do cenário econômico.
Ba1 Ba2 Ba3	BB+ BB BB-	BB+ BB BB-	Investimento inseguro.O país é menos vulnerável no curto prazo entre os países de *rating* inferior, mas sua capacidade de pagamento é afetada por incertezas e volatilidade das condições financeiras e econômicas.
B1 B2 B3	B+ B B-	B+ B B-	Investimento especulativo. Maior vulnerabilidade comparada com os países do grupo anterior frente às mudanças no cenário econômico.
Caa1 Caa2 Caa3	CCC+ CCC CCC-	CCC+ CCC CCC-	Investimento altamente especulativo. Países muito vulneráveis às condições do cenário econômico, com dificuldades para cumprir os compromissos.
Ca C	CC+ CC CC-	CC C DDD	Risco substancial.
	C+	DD	Extremamente especulativo
	C	D	Forte probabilidade de calote.

Paralelamente à ação das agências de notação, os investidores contribuem para a fixação, por meio do mercado de capitais, do *ranking* de cada país. A variação do valor dos títulos da dívida pública, interna e externa, quando cotados na Bolsa de Valores, representa outro importante indicador da saúde econômica e do nível de confiança em um país. Para tanto, foi criado um instrumento avaliador denominado *taxa de risco* ou *risco-país*. Trata-se do adicional de juro que um governo paga ao contrair empréstimos internacionais, em razão do nível de desconfiança dos credores sobre a sua capacidade de honrar os pagamentos.

Os dois principais índices foram criados pelo banco JP Morgan. O primeiro a nos interessar é o EMBI+ (*Emerging Markets Bond Índex*), que calcula a solvabilidade dos países emergentes, entre os quais o Brasil. O segundo é o EMBI Global, incluindo o restante das economias.

O *risco-país* é ajustado constantemente e determinado por meio de uma pontuação cuja referência encontra-se na taxa de juros praticada pelo principal título da dívida dos Estados Unidos – *T-Bond* de 30 anos – considerado o investimento de menor risco do mercado. Adiciona-se a ele a *taxa de risco* que representa, para cada ponto, 0,01%.

Nota-se, portanto, que a simples especulação financeira pode acelerar uma crise latente e causar sérios danos à economia de um país ou de uma região, como ocorreu nas crises asiática, russa, mexicana, brasileira, argentina, grega, espanhola e portuguesa em razão do risco de contágio e da natureza volátil do capital.

Ao se alimentarem das informações do mercado, os analistas das agências de notação de risco projetam cenários que, uma vez divulgados, condicionam a atitude do próprio mercado. Esta relação implica um moto contínuo perante o qual as autoridades do Estado objeto da análise encontram-se desamparadas, em particular das economias ditas emergentes, que dependem de um oxigênio financeiro de origem externa.

No início de novembro de 2012, a justiça australiana condenou a agência de notação de riscos *Standard and Poor's* a uma compensação financeira para associações de consumidores que se sentiram lesados ao comprar títulos bem avaliados pela agência quando da crise financeira de 2008.

Em fins de novembro de 2012, o Ministério Público da cidade de Trani (Sul da Itália) solicitou a condenação das agências *Fitch* e *Standard and Poor's* por supostamente haverem manipulado o mercado considerando que elas haviam rebaixado a nota da dívida soberana italiana com objetivos de especulação.

A degradação da anotação italiana de A para BBB+ provocou, segundo a demanda judicial, um prejuízo de 120 bilhões de euros, ou seja, a soma acumulada pelas medidas de austeridade adotadas pelo governo italiano, encarecendo o financiamento da rolagem da dívida. Segundo o Senador Elio Lanutti – presidente da associação dos consumidores ADUSBEF –, as agências de notação de riscos investigadas "fazem parte de uma gangue internacional que manipulou durante anos, juntamente com os bancos e grandes fundos de investimentos, o mercado italiano da divida soberana".

As relações agências/mercado possuem, em definitivo, duas faces em uma mesma moeda, que interferem nas relações internacionais e nas políticas públicas dos Estados. A conexão dos principais mercados mundiais pela *telemática*[87] faz com que problemas localizados alhures possam ter importante incidência na condução de políticas nacionais.

O cálculo da taxa de risco surgiu com a avaliação da saúde das empresas e assim prossegue na atualidade. Balanços confiáveis, gestão transparente e uma boa administração são fatores importantes na avaliação dos investidores em bolsa. Nesse sentido, as empresas localizadas nos países emergentes, mesmo que respondam favoravelmente às condições impostas pelos mercados, são penalizadas por estarem sediadas em países com suposto elevado risco. Houve o caso da Petrobras, que ostentava uma classificação de *Baal*, equivalente a dois níveis acima do nível mínimo de investimento e seis acima do nível brasileiro da época, mas é avaliada segundo critérios aplicados ao Brasil, e não a partir das condições objetivas da empresa. Comparativamente, uma empresa alemã mal administrada pode beneficiar-se de condições mais favoráveis de acesso ao mercado de capitais do que uma brasileira simplesmente por causa de sua localização territorial.

---

[87] Expressão que designa a conjunção das telecomunicações com a informática.

2.2.2. *As Organizações Não Governamentais de Alcance Transnacional (ONGAT)*

Fenômeno marcante da contemporaneidade, as Organizações Não Governamentais de Alcance Transnacional (ONGAT) podem ser definidas como instituições supostamente sem fins lucrativos, de direito privado, podendo reunir pessoas físicas, jurídicas ou morais, com o intuito de atingir objetivos de alcance internacional e de natureza pública expostos em seus estatutos.

Delas participam pessoas ou instituições detentoras de variadas nacionalidades. Seus recursos materiais e financeiros originam-se de múltiplas fontes internacionais, e suas ações se voltam para a busca de soluções de problemas de interesse público que afetam mais de um país.

A generalidade da definição revela a diversidade das ONGAT, uma de suas principais características. Assim, paralelamente à existência de ONGAT tradicionais que desenvolvem há décadas sua ação transnacional – como, por exemplo, o Comitê Internacional da Cruz Vermelha (CICV, 1863) e a Associação Internacional dos Trabalhadores (1864)[88] existem milhares de outras que são efêmeras e respondem ao impulso de motivações pontuais e, muitas vezes, pouco claras. Em 1900, já existiam 163 ONGAT. No final do século XX, elas alcançaram um número superior a 5000.[89]

Na atualidade, o Haiti é conhecido como sendo a *República das ONGAT*. Com efeito, após o terremoto que atingiu o país em janeiro de 2010 e a epidemia de cólera trazida pelos soldados da Missão de Paz das Nações Unidas (MINUSTAH) em outubro do mesmo ano, segundo avaliação da Secretária de Estado Hillary Clinton, o Haiti abriga atividades de mais de 10.000 organismos não governamentais. A maior parte da suposta ajuda concedida ao Haiti transita por estas instituições sem a mínima intervenção do governo haitiano. Os pífios resultados demonstram o fracasso deste modelo.

As ONGAT desempenham papel contraditório. A jusante, elas auxiliam a identificação e, por vezes, contribuem para a solução de microproblemas em suas áreas de atuação. A montante, elas problematizam as macroquestões, sobretudo as de natureza política, relacionadas às definições de responsabilidades. Fazendo concorrência aos tradicionais atributos do Estado, elas questionam o modelo clássico de representação.

Originando-se no espectro, na maioria das vezes reduzido, da sociedade civil organizada, elas não representam importante parcela dessa sociedade que não se organizou. Ao agir, elas o fazem em razão da inércia dos representantes governamentais, que alegam a falta de instrumentos de ação e a impossibilidade de reunir recursos materiais e humanos para fazer frente aos desafios.

---

[88] Várias uniões eclesiásticas surgiram a partir do século IV. Todavia, a primeira ONGAT foi fundada em 1694: a Confraria da Rosa-Cruz. Em 1823, surgiu a Sociedade internacional contra a escravidão.

[89] O Conselho Econômico e Social (ECOSOC) das Nações Unidas ofereceu, em 1968, uma definição negativa das ONGAT ao apontá-las como "Organizações Internacionais que não foram criadas pela via de acordos intergovernamentais". Também conhecidas como o terceiro setor ou como formas de expressão da sociedade civil organizada, as organizações não governamentais com atividades nacionais conheceram um extraordinário desenvolvimento nas últimas décadas.

Via de consequência, as ONGAT representam um ator que se coloca contra o Estado ou, na melhor das hipóteses, como complemento a ele, agindo com ou sem o seu beneplácito. Para as ONGAT, o que importa é a ação: a concessão ou não de uma autorização do Estado-objeto é secundária. No entanto, as ONGAT não pretendem conquistar o poder do Estado, mas simplesmente secundá-lo.

Há um duplo caminho para que as ONGAT encontrem sua legitimidade. Por um lado, o *ativismo* que as transforma em atores, indesejados por muitos, das relações internacionais. Quando concebidas como contraponto ao Estado, elas realizam o que este não pode ou não deseja fazer: operações de urgência, não respeitando as linhas de fronteira dos Estados e, consequentemente, o princípio da soberania; ações locais junto aos setores mais frágeis da população civil; recolhimento, por meio de doações, dos recursos financeiros e materiais indispensáveis a sua ação; campanhas de opinião por meio da mídia; operações de denúncia da conivência de autoridades públicas com abusos cometidos contra os direitos humanos e o meio ambiente.

Os princípios defendidos tradicionalmente pelo CICV – neutralidade, ausência de julgamento moral, ético ou político, protegendo a todos de maneira a não distinguir algozes e vítimas, discrição, necessidade de um convite do Estado hospedeiro que autorize a ação –, que pratica por definição um *humanitarismo estatal*, são percebidos de maneira inversa pelas ONGAT. Para elas, é necessário agir na urgência, com ou sem o aval oficial, procedendo a uma nítida distinção entre algoz e vítima, julgando e colocando-se resolutamente ao lado desta. Além disso, propugnam a organização de campanhas de imprensa para que cessem os abusos e crimes, ao mesmo tempo em que se recolham mais manifestações de simpatia pela causa sustentada.

O outro caminho para que se encontre a legitimidade prende-se ao *rol dos temas* enfrentados. Baseadas em princípios do direito natural e em declarações de âmbito universal firmadas pelos Estados, mas escassamente colocadas em prática, as ONGAT conduzem naturalmente sua ação para o campo internacional: humanitário (Médicos sem Fronteiras; Médicos do Mundo); meio ambiente (*Greenpeace*); direitos humanos (Anistia Internacional, *Américas Watch*); organização política (Transparência Internacional); desarmamento (*Pugwash*).

O princípio da solidariedade que leva à ação das ONGAT decorre da concepção de que a humanidade é uma só e que qualquer sofrimento ou injustiça imposto a um homem devem ser considerados como uma violência dirigida a todos os homens. Por outro lado, há a defesa de que o mundo possui recursos não renováveis limitados e de que os seres humanos são os guardiões da Terra e responsáveis em legar um mundo melhor às futuras gerações. Trata-se de um compromisso moral e ético que interfere de maneira substantiva nas relações internacionais.

Contrapondo-se ao seu campo de atuação, o estatuto jurídico das ONGAT vincula-se ao Direito Interno em que se encontra sua sede. Portanto, apesar de sua vocação pública, os Estados não lhes conferem um estatuto especial. No entanto, há Estados que se opõem frontalmente às ONGAT. Irritados com a desenvoltura com que estas agem em seu território, contrastando com a opacidade da administração pública, e a falta de controle sobre os seus recursos financeiros, eles as percebem como ilegítimas concorrentes da ação estatal e instrumento de ação dos países mais ricos. Mormente quando se trata dos princípios contidos no propalado *Direito de Proteger* que sustenta as recentes intervenções supostamente de caráter humanitário.

Para os críticos da atuação das ONGAT, não se trata de organizações caritativas sem fins de lucro. Em realidade, tais instituições são verdadeiros "Cavalos de Tróia" da globalização que buscam auferir "lucros sem fim", pois ausente qualquer controle público de sua engenharia financeira.

Ao contrário dos Estados, a Carta das Nações Unidas concede um reconhecimento formal às ONGAT. Resultante das pressões exercidas pelo *Rotary* Clube e pelo Comitê Internacional da Cruz Vermelha quando da redação da Carta, estipulou-se que o Conselho Econômico e Social poderá "entrar em entendimentos convenientes para a consulta às organizações não governamentais, encarregadas de questões que estiverem no âmbito de sua própria competência. Tais entendimentos poderão ser feitos com Organizações Internacionais e, quando for o caso, com organizações nacionais, após efetuar consultas com o Membro das Nações Unidas interessado no caso".[90]

As organizações especializadas das Nações Unidas e a União Europeia buscam a colaboração das ONGAT. Atualmente, 2.010 ONGAT desfrutam do estatuto consultivo junto às Nações Unidas, e centenas de outras são candidatas. Tal estatuto as reconhece oficialmente como "especialistas técnicas, conselheiras e consultoras" indispensáveis à ação das Nações Unidas e constitui permissivo para que seus representantes assistam às reuniões das múltiplas comissões e às conferências internacionais sobre os temas que correspondam a sua área de atuação.

As organizações internacionais buscam junto às ONGAT informações técnicas sobre os projetos previstos e, por vezes, transferem a elas recursos financeiros e atribuições, fazendo-as participarem da elaboração e da execução dos projetos propostos. O atual Secretário Geral das Nações Unidas, Kofi Annan, concebe o papel da instituição como sendo "uma ponte entre os governos e a sociedade civil", o que permite às ONGAT uma intervenção direta nas negociações internacionais, modificando a ordem do dia e sugerindo temas que lhes são próprios ou, ainda, contestando a posição dos governos.

Pelo intercâmbio confidencial e oficioso de informações, as ONGAT agem junto ao Conselho de Segurança das Nações Unidas. Desde 1999, representantes das ONGAT encontram-se com delegados dos Estados-Membros do CS e transmitem dados sobre os temas da pauta de discussões. Segundo a *"formula Arria"*,[91] as reuniões ocorrem fora do recinto do CS e servem para uma discussão sobre temas como as questões humanitárias, a proteção da população civil nos conflitos armados e, mais recentemente, a paz e a segurança internacionais.[92]

Diminuindo a intensidade das oposições, as ONGAT fazem com que a ação junto às vítimas do sistema constitua sua maior preocupação. Elas apontam

[90] Conforme art. 71 da Carta de São Francisco.

[91] Sua denominação decorre de uma sugestão do Embaixador da Venezuela junto às Nações Unidas.

[92] Consultar HILL, F."Le point de vue des ONG: les organisations non gouvernamentales et le Conseil de Sécurité". In: *Forum du désarmement*. Genebra: UNIDIR, 2002, p. 31-35.

soluções intermediárias cuja praticidade é marca registrada. Assim, ágeis e funcionais, as ONGAT não devem ser percebidas como uma alavanca para reverter à ordem internacional. Elas representam, na melhor das hipóteses, um dos instrumentos de regulação da sociedade internacional segundo parâmetros ocidentais.

2.2.3. *As igrejas*

O Renascimento marcou o fim da aliança entre os poderes espiritual e temporal, que dominavam até então as relações internacionais. Além da oposição inelutável entre o Papado e o Império, a religião começou a cindir-se com o surgimento do islã no século VII, com as rivalidades entre católicos e ortodoxos em 1054, e entre católicos e protestantes a partir de 1517. Quatro séculos mais tarde, houve a secularização do sistema internacional, com a separação entre Igreja e Estado.

Apesar de se apresentarem de forma dispersa, as religiões possuem valores comuns graças ao ecumenismo. Sendo seu discurso uma referência de identidade e um chamamento divino, ele se veste da batina generalista, não exerce discriminações e desconhece fronteiras políticas.

As religiões podem ser consideradas como "fontes de sentido – nos dizem o que é o mundo, como devemos nos colocar nele, aceitando-o, rejeitando-o, procurando suas transformações, etc. Fornecem modelos não só de identidade no sentido de dizer quem somos nós, mas também propiciando referências para nossas representações de direitos, de igualdade, de justiça".[93] Ou seja, encontram-se na natureza dos princípios religiosos os fundamentos que as compelem a atuar em âmbito internacional. Tudo as conduz e nada as refreia. Muito menos as fronteiras nacionais.

A influência da religião nas relações internacionais deve ser percebida em três níveis: no primeiro, ela se manifesta de forma espetacular, ambígua, irregular, sendo refém de circunstâncias específicas; no segundo, encontramos a labuta quotidiana das igrejas – sobretudo as monoteístas que acolhem fiéis e estrutura seu poder tanto no interior do território dos Estados quanto na montagem de uma rede que desconhece os limites de fronteira; finalmente, as religiões influenciam a ação internacional dos Estados quando inexiste separação entre este e a Igreja, sobretudo nos casos da religião ortodoxa, do judaísmo e do islã.

A história da Europa Ocidental foi marcada, durante os séculos XIX e início do XX, pela constante luta entre o religioso e o laico. Atualmente, este embate é reeditado na Argélia, na índia, em Israel e na Turquia. As dificuldades para encaminhar uma solução à questão palestina ou o alinhamento do Estado turco ao Ocidente decorrem, em grande medida, da pressão exercida internamente pelos grupos religiosos, por vezes organizados sob a forma de partidos políticos. Apesar da solução do impasse entre os poderes temporal e espiritual na grande maioria dos Estados, como a Inglaterra, os Estados Unidos e em menor grau o Brasil, o discurso e por vezes a prática do poder, fazem

[93] MONTEIRO, P. "Cultura e democracia no processo de globalização". *Novos Estudos CEBRAP*, n. 44, março de 1996.

constantes referências à religião. Inclusive não constitui prática incomum o apelo à inspiração divina em símbolos institucionais dos Estados.

O poder do Vaticano não decorre da jurisdição sobre os 44 hectares que cercam a Basílica de São Pedro ou de sua população estimada em 1.500 pessoas.[94] Ele se origina na ação da Santa Sé – organização não governamental *sui generis* –, que acolhe representantes diplomáticos dos Estados e, em contrapartida, envia seus Núncios, observa e influencia vários organismos internacionais e, sobretudo, interfere nas relações internacionais através da adoção de encíclicas, das viagens papais abundantemente cobertas pela mídia e de declarações públicas sobre temas de interesse internacional. Nesse sentido, mesmo sendo impossível perceber os verdadeiros contornos da relevância, impõe-se admitir a existência de uma influência da Santa Sé, considerada por muitos especialistas como decisiva na implosão da União Soviética e na democratização da Polônia após a visita efetuada a Varsóvia, em 1979, por João Paulo II.[95]

A importância quantitativa e a divulgação do catolicismo através do mundo encontram na ação do Papa o princípio e o fundamento da coesão necessária a este ator. Identificado pelo dogma como *Una, Santa, Católica e Apostólica*, a sociedade católica apresenta-se, segundo definição do Papa Paulo VI em 1964, como uma sociedade espiritual e visível, divina e humana, que vive e sobrevive há vinte séculos, composta indistintamente por todos aqueles que desejam dela fazer parte, qualquer que seja sua raça, nação e condição social, uma sociedade na qual todos são irmãos e todos estão unidos, mas que possui uma organização, uma hierarquia, instituída pelo próprio Cristo e onde encontram-se na primeira fila os apóstolos, ou seja, os bispos e à frente deles, Pedro, ou seja, o Papa.

O poder da Igreja católica é universal e independente de todos os outros poderes civis ou eclesiásticos. Assim, seu governo não se compara com nenhum outro governo temporal e jamais um Concílio preocupou-se em definir o regime jurídico do governo da Igreja católica.[96]

Não se encontram no Evangelho vestígios de um código de Direito Internacional. No entanto, por sua ação, a Igreja católica interfere nas questões internacionais. Trata-se de uma força moral ativa que se apresenta nos seguintes planos:

- Uma diplomacia em busca da paz;
- Um direito de mediação exercido por uma potência neutra;
- Uma capacidade em arbitrar litígios internacionais;
- Um modelo de conferência internacional que se expressa pelos concílios ecumênicos.

No século XX, a Igreja foi tentada a acomodar-se com o poder temporal e demonstrou conivência com o nacionalismo. As críticas a sua indiferença com o drama da Segunda Guerra Mundial, bem como a tendência de tratar priori-

[94] Com os Acordos de Latrão de 1929, o governo italiano reconheceu "a soberania da Santa Sé no campo internacional como sendo um atributo inerente à sua natureza, em conformidade com sua tradição e com as exigências de sua missão no mundo".

[95] O vigoroso pacifismo do Papa João Paulo II frente à agressão anglo-americana ao Iraque em março de 2003 foi exemplo marcante da atuação internacional da Igreja, bem como a mediação entre Argentina e Chile no litígio do Canal de Beagle e o recente processo de reformas em Cuba.

[96] Somente o Concílio de Trento declarou que existia na Igreja uma hierarquia de direito divino.

tariamente com os Estados, por meio da diplomacia pontifical, em detrimento de uma atenção aos povos, indicam tanto a natureza conservadora da Igreja quanto sua faculdade de acomodação frente aos poderosos.

Contudo, uma análise da ação dos atores religiosos no cenário internacional não pode desconhecer o fenômeno marcante representado pelo surgimento das seitas transnacionais. Influência difusa, por vezes clandestina, de crenças aparentemente religiosas, as seitas proliferam pelo mundo. *Igrejas* forjadas em torno de personalidades carismáticas – encontramos inúmeros exemplos no Brasil com ramificações no exterior – e seitas consolidadas, como as *Moon* (transnacional), *Aoum* (Japão e Rússia) e *Falungong* (China), organizam-se de forma transnacional e muitas vezes enfrentam o poder constituído.

Na esteira das insatisfações com as igrejas tradicionais e lançando mão de estratégias mercadológicas apuradas, o fortalecimento das seitas pode ser compreendido como a expressão de uma patologia social. Não obstante, trata-se de fenômeno contemporâneo marcante das relações internacionais, que afronta os outros atores tradicionais e é desafio incontornável para o correto entendimento do cenário internacional.

A marcante evolução do processo de filiação religiosa brasileira nestas duas últimas décadas com a expansão dos evangélicos pentecostais, mormente nas periferias metropolitanas, tem incidido de maneira profunda em sua internacionalização. O Brasil transformou-se, nesta seara, em Grande Potência praticando, através de suas igrejas pentecostais o que poderia ser denominado de "diplomacia religiosa".

Informações fornecidas pelas principais igrejas brasileiras com atuação internacional demonstram que, em seu conjunto, elas são mais numerosas que as representações diplomáticas do Estado. De um conjunto aproximado de mais de sessenta entidades com filiais no exterior, as que se destacam são as seguintes:

Tabela 16 – **As filiais das igrejas brasileiras no exterior**[97]

Igrejas	Numero de Países
Igreja Deus é Amor	137
Igreja Universal do Reino de Deus	127[98]
Congregação Cristã no Brasil	58
Assembleia de Deus	21
Igreja Internacional da Graça de Deus	7
Igreja Sara Nossa Terra	550[99]

[97] De difícil feitura, este levantamento depende das informações fornecidas pelas próprias Igrejas. O Estado brasileiro fornece indicações sobre a presença organizada de brasileiros no exterior. Consultar: <http://www.brasileirosnomundo.itamaraty.gov.br/a-comunidade/associacoes-brasileiras-exterior>.

[98] Consultar: <https://noticias.uol.com.br/ultimas-noticias/bbc/2020/06/23/bispos-e-pastores-da-igreja-universal-em-angola-tomam-controle-de-templos-e-rompem-com-direcao-brasileira.htm>. Dados atualizados. Todavia, como sublinha seu proprietário, Edir Macedo, "em matéria de fé, a Razão é má conselheira". Desde 1994, ele "proibiu todo e qualquer membro ou pastor de dar entrevistas ou esclarecimentos a quem quer que solicitasse. Proibição que ainda permanece. Além de jornalistas, pesquisadores tampouco são benquistos". MARIANO, R. "A Igreja Universal no Brasil", In: *Igreja Universal do Reino de Deus – Novos Conquistadores da Fé*. São Paulo: Paulinas, 2003.

[99] A Coordenação da Federação Nacional Comunidade Evangélica Sara Nossa Terra indica, sem especificar, em seu sitio a existência deste numero de igrejas distribuídas no Brasil e no exterior.

As diversas e criativas denominações das igrejas pentecostais brasileiras decidiram, num primeiro momento, instalar-se em cidades que acolhiam a diáspora brasileira (Lisboa, Londres, Madri, Miami, Nova Iorque e Tóquio). Numa segunda etapa, foram alcançadas as principais cidades da America Latina e da África (especialmente a África do Sul e a de língua portuguesa).[100] Finalmente, o processo atingiu pequenas localidades, inclusive vilarejos, no interior dos continentes americano e africano.

As igrejas pentecostais apresentam uma dupla característica internacional. Por um lado, são descentralizadas em milhares de entidades independentes lideradas por um pastor atento aos supostos anseios dos mais humildes. Podem utilizar-se do proselitismo tradicional ou dos modernos meios de comunicação, com a aquisição de canais abertos de televisão.

Sua mensagem é simples e constante. Elas defendem a *teologia da prosperidade,* enfatizando que o enriquecimento não constitui pecado. Reunindo pessoas menos favorecidas da sociedade, as igrejas pentecostais descartam a ideia de luta de classes e propõe uma visão positiva da vida, uma espécie de direito de extrair-se da miséria e da humilhação, que se tornará realidade por meio do trabalho e da fé.

As igrejas pentecostais brasileiras adaptam-se rapidamente ao ambiente dos países hospedeiros. O demônio no Brasil é representado pelas divindades das religiões afro-brasileiras ao passo que em Portugal "são os santos católicos que pagam a conta, na Inglaterra é a estrutura anglicana, mas também no caso dos indivíduos de origem muçulmana, os *djinns* e outros seres sobrenaturais do universo árabe e na França o *marabout* [feiticeiro] do Islã".[101]

A seita *Moon*, que no Brasil se intitula Associação das Famílias para Unificação e Paz Mundial, pertence ao sul-coreano Sun Myung Moon e estende suas atividades a todos os continentes. Verdadeira fábrica de dinheiro e de sua lavagem, como foi denunciada pela Polícia Federal, ela adquiriu extensas propriedades de terra no Paraguai e comprou, a partir de 1994, mais de 97 mil hectares de 24 cidades do Mato Grosso do Sul, especialmente na faixa de fronteira contígua com Paraguai e Bolívia. Segundo levantamentos preliminares feitos pelas autoridades brasileiras, havia indícios de que a seita pretendia unir as duas áreas, em flagrante desrespeito à linha política que divide esses países.[102]

O proselitismo religioso pode servir de combustível e de sustentação ideológica para ações que moldam o sistema internacional. Os atentados de 11 de setembro de 2001, nos Estados Unidos, impuseram de maneira dramática uma realidade que há muito se fazia presente nas relações internacionais: o papel desempenhado pela religião islâmica.

A existência de inúmeras possíveis leituras do Alcorão e dos ensinamentos de Maomé, tornando inútil e inaplicável uma interpretação reducionista, impõe

[100] Segundo a Convenção global das igrejas pentecostais, mais de 60 milhões de chineses frequentam seus cultos.

[101] AUBREE, M. "Un Néo-Pentecôtisme Brésilien parmi les Populations Immigrés en Europe de l`Ouest", in *Anthropologie et Societés*, volume27, número 1, 2003, p. 14.

[102] Conforme Folha de S. Paulo, 8/1/2002.

extremo cuidado ao se tratar da influência do islã nas relações internacionais. Contudo, é possível indicar alguns elementos importantes. Em primeiro lugar, constata-se que em numerosos países, sobretudo árabes, o islã é religião de Estado. A existência de uma organização internacional denominada Conferência Islâmica indica o grau de solidariedade preconizado pelo pan-islamismo.

Todavia, ressaltem-se as imensas diferenças ideológicas encontradas entre Estados aliados históricos do Ocidente, como a Arábia Saudita, bem como seus adversários irredutíveis (Irã e Síria).

Em segundo lugar, do mapa do mundo islâmico extrai-se uma lição. Ele tende a expandir-se em direção ao Sul do Saara, onde já conquistou inúmeros Estados. Por outro lado, certas guerras civis (Caxemira, Chechena, Filipinas, Indonésia, Ceilão) sofrem uma internacionalização em razão da presença do elemento religioso.

Finalmente, apesar de se afastar o perigoso e incorreto vínculo entre islã e terror internacional, constata-se que a prática terrorista contemporânea, que se expressa no plano internacional, aparenta sustentar-se em um discurso de inspiração islâmica. No entanto, o conservadorismo ocidentalizado das autocracias da maioria dos Estados árabes suplantou o radicalismo revolucionário de minorias ativas. Mais ainda do que a rejeição unânime dos governos islâmicos ao terrorismo, o apoio consentido aos adversários do regime talibã no Afeganistão e à ação bélica dos Estados Unidos demonstram que o poder religioso tende a submeter-se à dissuasão temporal e que a religião islâmica se manifesta preferencialmente por meio dos Estados.

A internacionalização das atividades religiosas obriga os Estados a tentar acompanhar e canalizar sua influência. Assim, o Departamento de Estado dos Estados Unidos criou o Escritório de Liberdade Religiosa Internacional, e na França existe, desde 2009, uma unidade específica no *Quai d`Orsay*.

Contudo um núcleo de países prefere acompanhar o movimento religioso transnacional através do programa das Nações Unidas denominado *Aliança de Civilizações*. Seu objetivo consiste em criar uma agenda para a diversidade cultural – em que se inserem as preferências religiosas – considerada como um dos quatro pilares ao desenvolvimento sustentável, juntamente com os aspectos econômicos, sociais e ambientais.

A importância da diáspora religiosa brasileira e sua influência nas relações internacionais deverão ser acompanhadas constantemente pelo Itamaraty. Trata-se de um novo e pouco conhecido instrumental de nossa atuação externa.

2.2.4. As internacionais do crime organizado

A internacionalização das relações sociais, políticas, econômicas, científicas, culturais e ideológicas apresenta-se sob duas faces, a primeira aberta à observação e a um relativo controle social público; e a segunda obscura, dificilmente identificável, impossibilitando, assim, a correta avaliação e quantificação de seu alcance* Ela se manifesta por tráficos de influência, como a corrupção, e pelo comércio ilegal de bens e pessoas.

A natureza do ilícito internacional o retira dos anuários estatísticos. Trata-se de uma economia subterrânea que movimenta anualmente, segundo cálculos do FMI, entre 2 e 5% do produto mundial bruto, ou seja, entre 600 bilhões e 1,5 trilhões de dólares.[103]

A corrupção é uma antiga prática criminosa. Ela acompanha a história da humanidade há mais de três milênios, atingindo, com maior ou menor intensidade, todas as civilizações: a noção de dívida na índia antiga, a importância da moeda em metal na China, o sistema de crédito no Egito e na Mesopotâmia, os abusos cometidos na Grécia pré-homérica, a divindade da Fortuna no Império Romano, a oposição entre o espírito divino e o dinheiro em Israel e na Judeia, a pilhagem como sistema de conquista do Império Germânico e, finalmente, a indiscriminada utilização do poder político para fins pessoais marcam a história da humanidade.[104]

Todavia, foi com o aumento da intensidade das relações entre os povos que a corrupção adquiriu sua tripla dimensão contemporânea:

- Trata-se de fenômeno transnacional corrente;
- Atinge, indiscriminadamente, todas as regiões do mundo;
- Não se restringe unicamente aos atos dos agentes públicos, mas concerne todas as atividades ilegais que fraudam a organização social.

Há muitas acepções para o termo *corrupção*, mas todas enfatizam práticas de abuso de funções públicas para auferir benefícios privados. Contudo, a moderna definição da corrupção deve ser ampliada, uma vez que pode referir-se igualmente às atividades privadas. Assim, a corrupção deve ser definida como o suborno, a tentativa de suborno ou a simples promessa de vantagens feitas a indivíduos detentores de responsabilidades públicas ou privadas, violando seu discernimento, com o objetivo de obter vantagens indevidas de qualquer natureza para si ou para terceiros.

O suborno e a promessa de vantagens devem ser percebidos de maneira ampla. Assim, a prática da fraude (superfaturamento e prestação de serviços de qualidade inferior ao estabelecido), o tráfico de influência, o clientelismo político e eleitoral, o favoritismo e o abuso de informação confidencial (*delito de iniciado*), a apropriação indevida de recursos e o conflito de interesses entre público e privado e entre acionistas e administradores são práticas características de corrupção.

A corrupção pode ser uma troca clandestina que ocorre de forma episódica, ou um instrumento utilizado de forma sistemática em certas sociedades nas quais o fenômeno é tratado como um código informal, embora socialmente aceito.

---

[103] Citado pelo USA, Patriot Act, § 302 e por MOULETTE, P. "Tendances actuelles en matière de blanchiment d'argent" In: *Rapport moral sur L`argent dans le monde*. Paris: Montchrestien, 1999, p.208.

[104] Consultar THIVEAUD, J.M. "La corruption et les scandales financiers de l'Antiquité au début du XIXème siècle". In: *Rapport moral sur L`argent dans le monde*. Paris, Montchrestien, 1999, p. 111 -135.

Na última década, a corrupção sofreu uma dupla transformação. Está cada vez mais sofisticada e alcança, sobretudo por meio dos paraísos fiscais, uma dimensão universal. As atividades de interesse da corrupção multiplicaram-se e com elas as formas de praticá-la. Não se trata mais de uma relação bilateral entre o funcionário corrompido e o empresário corruptor. O amplo leque de atividades passíveis de práticas delituosas pode alcançar os subsídios às exportações, as licitações internacionais, as concessões de serviço público, as privatizações, a injeção de capital público nas empresas em dificuldades etc.

A ideia simplista, segundo a qual a globalização significa a plena e total liberdade de movimento de pessoas, bens, capitais e ideias, é contraposta pela opacidade dos circuitos financeiros internacionais, nos quais a corrupção opera de forma intensa por meio de paraísos fiscais aceitos, com total hipocrisia, pelas autoridades dos países desenvolvidos.

As consequências nefastas da corrupção, denunciadas por recentes relatórios do FMI e do Banco Mundial, não são levadas em consideração pelas próprias instituições relatoras, que prosseguem financiando os governos corruptos de vários países. A própria OCDE, que firmou uma convenção com o objetivo de processar os cidadãos dos Estados-Membros que corrompem funcionários no exterior, não conseguiu colocá-la em prática. Portanto, a luta contra a corrupção no plano internacional encontra somente dois instrumentos, cabalmente insuficientes: a colaboração jurisdicional que ainda balbucia, inclusive entre os países desenvolvidos, como denunciam reiteradamente juízes europeus, e os meios de comunicação quando alertam a opinião pública.[105]

Uma visão abrangente e confiável do fenômeno da macrocriminalidade internacional constitui tarefa impossível. Ao envolver escândalos, investigações, denuncias e processos judiciais, as atividades ilegais aparecem de maneira episódica – muitas vezes fortuita – não se prestando a uma percepção minimamente cientifica de seu conjunto.

A discrepância entre a criminalidade internacional oculta e a conhecida impede sua verdadeira apreensão. Resta-nos unicamente a possibilidade para especulações, conjeturas e projeções.

Ao contrário do crime de rua (*crime of the streets*, segundo a doutrina anglo-saxã), o de colarinho branco (*crime of the suites*) acontece em ambientes fechados, com técnicas sofisticadas utilizadas para encobri-lo e tornar impossível que seja rastreado. A investigação artesanal e intuitiva que caracteriza o combate ao crime comum torna-se absolutamente insuficiente quando se trata de crime econômico internacional.

Para tentar apreender o fenômeno do crime de colarinho branco internacional é indispensável reunir no mínimo três dimensões: a) medir a percepção social da corrupção; b) medir a incidência do comportamento delitivo indagando os atores sociais envolvidos na cena do crime; c) a estimativa de peritos.

[105] Como salientado anteriormente, sete magistrados europeus denunciaram no Apelo de Genebra a defasagem dos sistemas judiciários europeus frente à abertura completa das fronteiras para os indivíduos, bens e capitais. Os sistemas judiciários são estanques e não conseguem, em razão da ausência de cooperação interjurisdicional, enfrentar a criminalidade, sobretudo financeira, transfronteiriça.

A impossibilidade de lançar mão da dimensão (b) enfraquece a percepção sobre o crime econômico transnacional tornando toda e qualquer avaliação um instrumento superficial. Ciente de seus limites, a organização Transparência Internacional (TI) criou, em 1994, um índice sobre a percepção da opinião pública de certo número de países sobre a corrupção. Não se trata, portanto, de um indicador sobre a corrupção efetiva, mas unicamente sobre sua percepção.

O Índice de Percepções de Corrupção (IPC) é calculado segundo avaliações realizadas por diversas instituições situadas no país ou no exterior. A importância do IPC não decorre do revelado. Ela resulta mais bem da ideia que adquire tanto a opinião pública quanto os responsáveis políticos e econômicos internacionais, sobre o suposto grau de corrupção a atingir certos países. Tal quais as agências de notação de risco, a divulgação do IPC incide sobre o campo observado e dele faz parte. Muitos países pagam pesado tributo ao serem mal avaliados pela TI. Outros auferem vantagens.

Em uma escala de zero a dez, o Índice de Percepção da Corrupção referente ao ano de 2019 pode ser encontrado no último Relatório publicado pela TI.[106] Cabe salientar que o Brasil regrediu uma posição com relação ao ano anterior e repetiu sua pior nota (35 pontos), ficando em 106ª posição. É o pior resultado desde 2012. Assim, o país ocupa a mesma posição que Albânia, Argélia, Costa do Marfim, Egito, Macedônia e Mongólia. Entre os sul-americanos, o Brasil está à frente de Bolívia, Paraguai e Venezuela e atrás de Uruguai, Chile e Argentina.

A luta contra a corrupção internacional depende da tomada de consciência deste grande desafio. Apesar de suas evidentes limitações e inconsistências, a percepção internacional de elevados índices de corrupção causa efeitos diretos e imediatos sobre os investimentos, em especial os de origem estrangeira.

Porém, há consequências ainda mais graves. Nestas últimas três décadas, o Haiti alçou-se à condição de ser o primeiro destino da ajuda internacional ao desenvolvimento e humanitária quando calculada per capita. O envio uma Missão de Paz (MINUSTAH) ao país pelas Nações Unidas em 2004, o terremoto de janeiro de 2010 e o surgimento de uma epidemia de cólera em outubro do mesmo ano, fizeram com que aumentassem geometricamente as supostas doações. Contudo, somente 1% destas dirige-se ao Estado haitiano. A razão alegada vincula-se à posição ocupada pelo Haiti (175ª) na tabela precedente. Ausente o Estado, o país se transformou em *República das ONGAT*. Portanto, se corrupção existe, ela deve encontrar-se no seio do mecanismo desta suposta ajuda internacional.

Geralmente, as autoridades governamentais dos Estados listados contestam a publicação e reprovam a metodologia utilizada. Todavia, o trabalho da TI provocou, em uma segunda etapa, o início de um diálogo para se tentar encontrar soluções para o grave problema. Contudo, até o presente momento, ausentes resultados tangíveis.

---

106 Disponível em: <https://ipc.transparenciainternacional.org.br/?gclid=Cj0KCQiA1-3yBRCmARIsAN7B4H3_1XX25IzEOzHCyXdTfhH6yAIvkLxhTLBHqmZPH5Z86ei46i9cs8aAkRNEALw_wcB>.

O IPC não deve ser considerado como a constatação de um fato irrefutável, mas o reflexo de uma parcela ponderável da opinião qualificada. Os exemplos das boas classificações da Suíça e de Luxemburgo demonstram simplesmente que suas respectivas opiniões públicas concordam, majoritariamente, com o sistema financeiro e bancário vigentes no país.

Os países em desenvolvimento encontram-se, salvo raras exceções, na parte negativa da listagem do IPC. Entre as reservas por eles expressas está a que indica que o IPC somente identifica os corrompidos, deixando de lado os corruptores. Por isso, a TI efetuou dois levantamentos sobre o índice de corrupção dos principais países exportadores junto aos quinze Estados com economia emergente e fortemente importadores. Os Estados selecionados (Argentina, Brasil, Colômbia, Coreia do Sul, Filipinas, Hungria, Índia, Indonésia, Marrocos, México, Nigéria, Polônia, Rússia, África do Sul e Tailândia) concentram 60% do total dos investimentos estrangeiros diretos feitos nos países em desenvolvimento.

O primeiro levantamento foi realizado em 1999, no momento em que entrava em vigor a convenção da OCDE de combate à corrupção de funcionário estrangeiro. Com o auxílio do Instituto Gallup, foram entrevistados altos executivos, representantes de Câmaras de Comércio binacionais e bancos comerciais nacionais e estrangeiros e, ainda, advogados especializados em Direito Comercial. Foi colocada a eles a seguinte indagação: "Nos setores que lhe são mais familiares, indique quão provável é que as empresas dos seguintes países paguem ou ofereçam suborno para obter ou manter negócios neste país" [o país de residência do pesquisado].

Apareceram alarmantes índices de corrupção ativa em vários países, sobretudo em áreas como construção civil, obras públicas e armamentos. Os Estados Unidos apresentam indicadores progressivamente preocupantes. Por esta razão, Washington adotou medidas buscando coibir a prática de corrupção de suas empresas atuando no exterior.[107]

No entanto, como afirmou o presidente da Transparência Internacional, geralmente "os políticos e os funcionários públicos dos principais países industrializados do mundo estão ignorando a podridão em seus próprios quintais e as atividades ilegais de suborno por parte de empresas multinacionais com sede em seus países, ao concentrar-se cada vez mais nos altos níveis de corrupção dos países em desenvolvimento".

Com exceção do sistema de trocas de produtos entre redes de traficantes, como as estreitas relações entre o tráfico de entorpecentes e de armas que atinge frontalmente o Brasil, o restante dos crimes internacionais, inclusive os resultados da corrupção, enfrentam o mesmo desafio: tornar lícitos os lucros auferidos, a fim de injetá-los no circuito da economia formal. Para tanto, torna-se indispensável "lavar o dinheiro", transformando-o de sujo em limpo, de frio em quente.

[107] Consultar o documento *"A Resource Guide to the U. S. Foreign Corrupt Practices Act"*, o qual prevê multas de US$ 2 milhões de dólares e penas de prisão podendo alcançar 20 anos, aos responsáveis por subornos.

A expressão *lavagem de dinheiro* originou-se, provavelmente, na prática da máfia americana que adquiria ou montava lavanderias para servir de fachada às suas atividades criminosas, na década de 1920. O Brasil melhorou sua cotação ao aprovar a Lei n. 9.613/98, que dispõe sobre *os crimes de lavagem ou ocultação de bens, direitos e valores*, definindo uma política de prevenção da utilização do sistema financeiro para os ilícitos previstos nesta Lei e criando o Conselho de Controle de Atividades Financeiras (COAF), vinculado ao Ministério da Fazenda.

O processo de lavagem de dinheiro percorre três fases internacionais. A primeira consiste na colocação dos benefícios ilegais no sistema financeiro, por meio de investimentos de múltiplos montantes que não despertem a atenção, afastando-os de qualquer associação direta com um delito. A segunda tarefa trata da conversão em fundos que possibilitem afastá-lo de sua origem, apagando as pistas e tornando impossível que seu itinerário possa ser rastreado. Finalmente, na terceira etapa, os fundos são reintegrados em atividades legais e tornam-se limpos, pois foram ocultadas sua origem geográfica e a atividade delituosa que os gerou.

A lavagem de dinheiro é possível em razão da existência de numerosas praças financeiras, cujos países ou territórios vendem sociedades extraterritoriais com permissão de negociar unicamente fora do país onde estão localizadas. Uma legislação específica aplica-se às sociedades extraterritoriais, isentando-as de qualquer regulamentação interna fiscal ou de outra natureza, marcada por regulamentos de proteção do segredo social e empresarial.

Criada a sociedade em regime extraterritorial, um depósito é efetuado em seu nome no país de refúgio, não permitindo que o depositante seja devidamente identificado. Assim, torna-se impossível rastrear estes fundos que podem, inclusive, beneficiar-se de uma proteção suplementar, com a criação de um *trust* extraterritorial e da cobertura de uma cláusula de fuga que permite ou obriga o gestor fiduciário a transladar o domicílio do *trust em* caso de ameaça de descoberta.

A regra de ouro de toda operação de lavagem de dinheiro é simular da melhor maneira possível uma operação legal. Para isso, lança-se mão, com pequenas variações, de métodos utilizados pelas sociedades legítimas. Nas mãos dos delinquentes, os preços de cessão interna entre filiais de empresas transnacionais são fontes de práticas de faturamento fictício; as operações imobiliárias entre filiais e os empréstimos garantidos por outros empréstimos são formas de emprestar a si mesmo; as operações de cobertura ou garantia de compra de ações ou de opções convertem-se em um jogo de operações cruzadas ou geminadas; a liquidação de saldos compensatórios é utilizada como base para montar redes bancárias subterrâneas. Não é possível distinguir, pelas aparências, uma operação legítima de sua variante ilegítima; a distinção somente surge quando se descobre algum ato delituoso, e as autoridades começam a remontar a pista do dinheiro.[108]

---

[108] Escritório das Nações Unidas para a fiscalização de drogas e prevenção de delitos (PNUFID). *Boletim sobre Refúgios financeiros, segredo bancário e lavagem de dinheiro*. Viena, 1998, p. 3.

A existência de paraísos fiscais e centros financeiros extraterritoriais, aliada à evolução extraordinária da telemática, como, por exemplo, a recente introdução da moeda eletrônica, exige uma cooperação financeira internacional para combater a lavagem de dinheiro. Várias convenções foram firmadas até que, em 1989, foi criada, junto ao secretariado da OCDE em Paris, pelo G8 e União Europeia, a Força-Tarefa de Ação Financeira *(Financial Action Task Force* FATF).[109]

Para entender e combater a influência nefasta do crime nas relações internacionais, é necessário levar em consideração, segundo o PNUFID, os seguintes elementos:

- O abuso do conceito de soberania estatal;
- Oferta de refúgio seguro ao produto de ato delituoso;
- A proliferação de sociedades comerciais internacionais (conhecidas pela sigla IBC, de *International Business Corporation*) que são utilizadas habitualmente para a lavagem de dinheiro, criando uma carapaça impenetrável sobre a titularidade real dos ativos. A existência dessas sociedades justifica-se tão somente para ocultar a origem e o destino das mercadorias no comércio internacional, e para eludir controles regulamentares sobre o comércio de armas, evadindo impostos por meio da colocação dos benefícios fora do alcance do controle fiscal;
- O abuso dos *trusts* extraterritoriais;
- A colaboração de alguns profissionais que atuam amparados por seus privilégios corporativos;
- O efeito da dolarização do mercado mundial e o provável efeito, nos anos vindouros, da introdução do Euro nos mercados financeiros;
- O fim da razão de ser das zonas francas comerciais para fins legítimos, uma vez que foram diminuídos os direitos alfandegários;
- A vulnerabilidade dos cassinos para as operações de lavagem de dinheiro e a necessidade de regulamentar suas atividades;
- A necessidade de desenvolver serviços de inteligência criminal mais eficientes e melhorar a troca de informações;
- Regulamentar e divulgar as operações dos bancos extraterritoriais; melhorar o treinamento dos investigadores financeiros.

O crime internacional, em suas diversas formas de expressão, prossegue sua atuação internacional sem que os Estados, sobretudo os desenvolvidos, consigam neutralizá-lo. Muitos conflitos de baixa intensidade nos países do Terceiro Mundo (Congo, Colômbia, Ceilão, etc.) e a presença de circuitos clandestinos de lavagem de dinheiro e de tráfico de armas e entorpecentes são combustível indispensável ao mundo subterrâneo das relações internacionais.

2.2.5. *A opinião pública*

A opinião pública internacional é inovador e marcante ator das relações internacionais. Ela surge de duas maneiras. Primeiramente, por meio de res-

[109] Além da OCDE, da Comissão Europeia e do Conselho de Cooperação do Golfo, 29 Estados participam da FATF: Alemanha, Argentina, Austrália, Áustria, Bélgica, Brasil, Canadá, China, Cingapura, Dinamarca, Espanha, Estados Unidos, Finlândia, França, Grécia, Holanda, Irlanda, Islândia, Itália, Japão, Luxemburgo, México, Nova Zelândia, Noruega, Portugal, Reino Unido, Suécia, Suíça e Turquia.

ponsáveis políticos e governamentais que se apresentam como delegados de sua opinião pública nacional e indicam novas prioridades políticas. Nesses casos, além de agir em nome do Estado, as lideranças transformam-se em líderes de opinião. Por outro lado, a análise do militantismo internacional representa uma forma de identificar o grau de mobilização, por meio de campanhas de denúncia, existente no sistema internacional.

Em ambos os casos, o papel dos meios de comunicação é fundamental, pois eles selecionam, analisam e publicam pesquisas de opinião, podendo, finalmente, servir de caixa de ressonância às mobilizações coletivas, a fim de aumentar a pressão sobre os governos.

Ao eliminar as distâncias e a contradição entre o endógeno e o exógeno, o extraordinário desenvolvimento dos meios de comunicação lançou as bases para a construção de uma opinião pública mundial.

Apaixonada, moldável, volúvel, descontínua e sensível ao imediato, a opinião pública pode ser definida como a *reação coletiva e instantânea de um conjunto de indivíduos perante um acontecimento ou uma situação.* Ou seja, ela se apresenta como o fenômeno que expressa uma ampla convergência na percepção de um tema de interesse coletivo.

Em 1935, o publicitário norte-americano George H. Gallup fundou o *American Institute of Public Opinion,* pioneiro do método de sondagem da opinião pública, com um duplo objetivo: auxiliar a estratégia publicitária das empresas e fornecer aos governantes e partidos políticos um barômetro sobre temas sociais e políticos. Desde então, a avaliação da opinião pública conheceu impressionante expansão temática e tecnológica, sendo instrumento indispensável ao desenvolvimento capitalista e à democracia de massas.

A existência de uma opinião pública é tributária da possibilidade de livre expressão e por isso limita-se aos regimes pluralistas. Ela se faz presente com manifestações públicas, como as importantes demonstrações pacifistas que aceleraram o fim da guerra do Vietnã, e pelos meios de comunicação. Por conseguinte, a opinião pública somente pode existir quando o combate pela informação se desenvolve por diferentes meios de comunicação, marcados por múltiplos enfoques e interesses, e que não pertençam a um único proprietário – seja ele público, seja privado.

A ausência de liberdade de expressão, que se caracteriza pela inexistência pública do contraditório, transforma a opinião pública em mero instrumento de legitimação do poder instituído. Nesse caso, inexiste opinião pública, pois o Estado, ao tolher a possibilidade de expressão de uma vontade coletiva, impossibilita sua eventual influência.

Quando não claramente demarcada do Estado, a opinião pública é simplesmente um instrumento suplementar da ação estatal, e jamais a manifestação de uma força independente que interfere no sistema internacional. Portanto, ao ser objeto e não sujeito do campo político, ela perde a condição de ator, afastando-se do horizonte analítico.

A formação de uma opinião pública é consequência do respeito às liberdades fundamentais, individuais e de grupo. Ilusões não devem ser alimentadas quanto à inexistência de manipulação da opinião pública pelas autoridades constituídas. Ela somente existe nas democracias ocidentais e nos regimes pluralistas. Descarta-se, portanto, a grande maioria da população mundial, que não dispõe de liberdade de expressão. Assim, por exemplo, inexiste opinião pública na grande maioria dos países árabes, na China ou ainda em grande parte da África e da Ásia, todos marcados pela ausência de liberdade de imprensa.

As repercussões, junto à opinião pública nacional, de decisões tomadas no exterior, constituem preocupação constante dos responsáveis pelo Estado. Os termos de um tratado de paz ou de um acordo de comércio podem despertar reações contrárias que dificultam sua aprovação, implementação e eficácia. Portanto, apesar de o Executivo deter as rédeas do processo de política externa, ele estará inclinado a avaliar o impacto de suas iniciativas sobre a opinião pública. É comum vê-lo descartar temas que ainda não se encontram suficientemente maduros internamente. Por outro lado, constata-se que o estadista pode justificar a tomada de dolorosas decisões domésticas, com o argumento de que elas se impõem em razão da realidade internacional, ou de compromissos assumidos de maneira bilateral, ou oriundos da diplomacia parlamentar e das organizações internacionais.

Na história da política externa brasileira, encontram-se três exemplos em que a mobilização da opinião pública se vinculou a questões internacionais: a questão *Christie*, na segunda metade do século XIX;[110] as manifestações estudantis defendendo a entrada do Brasil na Segunda Guerra Mundial, em agosto de 1942, e os protestos no início de 2001 junto à embaixada do Canadá em Brasília, em razão do embargo às exportações brasileiras de carne bovina.

A influência da opinião pública nas questões internacionais deve ser percebida sob um duplo aspecto: primeiramente, como um vetor apreendido, com maior ou menor sensibilidade, pelos outros atores internacionais, os quais tendem a incorporar as demandas da opinião pública, fazendo-a participar da definição do conteúdo da ação internacional dos atores tradicionais. É necessário enfatizar que a opinião pública não deve ser confundida com os grupos de pressão e com as organizações não governamentais. Aqueles tradicionalmente, e estas mais recentemente, interagem internacionalmente de forma autônoma ou por meio de outros atores. A opinião pública deve ser considerada, ontologicamente, como uma das expressões da sociedade civil *desorganizada*. Ela não dispõe de autonomia e a emotividade que marca sua ação internacional é inimiga do possível, não lhe concedendo o recuo necessário que sustenta

[110] Tendo como pano de fundo as oposições anglo-brasileiras em torno do trabalho escravo, ocorreram, no início da década de 1860, os episódios do naufrágio da embarcação mercante inglesa Prince of Wales, nas praias do Albardão (RS), e a prisão, no Rio de Janeiro, de três marinheiros britânicos da fragata Forte acusados de promover desordens na via pública. A reação autoritária e imperialista do embaixador de Sua Majestade – W. D. Christie -, que pretendia bombardear a capital, provocou manifestações populares de repúdio às ameaças britânicas. Consultar MARTINS, R. D. Questão Christie. *Um estudo de caso de direito internacional.* São Paulo, Faculdade de Direito da USP, 1989, dissertação mimeografada, 181p.

a racionalidade da ação dos outros atores. Portanto, sua influência sobre os acontecimentos internacionais somente ocorre de forma pontual por meio dos atores tradicionais.

A segunda forma de manifestação da opinião pública é recente e decorre da ação da denominada sociedade civil *organizada*, sobretudo pelas redes de telecomunicações. Pode-se questionar a existência de uma verdadeira sociedade civil internacional organizada, mesmo que ela estivesse assentada unicamente nos regimes pluralistas, pois seria indispensável que, além da constância e da continuidade, ela dispusesse de meios para fazer frente aos atores tradicionais das relações internacionais, em particular ao Estado. Todavia, parece claro que se presencia a gestação de um ator incontrolável das relações internacionais, formatando-se em sociedade civil internacional, com o aumento exponencial de utilizadores da rede Internet.

Tomando a rede mundial da Internet como parâmetro para identificá-la,[111] deve-se constatar que ela se apresentava, no início da anterior como uma sociedade composta essencialmente por membros localizados nos países desenvolvidos. Na atualidade, tal situação mudou radicalmente.

Mais de 1/3 da população mundial, ou seja, 2,3 bilhões de pessoas, utiliza regularmente a internet. Entre 2010 e 2011, o percentual de casas ligadas a internet aumentou em 14%, sendo que, atualmente, 1,8 bilhões de domicílios recenseados no mundo dispunham de um acesso à rede. Deste total, 23% residem na China. Em números globais, os internautas localizados nos países em desenvolvimento passaram de 44% em 2006 para 62% em 2011. Essa progressão resulta de uma maior velocidade de seu crescimento (16% em 2011) comparada aos países industrializados (5%). Segundo projeções da União Internacional das Telecomunicações (UIT), 40% das residências dos países em desenvolvimento estariam ligadas a internet em 2015.

A telefonia móvel conheceu igualmente incremento sem precedentes durante a última década. Atualmente, há 6 bilhões de celulares (ou equivalente) em utilização no mundo. O que significa uma cobertura de 86% da população do planeta. A China abriga mais de 1 bilhão de usuários.

A sociedade civil internacional em rede afirma-se à margem dos atores clássicos das relações internacionais, em particular do Estado, e constitui contraponto às formas de transmissão de informações da mídia tradicional. Defensora de uma moral internacional, ela desempenha um papel de denúncia de atos ou apresenta novas versões sobre acontecimentos. No entanto, a liberdade que caracteriza a rede presta-se a variadas formas de manipulação e tentativas de controle por parte do poder estatal, como ocorreu a partir dos atentados de 11 de setembro de 2001 nos Estados Unidos.

[111] Em 1º de janeiro de 1983, a *Advanced Research Projects Agency Network* (ARPANET), rede de dados do Departamento de Defesa dos Estados Unidos, migrou oficialmente para o *Transmissiort Control Protocol/ InternetProtocol* (TCP/IP), permitindo que milhões de computadores pudessem conectar-se entre si. Ele substituiu o Network Control Protocol (NCP), que limitava a mil o número de aparelhos que podiam ligar-se em rede. Seis meses mais tarde, a ARPANET dividiu-se em duas redes, sendo uma militar (MILNET), ambas conectadas por *gateways*.

Finalmente, a rede serve também para a organização dos movimentos sociais de maneira transnacional. Três exemplos marcam essa atuação: o primeiro consiste na luta contra a globalização excludente, assimétrica e desequilibrada, que inspirou a ação do Fórum Social Mundial (FSM), cujo primeiro encontro aconteceu em Porto Alegre, no início de 2001. Apresentado como contraponto ao mencionado anteriormente Fórum Econômico Mundial (FEM) de Davos, 10 mil pessoas, oriundas de 122 países, iniciaram um diálogo com vistas a coordenar estratégias e definir posições, buscando fazer com que a solidariedade renascesse como princípio da ordem internacional.

Apoiado institucional e financeiramente por sub-representações estatais (Prefeitura da cidade e Governo estadual), o FSM não deixa de ser um instrumento de atuação externa dessas subunidades e instrumento de contestação da atuação internacional dos atores tradicionais, particularmente os Estados e as organizações internacionais. O lema "outro mundo é possível" indica o caráter utópico e genérico de uma ideia marcada pela profusão de críticas à realidade e por escassas propostas concretas para sua transformação. Em todo caso, uma cidade marginal e desconhecida do *Extremo Ocidente*, como tão bem caracterizado por Alain Rouquié, transformou-se no símbolo da contestação civilizada e não violenta da ordem internacional.

Lançado como simples iniciativa *franco-gaúcha*, o FSM adquiriu ares de megaevento, encontro incontornável da esquerda e da centro-esquerda mundial, onde muitas vozes articulam a mesma mensagem. Essa força do movimento significa também sua fraqueza, uma vez que o debate contraditório, característico da democracia, não constitui sua marca registrada.

A atitude do então governo socialista francês foi emblemática frente à disputa entre os FEM e FSM, e as dificuldades para a reforma do sistema internacional. A Davos foi enviada os ministros de ponta, como o da Fazenda e o das Relações Exteriores. À capital gaúcha dirigiu-se o responsável de menor calibre, caso do Ministro da Cooperação.

O periódico mensal francês *Le Monde Diplomatique* acolheu a ATTAC,[112] que esteve na origem do FSM e continua sendo uma de suas principais promotoras. A dúbia situação fez com que o presidente do Conselho de Controle alertasse sobre o perigo de alguns jornalistas confundirem suas funções com as de militantes. Segundo Jean-Marie Colombani, os profissionais de imprensa deveriam rejeitar qualquer engajamento partidário, pois se tratava "da primeira garantia de independência que nós devemos aos nossos leitores".[113]

O segundo exemplo de organização internacional através da rede de comunicações encontra-se na prévia articulação de movimentos contestatórios e de extrema-esquerda que antecede a realização das grandes conferências internacionais. O ruído contestador das ruas, marcadamente norte-americano e europeu, esforça-se para inviabilizar a diplomacia parlamentar. O retumbante fracasso do

[112] A Associação para a Imposição sobre as Transações Financeiras e Ajuda aos Cidadãos (ATTAC) surgiu na França em junho de 1998, luta a favor da Taxa Tobin e critica a OMC, os programas de ajustes estruturais do FMI, além de denunciar os fundos de pensão e as injustas relações Norte-Sul.

[113] In: *Le Monde Diplomatique*, janeiro de 2002, p.2.

lançamento da Rodada do Milênio da OMC, em Seattle, em muito se deve à violência que grassou naquela cidade. As reuniões do G8, como a de Gênova em 2001, conheceram o mesmo destino. Tanto é assim que a OMC somente conseguiu lançar uma nova rodada de negociações quando transferiu a realização do encontro para o deserto do Catar, em novembro de 2001. O movimento resultou na qualificação da rodada que se iniciava obra da pressão das ruas, pois a OMC passou a buscar o desenvolvimento, e não simplesmente a liberação comercial.

O terceiro e recente exemplo decorre do Movimento dos Indignados. Ele acontece nos Estados Unidos e na Europa Ocidental, particularmente na Espanha. Consequência das medidas recessivas e favoráveis unicamente ao mundo financeiro para tentar inutilmente fazer frente à grave crise que sacode muitas economias dos países desenvolvidos, os protestos são organizados através das redes sociais.

A expansão do modelo de organização do Estado e de representação política preconizada pelo Ocidente, mesmo que represente um mimetismo e o surgimento de uma democracia depravada, significa igualmente a garantia de uma crescente participação da opinião pública, sob suas variadas formas, nos assuntos internacionais. Trata-se de concorrente pouco confiável que os atores tradicionais – mormente os Estados e as Organizações Internacionais – tratarão de controlar, orientar ou seduzir.

Apesar de se considerar que formalmente a opinião pública não atua na política internacional, torna-se cada vez mais difícil desconhecer suas manifestações. Assim, a busca da eficácia e o sustento da legitimidade dos acordos e posições internacionais impõem aos atores tradicionais uma redobrada atenção. Todavia, permanece à sombra uma ampla parcela da sociedade – a maioria silenciosa – que age politicamente somente por meio do jogo eleitoral. Ela continua sendo objeto e justificativa dos atores tradicionais e não pode, em razão de seu silêncio, ser considerada como inexistente.

2.2.6. *O indivíduo*

O desafio para identificar os contornos da influência do micro ou *uni* político, o indivíduo nas relações transnacionais,[114] ou seja, na expressão mais aguda da macropolítica, é repleto de desafios, mal-entendidos e armadilhas. Preliminarmente, deve-se descartar o indivíduo que age em representação de outrem. Durante séculos, influenciado pelos clássicos e pelo realismo, que consideravam o Estado como ator exclusivo, o interesse pelo indivíduo somente surgia quando ele se extraía de sua condição humana e transformava-se em um símbolo da representação estatal (os monarcas, os presidentes, os homens de Estado).[115]

[114] Cabe insistir que o indivíduo apresenta capacidade de atuação nas relações transnacionais, as quais transcendem as simples relações internacionais na medida em que dizem respeito à totalidade das relações sociais no plano internacional e não somente às relações dos Estados e das organizações internacionais.

[115] Consultar a segunda parte (o Homem de Estado) da obra de Renouvin e Duroselle (*op. cit.* p. 301-470) onde se encontra uma detalhada e perspicaz análise sobre comportamento e características do estadista que influencia as relações internacionais.

Para Rousseau, "não existe guerra entre os homens: somente entre Estados". O homem, mesmo que tente elevar-se, será sempre pequeno comparado ao Estado. Não se trata unicamente de diferença de escala entre os dois, mas também de natureza, que conduz o Estado a uma grandeza infinita enquanto o homem permanece à margem. Por sua vez, Maquiavel interessa-se pelo indivíduo somente na condição de herói.

A percepção de Rousseau, excluindo o indivíduo, contrapõe-se à de Grotius. Este defende a existência de uma humanidade que deveria organizar-se a partir da conjunção das vontades entre os Estados e os indivíduos. No entanto, sob a influência de ideias como as de Rousseau e da ação monopolizadora do Estado na cena internacional, assistimos, a partir de Vestefália, a erosão do direito das gentes, fazendo-o padecer fundamental transformação que o torna um direito do e para o Estado.

Contrapondo-se à visão realista, o idealismo concebia um papel para o homem, com a ressalva de que ele estivesse inserido em um vasto conjunto – classe, nação, sociedade mundial, humanidade. Portanto, o ser em sua individualidade somente poderia atuar nas relações internacionais na medida em que renunciasse a sua própria individualidade.

Durante muitas décadas, a influência do indivíduo constituiu assunto tabu na pesquisa das relações internacionais. Norbert Elias foi um dos primeiros, em 1987, a chamar a atenção para o surgimento do homem, em sua singularidade, nas relações internacionais: "A identificação do indivíduo além de suas fronteiras, a nossa identidade no plano do conjunto da humanidade, está surgindo. Um dos indícios é a crescente importância da noção dos direitos do homem".[116]

Os resultados das pesquisas de James Rosenau, publicados a partir do início da década de 1990, enriqueceram a teoria das relações internacionais ao introduzir o micropolítico e colocar em evidência a rede de relações individuais que estava sendo tecida no campo transnacional. Contudo, resta o maior desafio: como identificar o impacto da ação dos indivíduos? Será ela uma forma de contrariar a ação do Estado ou concederá legitimidade à ação governamental? Ou, finalmente, poderá ela alterar o comportamento dos Estados?

Para Rosenau, três são os motivos que explicam a afirmação do indivíduo. Em primeiro lugar, ele alcançou recentemente maiores aptidões analíticas. Em segundo lugar, sua influência cresceu, já que consegue moldar os resultados globais de maneira mais consistente e profunda. Por fim, o sistema político mundial ingressou em um período de turbulência prolongada que o torna particularmente vulnerável em face das influências micropolíticas.[117]

Os desafios conceituais e a escassez de estudos empíricos não podem ser utilizados como motivos para que a importância do indivíduo na cena internacional seja descartada. Além disso, as notáveis transformações que o Estado vem sofrendo provocam seu enfraquecimento e o surgimento de uma ação

[116] ELIAS, N. *La société des individus*. Paris: Fayard, 1991, p.283.

[117] ROSENAU, J. "Les individus en mouvement comme source de turbulence globale". In: GIRARD, M. *Les individus dans la politique internationale*. Paris: Economica, 1994, p.83.

internacional das unidades subnacionais e transnacionais, construindo uma nova realidade na qual se afirma o indivíduo.

Todavia, não é qualquer ação internacional do indivíduo que merece atenção. O episódico, o intempestivo, o ruidoso e passível de ser objeto de manipulação não é digno de interesse. Busca-se identificar o indivíduo em rede que age com constância de maneira competente em seu campo.

Podem-se classificar esses indivíduos em três grupos. O primeiro é o integrado pelos *especialistas*. Mais do que detentores do saber, eles apresentam a aura da experiência comprovada de alguém que submeteu, com sucesso, seu conhecimento às aplicações práticas. Surgiram, sobretudo, a partir do século XVI, mas internacionalizaram-se recentemente. Atualmente, não é possível elaborar um projeto, acompanhar a execução, justificar uma decisão e obter um apoio sem anuência de uma voz externa, apresentada como qualificada, pois emana de um suposto perito. Esta é presumidamente garantia de um selo de qualidade e confiabilidade.

O especialista é um indivíduo que representa o elo entre dois mundos: o do conhecimento e o da aplicação. Por um lado, ele atua no interior de sua coletividade, organizada de forma transnacional, cujos profissionais detêm reconhecimento público em sua área de atuação: médicos, advogados, economistas, biólogos, físicos etc.[118] Trata-se de uma comunidade unida por conhecimento, crenças, valores e métodos, comungando de uma mesma visão do mundo.[119]

Por outro lado, o especialista vincula-se ao mundo que o legitima por meio de suas demandas: o Estado, as organizações internacionais, as ONGAT, os partidos políticos e sindicatos. Trata-se de uma via de duas mãos de grupos que se retroalimentam: a credibilidade de um especialista concede legitimidade ao solicitante de seus serviços, e ele pode auferir respeitabilidade quando seleciona suas demandas.

Personificação do saber, os especialistas apresentam-se como neutros, e, com elaborações complexas, colocam-se acima e além dos responsáveis políticos. Eles têm influenciado importantes decisões internacionais nas áreas da energia nuclear, do meio ambiente e da saúde pública vinculada ao comércio exterior, por exemplo, a doença da "vaca louca" e órgãos geneticamente modificados (OGM).

Contudo, é junto aos governos dos países em desenvolvimento que a influência do especialista alcança aspectos fundamentais e decisivos, sobretudo quando ungida com a auréola do mandato de uma organização internacional. A suposta neutralidade, a discutível competência e a legitimidade institucional do especialista contrastam com a falta de interlocução científica, a tibieza da estrutura estatal e a conivência do governo do país que acolhe tais invectivas. O resultado raramente beneficia o consultado. Ele pode, inclusive, nos assuntos econômicos, acelerar e aprofundar crises conjunturais. A mescla de maus

---

[118] Consultar LAROCHE, J. *Politique intemationale*. Paris: LGDJ, 1998, p. 166.

[119] HAAS, P. (ecL). "Epistemic communities and international policy coordination". *In: Knowledge, Power and International Policy Coordination, International Organization*, 46 (1), 1992, p. 1-35.

conselheiros exógenos com irresponsabilidade governamental explica o caos em que se encontrou a Argentina durante o ano de 2002.

Uma verdadeira casta percorre o Sul do planeta distribuindo avais e conselhos. Autodenominados especialistas nas mais diferentes áreas do desenvolvimento, são os maiores beneficiários da desorganização e ineficiência dos organismos internacionais. Muitos deles jamais demonstraram competência intelectual em seus países ou academias de origem. Como enfatiza Paul Krugman, "suspeito que o cerne do problema seja o fato de que pequenos países – e mesmo grandes que perderam sua autoconfiança, como o Japão – se deixa intimidar com muita facilidade pelos homens de terno que lhes impõem conselhos ditados por uma ideologia linha-dura que não seria imposta em seus países de origem. Meu conselho seria que esses homens de terno fossem ignorados, e que os países fizessem o que fazemos, e não o que dizemos".[120]

Partícipes de um jogo de cartas marcadas, os especialistas das organizações internacionais são, na maioria dos casos, guindados às suas funções por injunção política. Muitos deles, uma vez retirados de atividade, são acometidos da indispensável, porém tardia, autocrítica.[121]

O papel pouco divulgado, embora de fundamental importância na construção da monolítica forma de perceber o Estado nos países emergentes, periféricos e nos localizados na antiga órbita soviética nasce da conjunção das políticas do FMI e do Banco Mundial com alguns centros universitários de renome nos Estados Unidos. Assim, *Harvard Institute for International Development*, sob a batuta de Jeffrey Sachs, percorre, com régua e compasso, as economias devastadas desses países, vendendo fórmulas e dispensando conselhos inspirados no monetarismo e nas privatizações sem freios.

À aura acadêmica juntam-se à língua e à procedência ilustre dos conselheiros. Os resultados de tais investidas econômico-ideológicas foram a desconstrução do Estado e a criação, como no caso da Rússia, de um sistema mafioso que domina a economia do país.

O segundo grupo é composto pelos *profetas*. Despreocupados com a legitimidade, os profetas são pseudocientistas que julgam deter um saber autônomo e absoluto, desprovido do princípio da incerteza e avesso ao contraditório. As questões ambientais constituem seu campo de atuação preferencial, embora não exclusivo: o efeito estufa, a chuva ácida, o aquecimento da Terra, as denúncias do Clube de Roma e o inverno nuclear são alguns exemplos deste espírito embebido de previsões catastróficas, que não leva em conta o insuficiente conhecimento científico acerca desses problemas.[122]

---

[120] Transcrito do New York Times e publicado na Folha de S. Paulo, 19/7/2001.

[121] Caso do ex-economista-chefe do Banco Mundial, Joseph Stiglitz, vencedor do Prêmio Nobel de Economia de 2001 e ácido crítico do FMI. Consultar sua obra clássica, La grande âêsillusion. Paris, Fayard, 2002,325p. Sobre os especialistas consultar SEITENFUS, R. "Burocratas do absurdo" In: *Folha de S. Paulo*, 1/10/96, p. 3.

[122] POPPER, Karl apuâ LAROCHE, J. (*op. cit.*, p. 171) enfatiza que a construção científica somente é válida quando falsificável. Ou seja, todo sistema científico deve permitir que os enunciados possíveis possam ser divididos em dois grupos: o primeiro com os quais ele é contraditório e o segundo com os quais ele demonstra compatibilidade. Caso contrário, passa-se das "predições científicas condicionais para as profecias incondicionais".

Finalmente, o terceiro é composto pelos detentores de *notório saber*. Para estes, existe um rito de passagem obrigatório: o reconhecimento por meio da obtenção de um prêmio internacional, em especial o prestigioso Nobel. Ele foi criado há mais de um século pelo inventor da dinamite, Alfred Nobel. Lastimando o uso de seu invento na guerra franco-prussiana, Nobel decidiu premiar aqueles que contribuíssem para o progresso da Humanidade.[123]

Muitas escolhas foram controvertidas, em particular no prêmio de literatura e no prêmio político, o Nobel da Paz. Independentemente do mérito dos laureados, o fato é que a obtenção dessa láurea os conduz à aceitação internacional, transformando-os em atores importantes.

Utilizando-se da mídia, os laureados alcançam tamanha notoriedade que dialogam sobre os grandes temas internacionais – muitas vezes distantes de sua especialização – sugerindo políticas, caminhos e soluções. Detentores de uma força moral internacionalmente reconhecida, os vencedores do Nobel desvinculam-se de seus Estados e adquirem um *status* de inatacáveis intelectuais moralizadores das relações internacionais.[124]

O trabalho da Fundação Carter, sob a direção do ex-presidente dos Estados Unidos Jimmy Carter, consiste no melhor exemplo da influência exercida por um Prêmio Nobel nas situações de crise internacional. Atualmente, não há eleições realizadas em países com frágeis sistemas democráticos ou crises políticas internas – caso da Venezuela sob Chávez – ou, ainda, conflitos internacionais, sem a interferência da figura emblemática do pastor que peregrina e indica, com seu bastão, o caminho a ser seguido.

[123] Em sua existência foram oferecidos 694 prêmios: Paz (87), Medicina (170), Literatura (97), Física (160), Química (134) e Economia (46). Estes dados não incluem os vinte prêmios ganhos por organizações que trabalham pela paz (ONU, Médicos sem Fronteiras e Cruz Vermelha Internacional, por exemplo). Somente 29 mulheres receberam o prêmio, das quais 23 o dividiram com homens. Todavia, a única pessoa que recebeu o prêmio duas vezes foi a francesa Marie Curie.

[124] Durante o recente regime militar brasileiro, o Arcebispo de Olinda e Recife, Dom Hélder Câmara, foi fortemente cogitado para o Premio Nobel da Paz. As pressões exercidas pelo governo brasileiro impediram que sua candidatura prosperasse. Sobre esta "manobra bem-sucedida" dos militares consultar GASPARI, H. *A ditadura escancarada*. São Paulo: Companhia das Letras, 2002, p. 295. Até o presente nenhum cidadão de nacionalidade brasileira foi contemplado com o Nobel.

Parte III

As atuais tendências das relações internacionais

A proposta desta derradeira parte é analisar o que transparece como fundamental nas relações internacionais contemporâneas. Em primeiro lugar, a onda avassaladora da globalização (1) que encontra uma oposição na constituição de blocos econômicos e comerciais de alcance regional (2). Em seguida, as indispensáveis mudanças na organização do mundo para que uma justa paz seja mantida e não continue subsistindo uma massa de 3/4 de sua população depauperada e marginalizada (3). Enfim, as transformações impostas ao sistema internacional a partir dos atentados de 11 de setembro de 2001 nos Estados Unidos (4).

1. A globalização: anjo e demônio da modernidade

Com o fenecimento do sistema soviético e do Terceiro Mundo, o vetor central das relações internacionais deslocou-se para o mercado, com suas leis e princípios. Não há nenhum outro assunto internacional que tenha merecido maior atenção nos últimos vinte anos. Os analistas encontram nos vastos domínios da globalização motivos para júbilo ou decepção: do ponto de vista econômico, encontramos a internacionalização da produção, a liberalização das trocas, a supremacia do capital financeiro. As comunicações permitem a eliminação das distâncias, os indivíduos e comunidades organizam-se em rede, e a cultura é massificada, com a tendência ao desaparecimento das singularidades nacionais. Enfim, as grandes empresas transnacionais impõem sua vontade aos Estados, que, impotentes, assistem à redução de atributos fundamentais de sua soberania.

1.1. Uma gama de definições

Difundida pelo jornalismo econômico, o termo *globalização*, de origem anglo-saxônica (ou *mundialização*, de origem francesa), é facilmente identificada, embora dificilmente definida. Não possuindo uma clara significação jurídica, é utilizada tanto como instrumento descritivo de uma suposta realidade a ser apreendida, como discurso ideológico, portanto valorativo, de um fenômeno às vezes defendido e, noutras, condenado.

A expressão implica levar em consideração a totalidade dos fenômenos sociais, em seu sentido lato, onde quer que eles venham a ocorrer. Surgem elegias sobre ela e igualmente as críticas, notadamente as que se expressam pelo conceito de globalização *excludente* ou *assimétrica*. Em qualquer hipótese, constata-se a afirmação de uma nova sociedade internacional, caracterizada pelo constante e seletivo fluxo de valores e por uma ordem econômico-financeira internacional cuja filosofia e estrutura transcendem, contrapõem-se ao Estado, ou dele prescindem.

A globalização encontra sua primeira aplicação na identificação da existência de uma demanda que não se restringe unicamente ao espaço territorial dos Estados. Assim, quatro definições podem ser propostas.

Em 1983, Theodore Levitt propôs a expressão para designar a convergência de todos os mercados. Globalização e tecnologia seriam os dois principais fatores que moldariam as relações internacionais. A sociedade global funcionaria com baixos custos em razão da unicidade do mercado. Ela venderia a mesma coisa, da mesma forma em todos os lugares. Essa fase de globalização dos mercados sucedeu à que previa a venda de produtos obsoletos dos mercados centrais aos países em desenvolvimento. A definição de Levitt aplicava-se à gestão das empresas transnacionais e concernia exclusivamente às trocas internacionais.

Em 1990, Kenichi Ohmae estendeu a noção para o conjunto da cadeia de criação de pesquisa e desenvolvimento (P&D). Em um primeiro momento, as empresas exportariam a partir de sua base nacional, depois estabeleceriam um sistema de venda e, posteriormente, de produção, no exterior. Finalmente, elas concederiam uma autonomia completa da cadeia de valor à sua filial, desembocando em uma integração global. A globalização identificaria uma forma de gestão, totalmente integrada em escala mundial, da grande firma transnacional. Representando uma importante parte da produção mundial, os diversos espaços nacionais seriam obrigados a sucumbir às suas exigências em razão de sua extrema mobilidade (comércio, investimento, finanças e P&D).

A terceira definição da globalização decorreu da precedente, na medida em que as empresas transnacionais definiram segundo seus interesses as regras do jogo impostas anteriormente pelos Estados. Saímos do campo da gestão interna das empresas transnacionais e ingressamos na arquitetura do sistema internacional. Passamos da microeconomia para a macroeconomia, das regras de boa gestão privada para a identificação de políticas econômicas e para a própria redefinição do papel das instituições nacionais. Esta noção evoca mais o processo atual do que um regime internacional que viria a substituir o de Bretton-Woods. Os defensores da globalização enfatizavam seu caráter irreversível e indicavam a impotência dos governos perante a estratégia das grandes empresas.

A quarta definição indicou a transformação da economia. Até então esta era internacional, pois sua evolução dependia da interação dos processos no interior do Estado. A atualidade assiste à emergência de uma economia globalizada na qual as economias nacionais seriam decompostas e depois rearticuladas no seio de um sistema de transações e de processos operando diretamente no plano internacional. Tal definição é mais geral e sistêmica; pretende enfatizar a ruptura qualitativa com relação ao conjunto dos regimes internacionais que se sucederam desde o surgimento do capitalismo comercial. Ela indica que os governos perderam qualquer capacidade para influenciar a evolução da economia nacional e que os territórios submetidos ao modelo apresentam grande interdependência, tendendo a ser homogêneo. Enfim, transparece a inutilidade da suposta atuação governamental, que seria, a partir dessa definição, somente de representação.

A globalização sob as formas anteriormente descritas pode ser considerada uma revolução na história da humanidade? Se a globalização foi entendida como a percepção da unicidade do mundo e a integração pelo conhecimento do espaço e do humano, conclui-se que ela se iniciou com as grandes descobertas marítimas. Identificado seu *habitat*, o homem principiou sua ocupação como abominável colonialismo e, posteriormente, imperialismo. No entanto, foi o desenvolvimento do capitalismo e as consequências da revolução industrial que fizeram surgir, há mais de um século, os sinais da globalização.

Em 1910, o economista inglês Norman Angell publicou a obra *A grande ilusão*, na qual anunciava o surgimento do mundo globalizado:

> As finanças internacionais estão a tal ponto interdependente e vinculado ao comércio e à indústria, que a potência militar e política não podem, realmente, nada fazer. A rapidez das comunicações, que engendra uma maior complexidade do sistema de crédito, implica que os atuais problemas de política internacional sejam profunda e essencialmente diferentes do passado.[125]

Com efeito, desde o final do século XIX, surgiram sinais de que o mundo industrializado conhecia expressivos níveis de interdependência. Às vésperas da Primeira Guerra Mundial, as exportações de mercadorias representavam 13% do PIB dos países industrializados. A título de comparação, em 1993, o índice alcançou 14%. A porcentagem de investimentos estrangeiros na formação do PIB dos países industrializados alcançava 11% em 1914, praticamente o mesmo nível do início da década de 1990.

Angell vinculou a interdependência globalizada à impossibilidade de conflitos entre os parceiros. Ele aderiu à interpretação de Montesquieu quando este enfatiza os predicados do *doce comércio* para as relações entre os Estados, ou ainda de Kant ao sustentar que o comércio é uma marca de civilização. Contudo, as guerras mundiais e as duas centenas de conflitos que ocorreram na periferia do mundo na última metade do século XX colocaram um limite às percepções sobre as virtudes apaziguadoras da globalização econômico-financeira.

A globalização deve ser considerada como um processo histórico do capitalismo – sobretudo financeiro – cuja fase mais aguda afirmou-se no final do século XX. Entretanto, se a globalização é uma realidade, não se deve descurar de sua utilização ideológica, justificadora da acracia governamental.

1.2. O conteúdo da globalização

A globalização, tal como se apresenta na atualidade, manifesta-se por seus aspectos financeiros, comerciais, culturais e de comunicações.

A *globalização financeira* – Em 2011, o mundo produziu bens cujo valor é estimado em US$ 70 trilhões de dólares. A circulação diária de títulos e divisas no mercado financeiro internacional alcança 5,3% desse total, ou seja, US$ 3,7 trilhões de dólares, superior ao valor da produção anual da economia alemã (US$ 3,5 trilhões de dólares). Portanto, em outros termos, em menos de vinte dias úteis circula pelo mercado financeiro internacional o valor financeiro

[125] A obra foi reeditada pela Editora da UnB em colaboração com o Instituto de Pesquisas em Relações Internacionais (IPRI) do Ministério das Relações Exteriores na Coleção Clássicos das Relações Internacionais.

correspondente à produção anual de bens em todo mundo. Portanto, a circulação do capital é quinze vezes superior à produção de bens. O processo de descolamento da economia financeira da economia real prossegue de forma inelutável e é uma das características maiores da globalização.[126]

Atualmente, a volatilidade desses capitais parece não serem superiores, segundo recentes estudos, à alcançada durante o século que passou. Contudo, os instrumentos analíticos disponíveis pelos financistas são passíveis de severas críticas, como enfatizamos anteriormente. Por essa razão, a sanção contra uma política de uma empresa ou de um governo que não segue os cânones estabelecidos pelo mercado poderá ser instantânea, como ficou patente nas recentes crises econômicas e financeiras de países emergentes bem como na atual crise europeia.

Sequer os bancos centrais das principais economias do globo conseguem de maneira isolada fazer frente à especulação. O total das reservas em divisas disponíveis nos principais países industrializados não alcança sequer a metade do montante que circula diariamente no mercado financeiro internacional, uma bolha especulativa que não interrompe seu crescimento e coloca em risco o próprio sistema monetário internacional.

Para enfrentar a catástrofe que se anuncia para o conjunto do sistema, como demonstraram as recentes economias emergentes a atual crise europeia, três medidas são preconizadas: a primeira é uma estreita colaboração entre o G8, o G20 e as instituições financeiras internacionais. Para tentar prevenir os ataques especulativos, torna-se indispensável, por um lado, um mútuo e constante auxílio por parte dos bancos centrais e, por outro, um reforço significativo da capacidade de intervenção financeira do FMI, BIRD e BID.

Em segundo lugar, impõe-se uma reforma do mercado financeiro internacional, cuja regulamentação é marcada pelo laxismo. Ela deve iniciar-se pela eliminação dos paraísos fiscais e territórios *off-shore.*

Por fim, é necessário estudar seriamente a viabilidade de introduzir uma taxação sobre a movimentação do capital volátil. Tecnicamente difícil e politicamente impossível na atualidade, ela parece ser de grande utilidade para disciplinar o mercado. Para tentar minimizar as consequências da especulação financeira desenfreada, há propostas de tributar os capitais voláteis por meio de um imposto específico.

A ideia da taxação financeira percorre curioso itinerário. O prêmio Nobel de economia de 1981 e falecido em março de 2002, James Tobin, um social democrata adepto de Keynes, ex-assessor de John Kennedy e professor na Universidade de Yale, sugeriu em 1972 que fosse aplicada uma taxa de 0,05% sobre cada transação financeira, com o intuito de diminuir o ritmo de circulação dos capitais e evitar a flutuação descontrolada das taxas de câmbio.

[126] Esses dados servem para tomar relativas as críticas mais radicais e superficiais à globalização financeira. Segundo os cálculos dos autores de tais críticas, o descolamento da circulação do capital em relação à produção de riquezas é alarmante, já que somente 2% das transações financeiras vinculam-se diretamente às operações de importação e exportação e aos investimentos reais. Segundo esse errôneo cálculo, isso significa que 98% do movimento financeiro internacional é de natureza especulativa e sua circulação é 60 vezes superior à produção de riquezas.

Posteriormente, Tobin, constante defensor da globalização, reviu sua proposta e a abandonou. A denominada Taxa Tobin é condenada pela maioria dos economistas e defendida pelos militantes políticos.[127] Estes preconizam que sua aplicação terá dupla consequência: disciplinar a circulação do capital e gerar novas receitas a ser investida no Terceiro Mundo.

Todavia, a resistência dos mercados a qualquer entrave a sua livre ação, a inoperância, quando não a clara oposição de certos Estados, em particular dos Estados Unidos, e as dificuldades práticas de implementação torna a introdução da Taxa Tobin uma iniciativa que ainda não está na ordem do dia internacional.

A globalização comercial – Embora sem alcançar os índices da circulação financeira, outro sinal forte da globalização é o incremento do comércio de bens. Nos últimos trinta anos, ele atingiu níveis quatro vezes superiores ao da produção mundial de bens,[128] graças à diminuição constante da média de proteção tarifária das economias nacionais, já que mais de 95% do comércio mundial encontra-se atualmente sob as regras do GATT/OMC.

Além dos tradicionais aumentos das exportações e dos investimentos no exterior, duas novas características marcam as empresas transnacionais globalizadas: as fusões e alianças estratégicas e a inovação tecnológica. Todavia, a empresa global continua sendo mais uma projeção do que uma realidade. Excetuando a suíça Nestlé, que emprega 96% de sua mão de obra no exterior, as suecas ABB (93%) e Electrolux (82%), a japonesa Sony (55%) e a americana Ford (50%), todas as demais transnacionais continuam tendo a maior parte de sua força de trabalho em seu país de origem. Além disso, raras são as empresas que recrutam os dirigentes sem distinguir a nacionalidade. Portanto, a empresa apátrida, desvinculada de um Estado e a serviço exclusivo de uma estratégia internacional, constitui ínfima minoria.

Com exceção da indústria eletrônica (verdadeiramente globalizada), raras são as empresas que adotam uma estratégia universal. No setor automobilístico, por exemplo, mais de 85% dos carros consumidos nos Estados Unidos e mais de 90% nos países da União Europeia são fabricados em sua respectiva região. A adoção de padrões globais para produtos universalizados constitui ainda uma quimera e abrange escassos produtos.

Os ingressos da China e em 2011 da Rússia, esta após dezoito anos de negociações, na OMC, elevou a 157 o número de Estados-Membros e concedeu à organização um caráter verdadeiramente universal, submetendo a quase totalidade da população do planeta às suas regras. Mas pode-se concluir, portanto, que existem regras internacionais que garantam a estabilidade do sistema multilateral de comércio e responda a expectativa da maior parte da humanidade? Uma incógnita e uma certeza condicionam a resposta. A incógnita

[127] Em entrevista ao semanário alemão Der Spiegel, James Tobin declarou-se contra a contestação da globalização: "eles partem de um bom sentimento mas são mal pensados". Adepto do livre mercado, ele recusava a vinculação de seu nome e idéias à ATTAC. Assim, criou-se uma nova sigla para a Taxa Tobin – Tato – descartando-se uma referência explícita ao seu idealizador.

[128] Consultar gráfico In: SEITENFUS, R. *Manual das Organizações Internacionais. Op. cit.*, p. 216.

decorre dos desdobramentos da Conferência de Doha, e a certeza é consequência da crescente regionalização do comércio, que indica os limites e as deficiências do sistema comercial de alcance mundial.

A Conferência Ministerial da OMC em Doha estava fadada ao sucesso por ter sido a primeira grande conferência internacional posterior aos atentados terroristas de 11 de setembro de 2001. Como seria, contudo, um balanço da Conferência de Doha? De fato foi anunciada apenas a abertura de um imenso leque de possibilidades cujos resultados são imprevisíveis. A questão dos investimentos, por exemplo. Se for verdade que regras nesse campo são desejáveis e que seria um absurdo manter essa discussão no exclusivo âmbito da OCDE, portanto entre os países ricos, a OMC seria a instância correta para empreendê-la? Em face das gigantescas repercussões de um futuro acordo, uma Conferência extraordinária da ONU parece constituir foro bem mais adequado ao debate.

Por outro lado, as aparentes concessões europeias e norte-americanas de aceitar discutir o protecionismo devem ser percebidas com cautela. Os negociadores de uma conferência dessa natureza retornam aos seus respectivos países com uma tripla preocupação: fazer a opinião pública aceitar as concessões firmadas em nome do Estado, identificar mecanismos que possibilitem cobrar o cumprimento das concessões feitas pelos demais Estados parceiros, e buscar fórmulas que permitam o não cumprimento de suas próprias concessões.

Assim, adquire transcendental importância a análise dos textos firmados. Tendo de contemplar as expectativas de todos, inclusive as dos mais fracos, o consenso carrega consigo a ambiguidade e a contradição. Não deve surpreender a ninguém que o texto aceitável deva ser o mais dúbio, e não o mais límpido. As decisões de Doha são balizas que cada Estado vai interpretar de forma distinta, obviamente em benefício próprio.

No caso do Brasil, que reconheceu a importância de Doha, nossos representantes orientaram-se por duas preocupações. Na área da saúde, a de vincular a possibilidade de quebra de patentes à urgência para enfrentar problemas de acesso a medicamentos. Obteve-se declaração de natureza política de grande importância, desmentida em dezembro de 2002 em razão da oposição dos Estados Unidos, sobre a quebra de patentes.

Todavia, o Brasil opôs vigoroso veto ao princípio da precaução. Tal postulado permite sustar o comércio de produtos que apresentam riscos, ainda não confirmados pela ciência, à saúde da população ou ao meio ambiente. A doença da "vaca louca" e as incertezas da biotecnologia foram descartadas como simples entraves protecionistas, quando na verdade apontavam verdadeiros dilemas para a saúde e o bem-estar de todos.

Enfim, a Conferência de Doha restabeleceu certa normalidade às relações internacionais, retomando a pauta do comércio que estava ofuscada pela questão da segurança e do combate ao terrorismo. Mas não há vitória, exceto pela ausência de derrota. Ainda mais árduas disputas se anunciam. Para que a OMC não seja obrigada a refugiar-se no deserto, é imprescindível que o comércio internacional se transforme em uma alavanca do desenvolvimento e da redução das desigualdades sociais.

Um dos desafios maiores da OMC é melhor repartir o comércio internacional. Atualmente, como demonstra a tabela transcrita a seguir, o desequilíbrio é marcante.

Tabela 17 – **As dez economias mais importantes no comércio internacional (em % do total, 2018)**

País	Exportação	Importação
China	12,8	10,8
Estados Unidos	8,5	13,2
Alemanha	8,0	6,5
Japão	3,8	3,8
Holanda	3,7	3,3
França	3,0	3,4
Coreia do Sul	3,1	2,7
Itália	2,8	2,5
Reino Unido	2,5	3,4
Hong Kong – China	2,9	3,2

Fonte: OMC, *Statistiques du commerce international*

A título de comparação, apesar de seus esforços e da importância de sua estratégia para conquistar mercados externos, o Brasil participa com tão somente 1,2% do total das exportações mundiais e com 0,9% das importações, colocando-se em 27ª posição. A atual situação tenderá a agravar-se com o crescimento demográfico exponencial e diferenciado que o Norte e o Sul do Planeta experimentam.

A ***globalização das comunicações*** – Os extraordinários progressos tecnológicos da informática, telemática, Internet, fax e televisão através de satélites fazem surgir uma verdadeira, porém desequilibrada, sociedade global.

Entre os resultados espetaculares do avanço tecnológico encontra-se a invenção da Internet. Emerge um novo espaço econômico, político, social e cultural marcado pela descentralização e pela incapacidade de controle por parte dos Estados. Surgem milhares de sítios (*sites*) por dia e criam-se comunidades transnacionais virtuais de indivíduos, de comunidades científicas e de ONGAT, articulando uma livre sociedade civil internacional em face dos poderes tradicionais.

Os internautas colocam em xeque a noção de fronteira territorial e política dos Estados, os quais, caso não controlem a utilização do telefone, não disporão de meios capazes de ordenar o fluxo via Internet. A privatização dos sistemas de comunicações agrega dificuldade suplementar, já que, sendo raros os serviços sob a administração pública, mais difícil se torna sua supervisão.

Impossível referir-se à comunicação fazendo abstração da língua, vetor cultural e instrumento de afirmação social que ocupa lugar central na história da humanidade. O contato cultural entre diferentes línguas data da Antiguidade. Há algumas décadas o intercâmbio consistia no *transporte* de bens e pessoas de um lugar para outro. Com o surgimento dos instrumentos de comunicação, agrega-se ao transporte concreto de bens e pessoas um elemento abstrato carregado de significado: a *informação.* A partir da consolidação da globalização, o que circula não é mais o sujeito, mas os valores e percepções transmitidos por ínfima parte dele, ou seja, as culturas dominantes.

Existem no mundo aproximadamente seis mil línguas, que formam comunidades linguísticas autônomas.[129] Língua e cultura são os componentes da identidade que conseguiram manter-se com certa autonomia até a Revolução Industrial, já que os contatos culturais eram episódicos. Contudo, a partir da criação de máquinas capazes de fabricar e difundir culturas aparece uma *indústria cultural* que reproduz os bens culturais em série e colocam em risco a própria criação artística e a diversidade cultural.

O fenômeno aprofundou-se na última metade de século passado, quando a indústria cultural reuniu meios consideráveis, aperfeiçoou a técnica de reprodução, transformou o criador em mero trabalhador e suas criações em simples mercadorias. Estas são numerosas e exercem funções essenciais na sociedade: além dos bens tradicionais (imagens, músicas e palavras), encontram-se seus suportes (discos, livros, revistas, televisão, satélite, fotografia, publicidade, turismo de massa, etc.).

Transformado em produto, o bem cultural passou a integrar o mundo da economia. Ora, certos países – em particular os Estados Unidos – que possuem uma indústria cultural forte e dotada de valores facilmente transmissíveis pretendem desregular o mercado da cultura, considerando-a um bem como qualquer outro.

A França conseguiu, ao longo das últimas décadas, resistir à transformação da cultura em simples mercadoria. Defendendo a *exceção cultural,* Paris conseguiu o apoio da União Europeia e luta atualmente no âmbito da OMC. Trata-se de princípio político-econômico que admite a concessão de subsídios à produção cultural sem que estes possam vir a ser considerados como concorrência desleal.[130] Trata-se, em suma, da defesa da diversidade cultural em face das pressões exercidas pelo mercado. O Brasil é um dos raros países não europeus que acompanha, timidamente, a política audiovisual francesa por meio da legislação de incentivos fiscais para a cultura.

As comunicações culturais e a informação por meio da mídia são consideradas áreas sensíveis para um grande número de Estados. Promover ideias

---

[129] HAGÈGE, C. "Paroles d'hommes". *In: Le Monde de L`Éducation, fevereiro de 1998*, p. 26.

[130] Por meio da exceção cultural, o Estado francês financiou a indústria cinematográfica e obrigou as emissoras de TV a programarem 40% de filmes nacionais. Em razão dessa política, em 2001 o cinema americano perdeu 12,2% do mercado francês. A compra da Universal pela francesa Vivendi – criando o segundo conglomerado de mídia do mundo após a AOL-Time-Warner – fez surgir uma oposição doméstica à exceção cultural.

e valores, fazer propaganda política e difundir informações moldando os espíritos, constituem atividades cruciais para qualquer grupo humano. Não é por outra razão que a Constituição brasileira de 1988 regulamentou de forma restritiva a participação do capital estrangeiro nos meios de comunicação nacionais, o que foi recentemente modificado.

A cobertura dos acontecimentos internacionais é tributária de escassas agências de notícias e raríssimas televisões autônomas. As denúncias da UNESCO sobre os desequilíbrios entre o Norte e o Sul na produção de informações na década de 1970 fizeram surgir à possibilidade de uma "nova ordem mundial de informação e de cultura" (NOMIC). A oposição dos Estados Unidos e do Reino Unido, defendendo uma política liberal para o setor, tornou impossível seu questionamento. Por conta de uma seletividade ideológica e econômica, vive-se hoje em um mundo onde a informação muitas vezes confunde-se com a manipulação.

1.3. As consequências sociais da globalização

A globalização e o os avanços tecnológicos resultam de uma intensificação da concorrência entre as empresas. Desconhecendo fronteiras, esta se manifesta pelo crescimento da mobilidade de alguns fatores de produção, especialmente o capital. O fator trabalho, ao contrário, é impregnado de absoluta imobilidade. O tempo das grandes migrações constitui página virada na história da humanidade. O homem pode deslocar-se somente de forma temporária – os trabalhadores sazonais e os turistas —, já que os sistemas nacionais e internacionais impõem severas restrições à sua mobilidade (passaportes, vistos de entrada e permanência, comprovação de subsistência, vínculo de residência e bens de raiz no país de origem).

As restrições para ingresso no território dos países da União Europeia ou nos Estados Unidos demonstram, pelos dramas humanos quotidianos, que o estatuto jurídico de refugiado somente é aplicado a casos específicos, por razões políticas ou de flagrante desrespeito aos direitos humanos fundamentais, mas jamais por razões econômicas.

O mundo conhece atualmente dois fluxos migratórios: o primeiro tem como palco exclusivamente a Europa e decorre do fim do Império Soviético. Uma formidável reserva de mão de obra encontra-se no Leste europeu, é com o intuito de impedir a continuidade dessa pressão sobre suas fronteiras orientais, a União Europeia aceitou o ingresso de dez Estados da Europa Oriental.

A segunda corrente migratória é motivada por razões econômicas e toma a direção Sul-Norte. Pessoas originárias da África, do arco Sul do Mediterrâneo, do Oriente Médio e do Sul da Ásia tentam, por meios clandestinos, alcançar a Europa Ocidental, em especial a Inglaterra. Fenômeno parecido ocorre na fronteira Sul dos Estados Unidos. Ponto de contato entre a América desenvolvida e em desenvolvimento, Washington tenta eliminar a porosidade de sua fronteira instalando verdadeiro muro de contenção que lembra, infelizmente, a divisão de Berlim durante a Guerra Fria.

O controle, no entanto, não é absoluto. Existe, atualmente, nos Estados Unidos, uma importante colônia brasileira e, sobretudo, hispano-americana, já que esta população é majoritária em aproximadamente vinte cidades com mais de cem mil habitantes. Sua presença modifica o tecido sociocultural e representa um importante grupo de pressão que age diretamente sobre as relações internacionais, como no caso da maioria de origem cubana da Flórida perante a situação política na ilha de Fidel Castro.

Todavia, a globalização coloca em concorrência direta os assalariados do mundo inteiro, com duas consequências principais: por um lado, as condições de remuneração, de emprego e de proteção social degradam-se nos países de antiga industrialização. A ameaça ou o deslocamento de empresas enfraquece o poder de negociação dos trabalhadores, e a concorrência incita os empresários a diminuir seus custos automatizando a cadeia produtiva, incrementando o desemprego e comprimindo os salários. O tabela a seguir indica as diferenças do custo da mão de obra entre um país desenvolvido (com um índice básico de 100 da França) e alguns em desenvolvimento.

Tabela 18 – **Custo comparativo da hora de trabalho na indústria**

País	Índice
França	100
Cingapura	38
Taiwan	34
Coreia do Sul	30
Brasil	17
México	15
Malásia	11
China	3
Indonésia	2

Fonte: Morgan Stanley

Por outro lado, em muitos países emergentes do Terceiro Mundo que acolhem essas atividades, há escasso respeito às Convenções e recomendações da Organização Internacional do Trabalho. Nasce a tentação de serem utilizadas vantagens laborais relativas à exploração, inclusive, de trabalho infantil e prisional.[131] Esse *dumping laboral*[132] é combatido por União Europeia, Estados Unidos e Canadá nas organizações e conferências internacionais.

[131] A transferência de empresas para o Terceiro Mundo foi denunciada pela OMS, em 1999, como responsável pelo aumento da incidência de doenças e acidentes de trabalho. Um estudo conjunto da OIT e da OMS indica que, anualmente, os acidentes de trabalho matam 1,1 milhão de pessoas, e que 160 milhões de pessoas são afetadas por novos casos de doenças relacionadas ao trabalho (Financial Times, junho de 1999).

[132] Não se trata das condições sociais, mas tão somente laborais, dos trabalhadores. Por essa razão, a expressão *dumping* laboral e não social, como usada pela literatura especializada, reflete com maior exatidão o fenômeno.

Foi aprovado um regulamento, de efeito imediato e aplicável no território dos quinze países-membros da União Europeia, instituindo um regime especial para a entrada de produtos asiáticos e latino-americanos no mercado europeu. Os países exportadores que aportar a prova de respeito às convenções da OIT sobre a liberdade sindical e a proteção do direito sindical (Convenção 87, de 1948), sobre o direito de organização e negociação coletiva (Convenção 98, de 1949), sobre a idade mínima para admissão ao trabalho (Convenção 138, de 1973) e o conteúdo das normas da Organização Internacional de Madeiras Tropicais (OIMT), serão beneficiados com uma redução de 15 a 35% do valor das tarifas alfandegárias praticadas pela UE. Trata-se de um incentivo que, ao premiar os Estados do Terceiro Mundo que respeitam as cláusulas sociais e ambientais constitui, no entanto, uma discriminação frente aos demais.

Na Conferência de Marrakesh, em 1994, que criou a OMC, os países desenvolvidos tentaram introduzir a discussão sobre o *dumping laborai*[133] Ora, os Estados em desenvolvimento recusaram o debate, alegando tratar-se de uma forma camuflada de protecionismo, impedindo o acesso ao mercado dos produtos originários do Terceiro Mundo, interpretação defendida com vigor pelo Brasil. No máximo, admitiam as autoridades brasileiras, seria admissível uma discussão técnica no âmbito da OIT, mas sem vinculá-lo ao comércio. A razão é simples: a escassa eficácia das Convenções da OIT e a possibilidade de sanções comerciais caso o tema fosse transferido para a OMC.

Sendo o âmbito da OIT inapropriado e o da OMC inalcançável em razão da oposição do Terceiro Mundo, restou à UE legislar de forma unilateral, contudo positiva. Trata-se de criar um incentivo, e não uma penalidade. Por essa razão, a decisão da UE é jurídica, política e moralmente inatacável. A discriminação positiva colocará, evidentemente, os países beneficiários em condições vantajosas para o acesso de seus produtos ao mercado europeu. Sobretudo, ela pretende premiar países que respeitam convenções internacionais já firmadas. Para os que não respeitarem, ou seja, não fizerem uma solicitação para beneficiarem-se da baixa tarifária, a situação permanecerá idêntica, sendo impostas aos seus produtos as tarifas normais do Sistema Geral de Preferências (SGP).

O novo regulamento da UE joga por terra a estratégia de avestruz dos governos do Terceiro Mundo e desnuda sua inconsistência. Ao recusar o debate e não promover a proteção das florestas tropicais e ao permitir que crianças tenham acesso ao mercado de trabalho antes de completar 15 anos, esses governos pretendiam, com um discurso simplista, evacuar um problema concreto que atinge as sociedades sob suas responsabilidades. Calcula-se que 250 milhões de crianças em idade escolar trabalham, por vezes em condições de semiescravidão, no mundo. A iniciativa da TJE é uma resposta concreta a esse desafio.[134]

[133] Consultar VELLANO, M. "Le plein emploi et la clause sociale dans le cadre de l'OMC". *RGDIP*, 1998-4, p. 879-914.

[134] As denúncias do desrespeito às condições apontadas pelo regulamento podem ser feitas por qualquer pessoa, física ou jurídica. Uma investigação será então realizada pela UE, com o auxílio ou não do governo interessado, *que pode concluir que o desrespeito às normas ocorre de forma setorial*. Somente esses produtos não poderão beneficiar-se das reduções tarifárias.

A discriminação positiva marca um novo tempo no comércio internacional. As economias que prosseguirem agindo com irresponsabilidade para fugir do cumprimento de suas obrigações internas e internacionais serão alijadas dos mais importantes mercados. Ora, a importância do comércio exterior para o equilíbrio macroeconômico aconselha uma ação imediata, pois a lentidão da conquista de um mercado é inversamente proporcional a sua perda.

Tomando consciência da situação, a Associação Brasileira da Indústria Têxtil (ABIT) manifestou seu apoio à inclusão de cláusulas trabalhistas e ambientais nos futuros acordos comerciais, um bom instrumento para atuar contra países que estariam exercendo uma concorrência desleal.[135]

Independentemente da melhora do acesso aos mercados do Primeiro Mundo para os produtos oriundos do Sul, de fato o desempenho econômico mundial apresenta graves distorções. Grosso modo, 75% da humanidade contribuem com a criação de somente 1/4 das riquezas. A tabela comparativa dos percentuais referentes à população e sua respectiva participação na produção mundial de bens indica claramente a má distribuição da riqueza no mundo.

Tabela 19 – **A globalização excludente**

Região	% da População Mundial	% do PIB Mundial
América do Norte	5,05	30,4
América Latina e Caribe	8,53	7,3
Europa e Rússia	11,99	32,4
África	13,14	2,3
Ásia	60,78	26,2
Oceania	0,51	1,5
Total	100,00	100,00

Fonte: Tabela elaborado pelo autor com dados fornecidos pelo *Bilan du Monde*, Paris, 2012.

Em outros termos, os 70 milhões de indivíduos mais ricos (1% da população mundial) apropriam-se de 45% do total da riqueza do mundo. O grupo a seguir, composto por 630 milhões de pessoas (9% do total), reúne 5% da riqueza. O grupo intermediário composto por 2,8 bilhões de indivíduos responde por 34% da riqueza do planeta, ao passo que para os 50% mais pobres da população mundial (3,5 bilhões de pessoas) resta unicamente 1% da riqueza, equivalente a 0,7 trilhões de dólares.

A amoralidade e a irracionalidade da atual distribuição das riquezas do mundo tendem a se tornar absolutamente insustentáveis nas próximas décadas. Quando projetado o aumento distributivo da população mundial, é forçoso constatar que ele acontecerá, essencialmente, nos países em desenvol-

[135] Declaração de Paulo Skaf, presidente da ABIT, indicando que "o setor têxtil brasileiro não tem medo porque tem uma produção limpa. Essas serão as maneiras de combatermos a concorrência terceiro-mundista de países como a Índia e China". In: *Valor Econômico*, 13/12/2001.

vimento. A próxima Figura indica o alcance do fenômeno nas décadas vindouras.

Em termos percentuais, a repartição da população confirma a importante progressão do número de habitantes nos países do Terceiro Mundo e a diminuição da população residente nos países desenvolvidos. As tabelas confirmam essa tendência.

Tabela 20 – **População mundial 1750-2050 (em milhões)**

Regiões	1750	1800	1850	1900	1950	1996	2025	2050
África	106	107	111	133	224	739	1.454	2.046
Ásia	502	635	809	947	1.402	3.448	4.785	5.443
Europa	163	203	276	408	547	729	701	638
América Latina	16	24	38	74	166	484	690	810
América do Norte	2	7	26	82	172	299	369	384
Oceania	2	2	2	6	13	29	41	46
Total	791	978	1.262	1.650	2.524	5.768	8.039	9.367

Fonte: Nações Unidas, World Population Prospect (The 1996 Revision).

Tabela 21 – **Projeção da distribuição humana por região – 1750-2050 (em %)**

Regiões	1750	1800	1850	1900	1950	1996	2025	2050
África	13,4	10,9	8,8	8,1	8,9	128	18,1	21,9
Ásia	63,5	64,9	64,1	57,4	55,6	60,5	59,5	58,2
Europa	20,6	20,8	21,9	24,7	21,7	12,6	8,7	6,8
América Latina	2,0	2,5	3,0	4,5.	6,6	8,4	8,6	8,6
América do Norte	0,3	0,7	2,1	5,0	6,8	5,2	4,6	4,1
Oceania	0,3	0,2	0,2	0,4	0,5	0,5	0,5	0,5

Fonte: Nações Unidas, World Population Prospect (The 1996 Revision).

O sombrio quadro da evolução demográfica indica que os problemas envolvendo uma melhor repartição de riquezas e a definição de políticas internacionais de desenvolvimento constitui desafio inadiável. Caso a comunidade internacional não se sensibilize para esse drama que envolve bilhões de seres humanos, certamente as relações internacionais se tornarão ainda mais tensas.

2. A integração regional e a formação dos blocos comerciais

O sistema do comércio internacional, pedra de toque da globalização, enfrenta grave risco: trata-se da possibilidade de sofrer um processo de *balca-*

nização em razão da multiplicação dos acordos e blocos comerciais regionais. Fenômeno que conhece extraordinário desenvolvimento a partir dos anos de 1980, o regionalismo comercial impregna de maneira indelével as relações internacionais contemporâneas.

O comércio entre os países da União Europeia, que alcançava 25% do total do comércio exterior em 1948, já atinge mais de 60% das trocas. O caso do MERCOSUL é igualmente significativo, pois o comércio no interior do bloco triplicou após a assinatura do Tratado de Assunção.

No início de 2012, a OMC havia sido notificada, para fins de registro e de análise de compatibilidade com suas regras, sobre a existência de 511 Acordos Comerciais Regionais (ACR), sendo que 319 entre eles encontravam-se em plena vigência. Alem destes, há os arranjos comerciais preferenciais (ACPr) que preveem conceder e receber preferências tarifária.

Os processos de integração são de natureza econômica e, em um primeiro momento, essencialmente comercial. Todavia, eles podem atingir amplo leque de assuntos redimensionando, inclusive, alguns elementos estruturais e dogmáticos da organização do Estado. A teoria da integração econômica explica o sucesso desse fenômeno planetário.

2.1. Teoria da integração econômica

Há integração entre diferentes Estados quando, de forma duradoura, são adotadas políticas econômicas comuns, mormente comerciais, com o objetivo de diminuir os entraves ao intercâmbio intrazona e diferenciá-lo dos vínculos estabelecidos com os Estados que se situam extrazona.

Entre 1818 e 1834, os Estados alemães sob a direção da Prússia e inspirados pelo economista Eriedrich List, criaram uma união aduaneira, constituindo o célebre *Zollverein*.[136] Tinha como objetivo eliminar os 38 regimes aduaneiros que separavam os Estados alemães e dificultavam as trocas comerciais. Ao unificar as condições de produção e comercialização internas, o *Zollverein* manteve, externamente, os entraves existentes. Nota-se que a experiência alemã expressa a duplicidade que marca os processos de integração econômica: liberação interna e protecionismo externo.

O *Zollverein* revelou-se rapidamente um poderoso instrumento de desenvolvimento econômico e transformou a Alemanha na principal potência industrial do continente. Contudo, é no plano político que se encontra a razão de ser do *Zollverein*, e eis que a iniciativa preparou a unidade alemã. Ao identificar claramente esse objetivo, é descartado o constante dilema que assola os processos de integração, qual seja, a manutenção das prerrogativas dos Estados-Membros ou sua paulatina transferência para instâncias supranacionais.

A grave crise econômica que se iniciou em 1929 afetou profundamente o comércio internacional e fez surgir duas tendências contraditórias. A primeira

[136] Alguns Estados hesitaram em aderir, receosos do poder econômico prussiano. Assim, o processo concluiu-se somente em 1888 com o ingresso de Hamburgo.

concebia um papel central ao Estado. Tanto a União Soviética quanto a Alemanha, a Itália e o Japão consideravam o comércio exterior atributo fundamental da atuação internacional do Estado. Certamente a Alemanha, pelo vigor de sua economia e a preocupação em orientar suas trocas externas, constitui marcante exemplo de dirigismo que impregnou o comércio internacional durante a década de 1930.

O *Novo Plano* alemão ou *Plano Schacht*,[137] imposto ao país após a ascensão de Adolf Hitler, consistia em fazer Berlim importar bens somente na medida em que pudesse exportar, para o Estado fornecedor, mercadorias de igual valor. A obsessão com o equilíbrio da balança comercial resultou na utilização de uma moeda não conversível – o marco *Aski*[138] – para o pagamento das importações. Os importadores alemães obrigaram-se a obter um certificado de divisas para poder comprar no exterior e o encontro de contas do comércio exterior não se realizava globalmente, mas país por país. Logo, quando um país exportava para a Alemanha, ele recebia um crédito obrigando-o a abastecer-se na Alemanha. Caso ele não o fizesse, deveria negociar tal crédito, com deságio, com um terceiro país interessado em adquirir bens alemães.

Opondo-se ao dirigismo germânico, o modelo anglo-saxônico inspirou-se no liberalismo das trocas comerciais internacionais. Adam Smith foi o primeiro economista que alertou, em sua obra *A riqueza das nações*, sobre a necessidade da divisão internacional do trabalho. Opositor ao mercantilismo e ao protecionismo que surgiram com a afirmação do Estado-Nação na Europa. Adam Smith considerava que o protecionismo se sustentava na exploração dos consumidores, os quais eram obrigados a adquirir bens nacionais de menor qualidade e de preços mais elevados se comparados aos praticados no mercado internacional.

A concorrência no mercado interno eliminaria os produtores não competitivos e faria o sistema alcançar sua otimização. Todavia, segundo a teoria clássica, no mercado internacional, tal não ocorreria, pois a desigualdade entre as técnicas de produção e a imobilidade dos fatores impedia a livre concorrência. Para Adam Smith, somente o livre comércio e a especialização decorrente fariam com que os consumidores e produtores pudessem usufruir as vantagens absolutas de todos.

David Ricardo afinou a teoria e contestou parte das conclusões de Adam Smith. Para Ricardo, todos os países, inclusive aqueles que dispunham de vantagens absolutas de produtividade em todos os produtos comerciáveis, deveriam procurar o livre comércio e a decorrente especialização. Para confirmar sua teoria das vantagens comparativas, Ricardo indicou o exemplo da produção têxtil da Inglaterra e vinícola de Portugal. Sua hipótese baseava-se unicamente no tempo de trabalho necessário para a produção de uma unidade de um bem em cada um dos países. A unidade temporal definiria o custo de pro-

[137] Hjalmar Schacht foi Ministro da Economia de 1934 a 1937 e idealizador do Plano.

[138] A denominação ASKI origina-se no Ausländer Soderkonto für Inlandszahlungen ("conta especial de estrangeiro para pagamentos domésticos").

dução e, por conseguinte, seus preços. A tabela resumida, transcrita a seguir, indica os principais elementos da teoria das vantagens comparativas.

Tabela 22 – **Teoria das vantagens comparativas (David Ricardo)**

	Vinho	Têxtil	Custos Comparativos Vinho/têxtil	Custos Comparativos Têxtil/vinho
Portugal	80 horas	90 horas	80/90=0,89	90/80=1,12
Inglaterra	120 horas	100 horas	120/100=1,20	100/120=0,83

Portugal dispunha de maior produtividade nos dois bens. A teoria de Adam Smith indicaria que ele deveria especializar-se em ambos, e a produção inglesa desapareceria em caso de livre comércio. Para Ricardo, no entanto, Portugal teria interesse em especializar-se na produção vinícola, pois encontraria sua *maior* vantagem comparativa. Mesmo sendo seu custo de produção têxtil inferior ao da Inglaterra, Portugal deveria importá-lo. Em economia fechada, uma unidade de vinho equivalia, em Portugal, a 0,89 unidade têxtil. Na Inglaterra, a mesma unidade de vinho era de 1,20 unidade têxtil. Em caso de livre comércio, as vinícolas portuguesas obteriam uma relação de troca mais favorável no mercado inglês que no mercado nacional (1,20 contra 0,89). Os produtores ingleses de têxtil também encontravam no mercado português uma melhor relação que em seu próprio mercado (1,12 contra 0,83). Por conseguinte, os dois países tinham interesse nas trocas comerciais, cada qual importando do parceiro o produto para o qual este dispunha da produtividade mais elevada.

A batalha comercial ocorrida durante os anos que precederam o conflito entre o liberalismo anglo-saxão e o dirigismo germânico teve um vencedor com o epílogo da guerra. Na perspectiva de um fim para a contenda, foram assinados os Acordos de Bretton-Woods, em 1944. Surge então o FMI, a princípio com o objetivo de manter a paridade cambial, assim como o BIRD, misto de banco comercial e de serviço público internacional, modelo próximo das organizações internacionais clássicas.

Faltava, portanto, o terceiro pilar, qual seja, o comércio. Convocou-se, em 1947, a Conferência de Havana com o intuito de criar uma Organização Internacional de Comércio (OIC). Foi um aparente fracasso, pois os 23 países presentes firmaram apenas um *Acordo Geral de Tarifas e Comércio* (GATT), uma aposta na liberalização do comércio internacional. Apesar de sua natureza singular e pouco ambiciosa, o GATT conseguiu, por seu dinamismo, fazer o comércio internacional crescer, em meio século, quatro vezes mais do que a produção mundial. Se em 1947 o número reduzido de signatários impossibilitava a criação da mencionada OIC, em fins de 1994, em Marrakesh, o grande número de países presentes praticamente impôs o surgimento da Organização Mundial do Comércio (OMC). Além disso, verificou-se um processo de universalização. Atualmente, o acordo é subscrito por 2/3 dos Estados, e mesmo a China, país historicamente autárquico, associou-se à organização.

A OMC transformou-se em instrumento fundamental do sistema internacional, concedendo-lhe um adensamento de juridicidade. Uma das características desse adensamento é a transferência das relações de cooperação, ou de confronto, do campo político-ideológico para o domínio econômico, especialmente para os Estados do Sul, objetos, até o final da década de 1980, de programas de auxílio e de ajuda ao desenvolvimento. Ora, na atualidade, com a diminuição progressiva da ajuda internacional, esses países devem lançar mão das exportações como instrumental para a criação de riquezas e geração de empregos.

O *slogan* que caracteriza a nova situação (*Trade, not aid*) é alvo de contundentes críticas, pois existe certo número de *quase-Estados* em que as necessidades econômicas mínimas da população não podem ser alcançadas sem uma ajuda internacional a fundo perdido. Há outros, no entanto, como o Brasil, em que uma política de melhor distribuição de renda interna, aliada à eliminação das barreiras impostas pelos mercados dos países desenvolvidos, representaria um benefício importante para a viabilização de políticas públicas.

Todavia, é necessário enfatizar que os países desenvolvidos respondem por 87% do comércio mundial, enquanto a América Latina detém somente 4,2% (2011). Tal estrutura se reflete nas negociações da OMC, pois a *agenda* (conteúdo a ser negociado) e a *segmentação* (forma de negociação) são impostas pelos mais poderosos. Certamente tal situação é um considerável avanço se comparada à unilateralidade dos Estados Unidos, como demonstram as iniciativas desse país com as leis Helms-Burton e D'Amato.

2.2. Objetivos e técnicas da integração

Um processo de integração nos quais vários Estados estão empenhados em construir uma nova realidade entre si implica a imposição de condições distintas entre eles e Estados terceiros que não fazem parte do bloco. Tal processo se sustenta, inicialmente, nas vantagens comparativas comerciais. Contudo, os Estados que dele participam podem continuar mantendo, ao mesmo tempo e de forma paralela, relações externas bi e multilaterais de forma tradicional.

A ausência de uma teoria que conceda uma sustentação para melhor se compreender os desafios externos dos blocos de integração pode nos fazer imaginar que os desafios são semelhantes àqueles encontrados pelos Estados. Em outras palavras, é possível identificar para os processos de integração, tal como se faz por meio da Teoria Geral do Estado, os desafios dos Estados em suas relações com outros Estados. Essa transposição teórica é impossível em razão da natureza distinta dos dois fenômenos.

Norteiam a atuação externa dos Estados dois grupos de elementos: o *fático* – os Estados são instituições estáticas e apresentam elementos constitutivos fundamentais: território, povo, governo e reconhecimento internacional; e os *princípios:* soberania, independência nacional, autodeterminação dos povos, que são elementos fundamentais das relações externas dos Estados modernos. Ora, os processos de integração encontram no mínimo dois desafios distintos.

O primeiro consiste no tradicional dilema entre o alargamento, cujo objetivo é acolher novos parceiros – o que hoje se apresenta como exógeno amanhã poderá compor o coletivo – e o aprofundamento, o qual tenta fazer a interdependência entre os parceiros tornar-se estrutural e, portanto, irreversível. O segundo desafio refere-se ao modo como o processo se relacionará com Estados ou agrupamentos de Estados.

A União Europeia mantém uma única representação junto à OMC, mas durante décadas não foi capaz de apresentar uma frente unida em suas relações externas internacionais.[139] O caso do MERCOSUL ainda é mais emblemático, já que raras vezes apresentou uma frente única e quando o fez tratava-se de questões diplomáticas sem interesse direto para os Estados-Membros.

A aproximação econômica entre Estados persegue, segundo a teoria clássica da integração, os seguintes objetivos:

- Uma melhor alocação dos fatores de produção e dos recursos disponíveis (fator de *input*);
- Diminuição dos custos de produção e uma melhoria na qualidade dos bens produzidos (fator de *output*); ganhos em economia de escala;
- Melhor capacidade de inserção internacional. A conjunção de vontades dos países que fazem parte de um processo de integração, por meio de variadas formas, significa que eles conseguirão, nesse processo, relacionar-se de forma diferenciada e vantajosa com outros países ou blocos de países em comparação com a inserção solitária.

As duas maiores consequências da integração econômica foram identificadas por Jacob Viner: dela pode resultar a *criação* de comércio (*trade creating*) caso o aumento do comércio no interior da zona se faça em detrimento de produtos menos competitivos provenientes de países não membros. Haveria uma expansão das trocas e uma melhoria da competitividade dos países integrantes.

Mas a integração pode também significar um *desvio* de comércio (*trade diverting*), quando a liberalização das trocas no interior da zona beneficia produtores menos competitivos em detrimento dos produtos provenientes do exterior. Neste caso, a liberalização comercial intrazona prejudica a eficiência econômica. Contudo, o desvio e a criação de comércio podem ocorrer simultaneamente.

Os processos de integração são, como seu nome indica, fenômenos dinâmicos que conhecem uma série de etapas. No primeiro momento, as tarifas de importação ou alfandegárias que gravam os produtos estrangeiros quando estes entram em território nacional tinham como objetivo alimentar as finanças do Estado. No entanto, a atualidade demonstra que, salvo alguns Estados dispondo de condições econômicas embrionárias, a tarifa de importação persegue fins distintos: proteger a produção nacional que sofre concorrência da estrangeira, já que ela encontraria dificuldades para sustentar os preços

[139] Henry Kissinger ironizava a capacidade da Europa em falar com uma só voz indagando: "qual é o número de telefone da Europa?". Atualmente, a União Europeia dispõe de um Ministro das Relações Exteriores e busca como ocorreu com a crise na Líbia, manifestar uma frente única.

impostos pelos produtos importados, e compensar a prática de *dumping* do país exportador.[140]

As barreiras não tarifárias, ou seja, as fitossanitárias e as técnicas, quando não devidamente regulamentadas, podem servir igualmente como forma disfarçada de protecionismo. Há ainda o sistema de cotas de importação, com o qual o país comprador impõe limites quantitativos à entrada de certos produtos em seu território. Finalmente, pode ser definido um período sazonal, durante o qual produtos estrangeiros poderão ingressar em condições favoráveis no território aduaneiro nacional.

Dois Estados decididos a concederem-se mutuamente condições de comércio distintas daquelas praticadas com terceiros Estados firmam um *Acordo de Preferência Tarifária* (APT). Os exportadores de seus respectivos países beneficiam-se de tarifas menores que as impostas a produtos similares oriundos de terceiros e, por conseguinte, encontra-se em posição vantajosa com relação aos concorrentes.

A assinatura de um APT deve ser entendida como a demonstração de uma empatia política conjugada à existência de uma complementaridade econômica entre dois Estados. Contudo, a multiplicação desses acordos fez surgir à necessidade de seus conteúdos serem amplamente divulgados, pois caso eles fossem mantidos em segredo haveria uma indução a uma falsa expectativa de terceiros Estados concorrentes, que produziriam para uma hipotética exportação tornada impossível em razão da existência de um APT.

Para premunirem-se contra a concessão de preferências tarifárias ainda mais significativas que os Estados signatários de um APT poderiam vir a conceder no futuro para terceiros Estados, eliminando, assim, as vantagens auferidas inicialmente, os negociadores deveriam encontrar um instrumento que atualizasse constantemente os acordos de preferências tarifárias. Nasceu então o princípio da *cláusula incondicional e irrevogável da nação mais favorecida.*

Suponhamos que os *Estados A e B* concederam-se reciprocamente uma preferência tarifária de 40% sobre o imposto de importação de parte ou de todo o universo de produtos cobrado de terceiros Estados. Caso mais tarde o *Estado A* conceda ao *Estado C* uma preferência de 60%, a vantagem até então auferida pelo *Estado B* para suas exportações em direção ao mercado do *Estado A*, ficaria desfavorecida em 20%. A introdução da Cláusula da nação mais favorecida no acordo de preferência tarifária entre os *Estados A e B* evitaria o inconveniente, pois permitiria que as exportações deste possam se beneficiar da menor tarifa alfandegária, ou seja, a tarifa concedida aos produtos do *Estado C.*

A Cláusula da nação mais favorecida é incondicional e irrevogável, na medida em que nada poderá ser invocado para sua não aplicação, e nenhuma situação posterior poderá ser alegada pelo Estado concedente para eliminá-la de forma unilateral. A consequência primeira de sua generalização foi a

[140] Diz-se que um país pratica *dumping* quando vende produtos no exterior abaixo do preço vendido internamente. Pode-se também identificar a existência de *dumping* quando o produto é vendido abaixo do custo de produção a fim de descartar seus concorrentes do mercado. Uma vez dominando o mercado, o produtor pode manipular os preços, pois inexiste concorrência.

progressiva diminuição da média tarifária que protegia as economias nacionais. Para tanto, o GATT e a OMC obrigaram os Estados a depositarem os termos de todos os acordos comerciais para que os terceiros Estados tivessem conhecimento de seu conteúdo e pudessem invocar, quando pertinente, sua aplicação.

2.3. Natureza e tipologia da integração

O processo de integração comercial possui natureza distinta da simples concessão de preferências tarifárias. Nesta encontramos os instrumentos clássicos de política comercial, enquanto naquele os Estados devem lançar mão de princípios que podem vir a colocar em questão a essência de seu poder.

As razões que incitam dois ou mais Estados a trilhar o caminho da integração econômica, iniciando a caminhada pela formação de um bloco comercial, são múltiplas, variáveis e de peso desigual. Há agrupamentos de Estados que invocam a estreiteza de seu mercado consumidor nacional, como, por exemplo, os casos do Mercado Comum Centro-Americano (MCCA), do Pacto Andino (PA) e do acordo reunindo Bélgica, Holanda e Luxemburgo (BENELUX). Há outros que o fizeram incitado pelas lições da história, como é o caso da Comunidade Europeia do Carvão e do Aço (CECA), que esteve na origem da integração da atual União Europeia (UE). Há, ainda, aqueles que vislumbram a integração como uma plataforma para uma melhor inserção nas relações internacionais, já que ela oferece instrumentos de ação multilateral que o individualismo não contempla. Essa é uma das fortes razões que explicam a existência do MERCOSUL.

No entanto, quatro condições apresentam-se como basilares e incontornáveis: em primeiro lugar, a *contiguidade geográfica*. O processo de integração depende de um espaço físico delimitado que tende a estender-se à vizinhança. O exemplo da União Europeia é característico, apesar da irredutível posição da Suíça, cujo eleitorado somente aceitou acordos de cooperação com Bruxelas, sem, no entanto, integrá-la. Contudo, a UE decidiu, na Conferência de Copenhague de dezembro de 2002, elevar seu número de sócios de 15 para 25 Estados. A adesão teve início em maio de 2004.

Há outros exemplos, como a Área de Livre Comércio da América do Norte (NAFTA), que tenderá a estender-se do Alasca à Terra do Fogo caso vinguem as negociações para a formatação da Área de Livre Comércio das Américas (ALCA), e o MERCOSUL, que pretende incluir o conjunto da América do Sul formando a Área de Livre Comércio Sul-Americana (ALCSA).

A contiguidade faz surgir uma preferência de proximidade manifestada pela existência de zonas naturais de trocas comerciais. A geografia coloca-se a serviço da integração, e o livre comércio tende a ser mais intenso quanto mais próximo encontrarem-se os parceiros. Com a integração, as fronteiras políticas que representaram historicamente zonas de conflitos e de interdições transformam-se em espaços de cooperação e de circulação de riquezas.

Em segundo lugar, não havendo economia nacional que possa atualmente reivindicar uma supremacia mundial, as potências hegemônicas convenceram-se de que devem afirmar sua *zona de influência* em seu entorno natural (o Japão na Ásia e Pacífico; os Estados Unidos nas Américas; a dupla franco-germânica na Europa, e o Brasil na América do Sul).

Em terceiro, a integração pode permitir o *resgate dos espaços periféricos às potências hegemônicas,* como ocorre com o NAFTA e a União Europeia. No NAFTA, há a conjunção das riquezas naturais do Canadá, a tecnologia e o capital dos Estados Unidos com a mão de obra mexicana. Na União Europeia, nota-se a imensa mão de obra disponível no Leste. Em ambos os exemplos, a integração garante um consistente mercado consumidor.

Finalmente, é imprescindível a *existência de vontade política* que seja forte, constante, sustentada e amplamente majoritária no cenário político-partidário interno dos Estados-Membros. Tal afirmação parece ser uma decorrência evidente marcada por ingênua simplicidade. Contudo, muitos governos lançaram-se em processos de integração sem atentar para essa exigência e recolheram amargos frutos. A integração não se satisfaz com a expressão da vontade governamental, a qual é indispensável, embora insuficiente. Não basta ao sucesso da integração que ela decorra de uma política governamental: é necessário que se transforme em uma *estratégia de Estado,* imune às oscilações de maioria parlamentar ou de sucessões governamentais. Os numerosos fracassos e os escassos sucessos dos processos de integração deixam claramente transparecer esse princípio, que pode ser considerado uma *lei da integração.*

A existência de uma vontade política de Estado implica que as vantagens e inconvenientes da integração sejam repartidos equitativamente. Haverá reveses, setores produtivos serão prejudicados e tenderão a desaparecer em nome da eficiência, da qualidade, da competitividade e em benefício do coletivo. Sistemas que permitam o monopólio, o oligopólio, os cartéis, a inexistência de concorrência, a opacidade na formação dos preços e o beneplácito público para a manutenção de atividades escassamente competitivas, tornando reféns os consumidores e a sociedade, afrontam os princípios da integração.

Em face da recorrente e compreensível renitência dos governos em honrar a estratégia de integração de Estado, é indispensável que o processo seja dotado de instrumentos com a necessária eficácia jurídica, a começar pela existência de uma Corte de interpretação dos textos acordados. O poder constituído pelos Estados-Membros estará além e acima deles. Sem essa mínima institucionalização, o processo de integração ficará ao sabor das crises pontuais que marcam naturalmente esses processos.

Segundo a teoria clássica da integração econômica, o processo contempla várias etapas, percorrendo um caminho que pode conduzir os sócios da simples Zona de Livre Comércio à União Política. A tabela a seguir indica as distintas etapas e modelos de integração realçando suas vantagens e inconvenientes.

Tabela 23 – **Tipologia dos processos de integração**

Modelo	Características	Vantagens	Desvantagens
Acordo de Preferência Tarifária (APT)	Concessão entre dois ou mais países da cláusula da nação mais favorecida e diminuição de gravames alfandegários sobre produtos previamente definidos	O acordo permite que os países escolham os setores que serão beneficiados	Setores de produção pouco competitivos e até então protegidos pelas barreiras tarifárias serão afetados
Zona de Livre Comércio (ZLC)	O essencial dos bens (80%) circulará sem gravames alfandegários entre os Estados signatários como se nacionais fossem.	Especialização e complementação da cadeia produtiva com diminuição de custos e aumento da qualidade.	Ausente *regras de origem* dos bens poderá ocorrer que importados de Estados terceiros venham ser considerados indevidamente como nacionais.
União Aduaneira (UA)	Além da livre circulação dos bens, haverá também a imposição de uma *tarifa externa comum* (TEC) para os bens oriundos de Estados terceiros.	Elimina-se a tentação do comércio triangular, tornando-se inútil a definição de *regras de origem.*	O Estado que apresentar menores custos de importação (portos equipados, etc.) será beneficiado. Indefinição sobre o destino do imposto de importação.
União Comercial (UC)	Além das anteriores, adoção de uma política comercial comum e a coordenação de posições em foros econômico-comerciais regionais e internacionais.	As taxas alfandegárias recolhidas das importações de terceiros serão distribuídas equitativamente.	Abandono completo de políticas de comércio exterior por parte dos Estados nacionais.
Mercado Comum (MC)	Livre circulação dos bens e dos fatores de produção (capital, trabalho, serviços e tecnologia), adoção da TEC.	Alargamento do mercado; aumento da qualidade com o desaparecimento de setores não competitivos; ganhos de escala e produtividade	Coordenação de políticas macroeconômicas e setoriais (comércio exterior, agrícola, industrial, fiscal, monetária, cambial, de capitais, de serviços, alfandegária, de transportes e comunicações) e harmonização legislativa.
União Econômica e Monetária (UEM)	Além dos ingredientes do MC (as cinco liberdades), ela implica a definição e aplicação de políticas macroeconômicas por uma instância comum.	Adoção de uma moeda comum e harmonização das políticas públicas.	Abandono de duas prerrogativas de Estado: a moeda e o planejamento nacional.
União Militar (UM)	Além das anteriores, política de defesa externa comum.	Diminuição do orçamento militar; redefinição estratégica.	Abandono de um dos vetores tradicionais da ação externa dos Estados.
União Política (UP)	Executivo, Legislativo e Judiciário comuns, os dois primeiros eleitos pelo voto universal.	Coerência entre os propósitos econômicos e políticos	Desaparecimento das fronteiras nacionais e do próprio Estado.

O processo de integração percorre um itinerário *sui generis.* Ele somente pode ter início e consolidar-se a partir da expressão do consentimento do Estado – diferenciando-o dos processos imperiais – e pode resultar, ao seu final, no desaparecimento do Estado, em todo caso na forma que neste se apresentava no início do processo. Mesmo que o Estado não venha a sucumbir, princípios basilares como a soberania, jurisdição, relações comerciais externas e outros são profundamente modificados. Assim, o Direito Constitucional, o Comercial e o Tributário, por exemplo, dos Estados-Membros da UE, não podem ser apreendidos sem se referir aos compromissos coletivos. Surge inclusive um novo Direito – o Comunitário – que desfruta de supremacia e de aplicabilidade direta nas ordens jurídicas nacionais.

Segundo a teoria clássica da integração econômica, cada etapa do processo é absorvida pela etapa posterior, tal como o sistema de encaixe de uma boneca russa. Assim o conjunto do processo pode ser representado pelo gráfico seguinte:

Gráfico 6 – **A boneca russa da integração econômica**

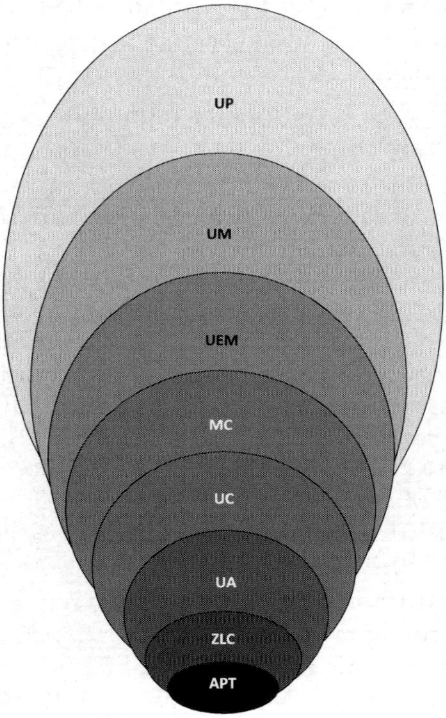

O epílogo da Segunda Guerra Mundial representou uma ruptura das relações internacionais e um ponto de partida de múltiplos processos de integração. O mais significativo foi o que reuniu os Estados europeus devastados pelo conflito. Bélgica e Luxemburgo, já vinculados por um acordo de união aduaneira firmado em 1921, associaram-se à Holanda e criaram, em setembro de 1944, o BENELUX. Tratava-se do prelúdio de um formidável movimento de integração que resultaria, em primeiro de janeiro de 2001, na adoção de uma moeda única (Euro) e no consequente abandono das moedas nacionais por parte da maioria dos Estados-Membros da União Europeia.

2.4. O GATT/OMC perante o regionalismo

Assiste-se, hoje, à criação de condições para o enfrentamento entre os blocos comerciais, como ocorreu na década de 1930? Ou, ao contrário, as regras multilaterais adotadas pelo GATT/OMC poderão evitá-lo? O regionalismo provocará uma fragmentação da economia mundial em zonas preferenciais? Tal risco é real, pois as vantagens consentidas mutuamente pelos integrantes de um bloco regional podem alcançar níveis que signifiquem uma clara discriminação em relação a terceiros, infringindo, assim, as regras multilaterais.

Os acordos do GATT, que permanecem em vigor paralelamente à OMC, tratam superficialmente do regionalismo, que continua merecendo atenção secundária, malgrado seu extraordinário desenvolvimento. Sendo impossível eliminar o processo de contestação do multilateralismo de alcance universal, o GATT impõe, em seu art. XXIV, uma série de restrições para que o regionalismo possa ser compatível com suas regras.

Segundo o art. I do GATT, os acordos regionais – sejam as uniões alfandegárias ou as zonas de livre comércio – são proibidos, a não ser que obedeçam às seguintes condições impostas pelo art. XXIV:

- As restrições tarifárias ou não tarifárias não podem ser iguais ou superiores às existentes antes da formação da UA (§ 5.a) ou da ZLC (§ 5.*b*);
- O acordo deve cobrir *parte substancial* do comércio entre os Estados-membros (§ 8). O GATT interpretou esse parágrafo indicando que no mínimo 80% do comércio devem ser contemplados, não sendo admitida a exclusão de nenhum setor importante, por exemplo, a agricultura;
- Caso seja firmado somente um acordo regional de caráter provisório, ele deverá indicar um calendário com prazos razoáveis para que sejam alcançadas a UA ou a ZLC (§ 5.c);
- Qualquer Estado que deseje ingressar ou formar uma UA ou ZLC deverá prontamente notificá-lo às Partes Contratantes do GATT com as informações pertinentes relativas às exigências anteriormente referidas (§ 7);
- Caso uma maioria de 2/3 das Partes Contratantes do GATT assim decidirem, poderá haver um abrandamento das condições impostas por esse artigo.

O GATT contempla unicamente os processos regionais que se apresentem como UA e ZLC. Ora, constata-se a existência de dezenas de acordos híbridos, intermediários ou impuros que não podem ser classificados segundo os parâmetros previstos pelo art. XXIV. Mesmo que a OMC defenda o caráter complementar entre regionalismo e multilateralismo, a multiplicação do primeiro poderá colocar em questão o segundo.

O regionalismo ainda não é tema controverso na OMC. Certamente, sua afirmação fará, cedo ou tarde, o multilateralismo de alcance universal se posicionar de maneira clara. Caso contrário, ele corre o risco de constatar a formação de ilhas comerciais que se afrontam sem possibilidade de fazer com que sejam aplicadas as regras pactuadas de maneira multilateral.

3. O MERCOSUL

As experiências de integração nos países em desenvolvimento são marcadas por grandes dificuldades decorrentes dos seguintes aspectos:

- Escassa complementaridade econômica; instabilidade político-institucional; conflitos de vizinhança latentes; elevada média de proteção tarifária;
- Programas públicos de apoio à substituição das importações;
- Oscilações da vontade política;
- Ausência de embasamento técnico;

- De objetivos inalcançáveis;
- Elevado índice de corrupção;
- Altas taxas de desemprego;
- Índices alarmantes de violência social;
- Desrespeito aos direitos humanos fundamentais;
- Imensas desigualdades sociais e regionais;
- Apego ao formalismo conceituai do princípio da soberania estatal.[141]

Tais entraves explicam o rosário de fracassos das experiências de integração nos países do Sul nas décadas de 1960 e 70. Todavia, o sucesso da UE, a consolidação do NAFTA e a progressiva implantação da ASEAN – cada um deles reunindo os polos centrais da economia mundial – obrigaram os países sulistas a revisar a estratégia de desenvolvimento para evitar sua crescente marginalização e constituíram uma das motivações que levaram a quatro países integrantes da Bacia do Prata a formar o MERCOSUL.

Em 1985, após o retorno dos civis ao poder, a Argentina e o Brasil decidiram virar a página de um antagonismo histórico. Confrontados com a década perdida da economia latino-americana e dispondo de escassas opções de política externa, os Presidentes Alfonsín e Sarney firmaram, a partir do ano seguinte, dezenas de acordos de cooperação econômica.

Sob o lema *crescer juntos*, a primeira fase não objetivava a formação de uma UA ou de uma ZLC, mas simplesmente a conclusão de acordos de complementaridade comercial para diminuir as mútuas desconfianças, como o caso do acordo na área da pesquisa nuclear. Nota-se, de pronto, que o eixo Brasília/ Buenos Aires constitui o motor do processo de integração platino.

Tendo a oposição vencido a sucessão presidencial nos dois países, surgiram dúvidas sobre a continuidade da cooperação. Contudo, os Presidentes Collor e Menem marcaram suas gestões por ousada iniciativa que rompeu com a simples cooperação anterior, ao apresentar uma nova proposta com as seguintes características:

- *Alargamento* – significa que a integração incorpora Paraguai e Uruguai, deixando à margem somente a Bolívia entre os signatários do Tratado da Bacia do Prata;
- *Aprofundamento* – a cooperação demonstrou seus limites e os países membros decidiram criar um Mercado Comum;
- *Aceleração* – as etapas seriam queimadas, já que a data de 31 de dezembro de 1994 foi fixada para alcançar os objetivos indicados, no Tratado de Assunção – TA (26 de março de 1991).[142]

A clareza da redação do art. I do TA indica que não há dúvidas quanto à concepção do novo bloco. Trata-se de formatar um Mercado Comum que implica as seguintes condições:

[141] A desigualdade entre os parceiros é apontada como um entrave à integração. Ora, se fossem iguais não haveria a necessidade de se associarem. O dilema é encontrar, no processo de tomada de decisão coletiva, mecanismos que expressem essa desigualdade. Por conseguinte, impõe-se a ponderação das vontades, que devem manifestar-se com um peso diferenciado nos processos de decisão.

[142] O texto integral do Tratado de Assunção encontra-se In: SEITENFUS, R. *Legislação Internacional, op. cit.*, p.1082.

1) Livre circulação de bens, serviços e fatores produtivos entre os países, através, entre outros, da eliminação dos direitos alfandegários, restrições não tarifárias à circulação de mercadorias ou de qualquer outra medida de efeito equivalente;

2) Estabelecimento de uma tarifa externa comum e a adoção de uma política comercial comum em relação a terceiros Estados ou agrupamentos de Estados e a coordenação de posições em foros econômico-comerciais regionais e internacionais;

3) Coordenação de políticas macroeconômicas e setoriais entre os Estados Partes – de comércio exterior, agrícola, industrial, fiscal, monetária, cambial e de capitais, de serviços, alfandegária, de transportes e comunicações e outras que se acordem a fim de assegurar condições adequadas de concorrência entre os Estados Partes;

4) Compromisso dos Estados Partes de harmonizar suas legislações, nas áreas pertinentes, para lograr o fortalecimento do processo de integração.

O conteúdo do ambicioso tratado contrasta com o escasso prazo concedido para alcançar seus objetivos. Complemento indispensável ao TA, foi firmado, poucas semanas depois, o Cronograma de Las Leñas. Ele determinou uma redução semestral de 15% – linear e automática – dos entraves tarifários e não tarifários aplicados ao universo dos produtos, fazendo que na data aprazada o MERCOSUL venha a ser uma ZLC perfeita.

Em 17 de dezembro de 1991, foi firmado o Protocolo de Brasília, que elegeu a arbitragem como instrumento jurídico exclusivo para a solução de controvérsias.[143] A decisão implicou o abandono da possibilidade de criação de uma Corte ou Tribunal permanente, com juízes independentes e, sobretudo, não permitiu a criação de uma jurisprudência que viesse a constituir um patrimônio jurídico mercossulino capaz de inspirar a solução de futuros litígios. A situação é ainda mais delicada por inexistir uma instância de interpretação dos acordos firmados, vazio jurídico que enfraquece o MERCOSUL e permite que cada um dos parceiros aplique o acordado de forma que melhor venha a defender aquilo que considere ser seu interesse nacional. Por conseguinte, o MERCOSUL não encontra quem advogue sua causa.

Na conferência diplomática de Ouro Preto (dezembro de 1994), foi adotado o modelo institucional *definitivo* do MERCOSUL: abandonou-se a possibilidade de compatibilizar os objetivos do TA com a estrutura institucional e adotou-se o modelo intergovernamental em detrimento do supranacional.[144] A partir de então, do ponto de vista jurídico, o MERCOSUL passou a funcionar, de fato, obedecendo às regras clássicas do Direito Internacional público e privado. Portanto, não há ponto de comparação entre sua experiência e a construção jurídica *sui generis* da Comunidade Econômica Europeia (CEE) e, posteriormente, da União Europeia.

Apesar das deficiências institucionais, o comércio intrazona cresceu de forma constante e espetacular durante alguns anos. De uma média de dois bilhões de dólares em 1990, o fluxo comercial alcançou 12 bilhões cinco anos

[143] O texto do Protocolo de Brasília sobre a solução de controvérsias no MERCOSUL encontra-se em *ibidem*, p..1119.

[144] Sobre a estrutura institucional do MERCOSUL, consultar o quadro sinótico In: SEITENFUS, R. *Manual das organizações internacionais. Op. cit.*

mais tarde. Até o Plano Real (julho de 1994), o Brasil mantinha um superávit com seus parceiros – tendência que se modificou a seguir e encontrou seu ponto de ruptura com a desvalorização cambial do Real em fevereiro de 1999. Se até aquele momento as recorrentes crises do MERCOSUL puderam ser equacionadas politicamente ou colocadas em situação de espera, a partir de então a Argentina iniciou uma descida ao inferno que provocou grave crise social e institucional.

Os países-membros do MERCOSUL firmaram o Protocolo de Ushuaia, que prevê a suspensão de um sócio que tenha sido vítima de uma ruptura institucional e do Estado de Direito. Apesar do respeito sacrossanto do princípio da não intervenção nos assuntos internos dos Estados, o bloco interferiu nas recorrentes crises políticas paraguaias auxiliando, com isso, a manutenção da ordem constitucional. Portanto, o MERCOSUL, que nasceu com a redemocratização da Bacia do Prata, transformou-se em guardião da democracia. Trata-se, sem dúvida, de um elemento positivo de alcance histórico para a região.

Sem desfrutar de um poder coletivo acima e além daqueles dos Estados-Membros, incapaz de estabelecer políticas comuns – em flagrante desrespeito ao acordado em Assunção – e confiando unicamente nas forças do mercado para solidificar-se, o MERCOSUL sofreu, a partir de 1999, grave impasse.

Apesar de ter firmado dois acordos de cooperação com Bolívia e Chile, o MERCOSUL não foi capaz de estender-se além dos quatro sócios originários. A promissora perspectiva de estabelecer uma zona de cooperação interatlântica com a União Europeia encontra-se, igualmente, em compasso de espera. A possibilidade de estender o MERCOSUL para o conjunto da América do Sul – abandonando a América Central e o México, enterrando, assim, a noção tradicional de América Latina – também não foi alcançada.

A questão essencial em face do alargamento é a seguinte: um bloco é mais forte e consistente por ser profundo ou por ser amplo? A multiplicidade da parceria tende a criar exceções: a integração europeia introduziu as noções de *geometria variável*, de *noyau dûr* e de *cooperação reforçada*[145] para designar compromissos diferenciados dos sócios. O MERCOSUL, ao contrário, não teve êxito em seu alargamento e retrocedeu, nos últimos anos, aos patamares iniciais do processo.

Com exceção do princípio da democracia representativa, o MERCOSUL enfrenta óbices para o tratamento coletivo dos problemas comuns que afetam os Estados do bloco. Os desafios externos comuns também não foram objeto de ação concertada. Tanto a dívida externa quanto a definição de uma estratégia conjunta de ocupação do mercado externo, ou ainda uma política comum para a atração dos investimentos, não foram objetos de entendimento, o que enfraquece ainda mais os frágeis liames que unem os parceiros do bloco.

Houve uma fadiga oficial com o MERCOSUL. Os Estados-Membros imaginaram ser factível a criação de um MC unicamente por meio das forças do

[145] Essas distintas expressões objetivam designar um mesmo fenômeno: no processo de integração europeu há países que não se encontram preparados ou dispostos a acompanhar o conjunto de aspectos integracionistas. Portanto, faz-se uma distinção entre eles e aqueles que pretendem respeitar todos os compromissos. Assim, a Inglaterra não participa de vários mecanismos europeus como, por exemplo, do Euro.

mercado, mas essa visão liberal contraria a experiência da UE e não permite o enfrentamento coletivo dos problemas comuns. Tal situação é preocupante, pois as alternativas de política externa são escassas, e o individualismo nacionalista de países marginais, como os que integram o MERCOSUL, tende a fazer com que eles percam o grau de autonomia que conseguiram nas relações internacionais.

Foi anunciado por ocasião da 19ª Cúpula Presidencial, realizada em Montevidéu em dezembro de 2005, o ingresso da Venezuela no MERCOSUL. Pela primeira vez, o bloco acolhe um novo membro fazendo com que o arranjo abandone seu caráter sub-regional e transforme-se num processo subcontinental.

Até aquele momento, os Estados que se aproximaram do MERCOSUL – Chile e os membros da Comunidade Andina de Nações (CAN) – o fizeram conservando prudente distância e escassos compromissos. Estas associações *à la carte* desfiguraram o MERCOSUL e fizeram com que ele fosse o único processo de integração em curso atualmente no mundo que abriga mais Estados associados do que membros plenos.

Aguardando impacientemente na sala de espera durante sete anos (2005-2012), a Venezuela já havia superado todos os entraves e barreiras, excetuando o Legislativo paraguaio. Este recusava constantemente ratificar a adesão venezuelana. Por esta razão, quando ocorre o suposto golpe parlamentar que destituiu o Presidente paraguaio Fernando Lugo em junho de 2012, os demais integrantes do MERCOSUL não somente aplicaram o Protocolo de Ushuaia suspendendo Assunção do bloco, mas igualmente utilizaram-se da oportunidade para oficializar definitivamente o ingresso da Venezuela.

O MERCOSUL vivencia momento histórico carregado de significado. Entre os aspectos positivos está a capacidade econômica do novo sócio. Importante produtor e exportador energético, Caracas tem-se utilizado destes recursos para dar consistência e impacto à sua atuação externa. Os acordos firmados pela estatal venezuelana PDVSA com a Petrobrás, com a YPF da Argentina e com a ANCAP uruguaia, demonstram o ativismo desta *diplomacia petrolífera*.

A estratégia venezuelana estende-se à América Central através da ALBA (Aliança Bolivariana para as Américas) e à Bacia do Caribe com o programa Petrocaribe.

Haverá igualmente um redesenho institucional do MERCOSUL. Há consenso sobre desequilíbrios e assimetrias entre os atuais sócios que provocam impasses impedindo a tomada de decisões substantivas. É provável que Caracas incentive um aprofundamento das instituições e encoraje a adoção de políticas transnacionais de caráter social. Seria uma nova fase do bloco que saltaria da atual integração negativa, marcada pelo desgravamento tarifário e desmantelamento de barreiras ao comércio, para uma integração positiva com a adoção de políticas públicas coletivas procurando redistribuir bens e riquezas.

Para tornar-se membro pleno com idênticos direitos e obrigações dos sócios originários, a Venezuela conformar-se-á às regras já adotadas pelo bloco. Deverá ser feito um inventário de compromissos de caráter urgente e outros diluídos no tempo. Entre os primeiros, estão os decorrentes da adoção de uma Tarifa Externa Comum (TEC) pelo MERCOSUL. Ora, raros são os produtos que possuem tarifas compatibilizadas entre o bloco e a Venezuela. Portanto, esta deverá fazer um grande esforço para adaptar-se, pois ausente a TEC seu ingresso será uma mera operação de relações públicas.

É impossível o ingresso da Venezuela no MERCOSUL sem um período transitório. Todavia, um estatuto diferenciado para a Venezuela pode ser aceito somente se provisório for. Ou seja, enquanto perdurar as negociações para a plena adesão. Caso contrário, o MERCOSUL corre o risco de implodir, pois os sócios de menor peso relativo poderão também reivindicar tal estatuto. Ainda mais que há demonstrações de impaciência com os constrangimentos decorrentes da união aduaneira.

Outra linha de raciocínio salienta a importância política da acolhida da Venezuela. Ora, é justamente neste plano que se encontra o principal risco. As recorrentes diatribes lançadas contra Washington e seus aliados na região levam ao isolamento da Venezuela. O ingresso no MERCOSUL romperia este cerco e poderia socializar politicamente o irrequieto Hugo Chávez. O poder personalista tal como concebido na atual Venezuela abre uma série de possibilidades que poderiam colocar em questão sua inserção no MERCOSUL.

No entanto, há um perigo a rondar o bloco: a possibilidade de sua utilização como instrumento de legitimação interna e de combate externo. Será o MERCOSUL transformado num instrumento de luta ideológica contra os Estados Unidos? Ele jamais foi concebido para servir de tridente de um combate político, mas unicamente para proporcionar melhores condições de existência aos seus habitantes.

Por conseguinte, caso a adesão venezuelana se sustente exclusivamente em considerações políticas, o projeto original do MERCOSUL estará em perigo. Como consequência, surgirá uma América do Sul desunida, não em razão do maquiavelismo de Washington, mas decorrente de nossas próprias limitações.

Tanto as possibilidades são imensas quanto os riscos concretos. Ou o MERCOSUL aprofunda-se e alcança o conjunto do subcontinente americano ou assistiremos a desconstrução da América do Sul. A agonia ou o êxtase do nosso futuro comum depende da responsabilidade dos atuais dirigentes. A História não se furtará de julgá-los.

4. Os desafios para a nova organização das relações internacionais

Permanece com plena atualidade o embate entre os dois principais desafios das relações internacionais contemporâneas. A maioria dos Estados, representando 75% da humanidade, propugna a busca de instrumentos para diminuir o fosso que os separa dos países desenvolvidos. Estes, por sua vez, demonstram um interesse preferencial pelas questões de segurança ao mesmo tempo em que defendem a adoção de uma democracia aviltada. Dividida entre os dois caminhos, a nova arquitetura das relações internacionais deverá reformar seu arcabouço institucional fazendo com que ele seja o reflexo das novas demandas e da realidade do mundo no pós-Guerra Fria.

4.1. A manutenção da paz e a reforma da arquitetura institucional

O século XX foi marcado por um percurso que conduziu a humanidade aos horrores dos crimes: o genocídio.[146] Assim foi definido pela Convenção de 1948 da AG/NU o crime internacional por excelência, que agride os direitos imanentes de todos. O Holocausto, o genocídio dos Armênios, dos Curdos, dos Cambojanos, dos Tutsis e a purificação étnica na antiga Iugoslávia marcaram de forma indelével o século passado.

Considerados conflitos de baixa intensidade em razão de sua localização, das armas utilizadas e das motivações dos contendores, eles foram, de fato, de altíssima mortandade. Por outro lado, a natureza dos embates toma difícil a clara distinção entre guerras internacionais clássicas e conflitos civis. Com exceção da América Latina, onde a maioria das vítimas resultou da luta pelo poder, na Ásia e sobretudo na África, surgiram conflitos mistos de extrema violência. Nessas condições, a manutenção da paz e segurança internacionais permanece como elemento central das relações internacionais.

Atualmente, grassam de trinta a quarenta conflitos armados ativos no mundo: alguns interestatais, mas a maioria, guerras civis. Frente a eles, o CS peca pela ausência e/ou ineficácia e tende a retornar a marginalidade em que se encontrava durante a Guerra Fria.

A utilização da guerra como instrumento de política externa dos Estados já havia sido condenada pelo Pacto Briand-Kellog (1928) e tomou-se ilegal com a adoção da Carta de São Francisco (1945), que condicionou a utilização da força à hipótese de legítima defesa. Contudo, tal reação não deveria "de modo algum atingir a autoridade e a responsabilidade" do CS (art. 51).

Em 1945, o CS refletia a divisão do poder internacional. Em nome da eficácia pretendida, as expectativas dos vencedores da Segunda Guerra Mundial foram contempladas. O Direito da paz e segurança internacionais confundiam-se com o Direito onusiano. Assim, transferiu-se a realidade política do poder para o plano da organização jurídica internacional. A Carta transformou o Poder em Direito e afastou a possibilidade de um controle *constitucional* ou *legal das* decisões do Conselho. Essas, quando tomadas obedecendo ao rito processual previsto na Carta, se transformam em Direito que deve impor-se a todos os Estados.

A Guerra Fria inviabilizou o funcionamento do modelo previsto pelo CS. Com seu epílogo, em 1989, ressurge o papel do CS em circunstâncias bastante

146 Rafael Lemkin foi o primeiro a utilizar-se dessa expressão em 1944 em pesquisa sobre a política do Eixo na Europa ocupada. O termo *genocídio* origina-se do grego *genus*, que indica *raça*, e no sufixo latino *cida* (matar).

distintas. Por tal razão foi preconizada uma reforma da arquitetura institucional, suscetível de contemplar a nova realidade. A lista de modificações sugeridas é a seguinte:

- Fazer as decisões do CS ser referendadas por um voto majoritário da AG;
- Necessidade de transparência dos trabalhos, com, por exemplo, consultas aos Estados não integrantes do CS;
- Fazer que o CS respeite o *jus cogens* e o Direito Internacional positivado e costumeiro, agindo somente em casos concretos;
- Alterar a composição do CS para que reflita a atual distribuição do poder internacional;
- Criar um *Conselho de Segurança da Humanidade* (CSH) composto dor reconhecidas personalidades privadas com competência para sugerir intervenções, inclusive armadas, com vistas à proteção da população civil em situação de risco;[147]
- O conjunto de modificações deve conceder maior agilidade e eficácia ao CS e não transformá-lo em cópia da AG.

Os Estados Unidos, pela primeira vez, estão dispostos a aceitar a ideia de dobrar o número de membros permanentes do CS. Contudo, os países não permanentes ainda seriam dez, compondo o CS de duas dezenas de membros. A ideia central é compatibilizar a representatividade com a eficácia.

Os novos membros permanentes seriam Alemanha e Japão. Os outros três representariam a América Latina, a África e a Ásia. Como designá-los? A inexistência de critérios objetivos e universalmente aceitos implica a utilização de percepções políticas. A única solução viável seria escolher um pequeno grupo de países candidatos em cada continente e aplicar um sistema de rodízio entre eles, o que, além de justo, levaria esses continentes a um mínimo de solidariedade entre contíguos.

Mesmo não contemplando o prestígio que certos países buscam ao reivindicar seu ingresso no CS, a solução representa um aumento de poder, relativamente à posição defendida pelo Brasil, por exemplo, que pretende obter uma cadeira de membro permanente sem poder de veto. Segundo essa proposta, o CS teria três tipos de integrantes:

a) Dez Estados transitórios com mandato temporário de dois anos;

b) Cinco Estados permanentes com mandato de duração ilimitada;

c) Cinco Estados permanentes atuais, com mandato de duração ilimitada e poder de veto.

É incontornável o papel dos Estados Unidos, a partir do início do século XX, na política internacional. Não poderia deixar de sê-lo também no seio de suas organizações construídas com o final da Segunda Guerra Mundial, especialmente a ONU.

Susan Rice, atual Representante permanente dos Estados Unidos na ONU, explicita com surpreendente transparência, o lugar ocupado pelas Nações Uni-

[147] Trata-se de sugestão do autor, pois como declarou Kofi Annan "a ONU, como instituição, colocará sempre o ser humano no coração de sua ação. Em nenhum país, o governo tem o direito de dissimular-se atrás da soberania nacional para violar os direitos do homem ou as liberdades fundamentais dos habitantes deste país" (Comissão dos direitos humanos da ONU, 7 de abril de 1999).

das em sua política externa. Para ela, caso esta não "existisse seria necessário inventá-la".[148]

Entre as funções da ONU de especial interesse dos Estados Unidos, Rice cita as que envolvem as Operações de Paz. Por um lado, "toda Missão de Paz deve ser aprovada pelo CS e os Estados Unidos dispõe da ultima palavra sobre qualquer decisão". Portanto, não há risco algum de ver contrariados os interesses de Washington.

Por outro lado, cada capacete azul "custa uma fração do que custaria um soldado dos Estados Unidos para fazer o mesmo trabalho. Não sei o que vocês pensam, brinca Rice com seu auditório, mas eu pessoalmente prefiro economizar os 75%" que permitem as Operações de Paz das Nações Unidas. Podemos adicionar uma terceira razão: como estas foram terceirizadas pelas Forças Armadas do Terceiro Mundo, os militares dos Estados Unidos não sofrem baixas já que seus raros militares e policiais ocupam exclusivos postos de mando.

Recorrer ao CS constitui simplesmente uma opção, e não uma obrigação, já que os Estados Unidos preferem receber um mandato do CS antes de utilizar à força de maneira unilateral. Mas caso o CS seja bloqueado por um veto, Washington não pretende abandonar a possibilidade de agir segundo sua percepção do interesse nacional. O conflito com o Iraque é revelador dessa posição.

Por outro lado, como instrumento complementar e possível substituto do CS, os Estados Unidos defendem um duplo e inovador papel para a OTAN: ela pode intervir sem um mandato do CS e as intervenções podem ocorrer no território de Estados não membros. A Aliança Atlântica não mais se restringirá à defesa coletiva, mas se transformará em um instrumento ofensivo.

Em 2001, Kofi Annan indicou as linhas mestras de uma reforma da Organização das Nações Unidas. Sucessor do fracassado Boutros Ghali, o novo Secretário Geral da ONU mostrou-se sensível às centenas de reuniões e dezenas de comitês bem como incontáveis relatórios que demonstraram a inevitabilidade das mudanças.

Infelizmente, Annan limitou suas sugestões à esfera administrativa. Trata-se do congelamento do orçamento regular, da supressão de 10% dos postos burocráticos, da prioridade concedida aos programas de auxílio ao desenvolvimento e da criação do posto de Vice-Secretário Geral, encarregado da arrecadação de recursos financeiros suplementares.

A reforma, porém, deveria alcançar três níveis: administrativo, político e operacional. Nas três últimas décadas, a ONU recolheu pífios resultados em suas maiores tarefas, quais sejam, a manutenção da paz e segurança internacionais e a busca do desenvolvimento equânime das quase duas centenas de países que formam a organização.

Contudo, Annan tem consciência de que qualquer modificação do tratado constitutivo da ONU exige não só a maioria dos membros da AG/NU e do CS, mas também a anuência de seus membros permanentes.

[148] RICE, Susan, *Facing 21st-Century Threats*: Why America Needs the UN, Palestra proferida no World Affairs Council of Oregon: Portland, 11 de fevereiro de 2011.

Outra grande ausência na anunciada reforma é de natureza operacional. A ONU é uma grande família que reúne dezesseis organismos especializados (FAO, OIT, OMS, OMC, etc.). Ora, os objetivos desses organismos são, na maioria dos casos, muito próximos. Sem uma nítida definição de competências e, sobretudo, sem a integração das atividades e programas, continua-se a despender recursos desnecessariamente.

A ONU deveria ser eficiente, enxuta, empregando a maioria dos recursos nas operações/fins, não no sustento da burocracia. Assim, teria a indispensável agilidade para intervir em conflitos que penalizam exclusivamente a população civil dos países envolvidos.

Após o primeiro passo de Annan e o segundo dos Estados Unidos consentindo na reforma do CS, espera-se que muitos outros apontem no sentido da solidariedade internacional, em detrimento de vaidades nacionais injustificáveis e do desperdício de recursos que poderiam evitar aviltantes e cotidianas cenas de horror, das quais todos devem se envergonhar.

Os dilemas envolvendo a questão iraquiana, no início de 2003, demonstraram que jamais na história do funcionamento do CS a opinião pública mundial pôde acompanhar seu processo decisório, de forma intensa e dramática, como nessa crise. Estrelas da política internacional contracenaram com obscuros diplomatas sob o olhar aparentemente impassível de Kofi Annan.

Todavia, o resultado da trama jogou-se nos bastidores, nas denominadas consultas informais que acontecem secretamente, distantes do olhar de todos. O que se permite presenciar é tão somente um jogo de sombras, no qual a retórica confronta-se com a demagogia, posto que os partícipes não representam a ONU, mas os interesses de seus respectivos Estados. Quando não se vislumbra um interesse nacional direto na discussão, barganha-se o voto, como ocorre atualmente com número considerável de membros não permanentes do CS. A plena compreensão do jogo securitário do Conselho implica, além do processo decisório, a implementação e a eficácia da decisão adotada.

Os críticos mais apressados à formação do pentágono imperial representado pelos Estados-Membros permanentes do CS, já que ele reúne o poder real com o direito estabelecido na Carta, não concedem a devida atenção à preocupação dos cinco países em premunir-se mutualmente contra as consequências que poderiam advir de uma ruptura da Frente Aliada. Ora, a Guerra Fria, que dominou a história da ONU, demonstrou que sua precaução não foi excessiva.

Uma vez tomada a decisão, é necessário efetivá-la. Como o CS não dispõe de Forças Armadas, ele recorre aos Estados-Membros da ONU, que conservam a possibilidade de recusar a solicitação. Portanto, uma decisão de agir pela força não implica, necessariamente, ação concreta.

Três concepções opostas digladiaram-se quando da formatação do atual sistema. A vencedora apoia-se em uma percepção nacionalista das relações internacionais. Para ela, a ONU não pode divorciar-se da realidade do poder. As potências não são membros do CS porque a ele cabe a função de manter a paz e a segurança internacionais. É por elas serem membros que o CS desempenha tal função.

A segunda concepção defendia genericamente a democratização do CS na medida em que a própria Carta da ONU reconhece o princípio da igualdade soberana de todos os seus membros (art. 2.1). As atuais pressões – inclusive brasileiras – para pôr um termo ao suposto anacronismo do CS decorre de uma percepção idílica das relações internacionais que se torna patente na atual crise iraquiana.

Como denotaram as iniciativas bélicas anglo-americanas, caso as potências não possam defender o que consideram ser seu interesse nacional no âmbito do atual sistema multilateral, elas o farão à margem dele. O dilema que se apresenta entre a manifestação do poder dos fortes e a adoção de medidas supostamente democráticas, no entanto desprovidas de instrumentos de execução pode conduzir o sistema a um impasse. Em outras palavras, no atual estágio da humanidade é mais benéfico um sistema injusto, pois calcado na realidade do poder internacional, ou um sistema justo, revelador da vontade da maioria, embora inaplicável?

A terceira concepção da organização internacional resolve esse permanente dilema. Em 1944, o jurista Hans Kelsen sustentou que somente um órgão jurisdicional – afastado do poder político dos Estados – poderia reorganizar as relações internacionais. Em situação conflituosa seria necessário diferenciar três dimensões: o juízo sobre a existência ou não de uma infração à ordem internacional; existindo um delito, o juízo sobre qual sanção será aplicada ao Estado faltoso; o juízo sobre quem aplicará e em que condições serão aplicadas tal sanção.

A primeira e fundamental indagação somente pode ser respondida por uma Corte independente composta por juízes, designados segundo sua competência. Do poder político que se expressa no CS não podemos aguardar outra resposta a não ser de natureza política. Esse projeto designava a Corte Internacional de Justiça (CIJ) como o órgão adequado para resolver com justiça os litígios internacionais. Todavia, não somente a pauta da CIJ resumia-se a assuntos marginais mas sobretudo, quando provocada para indicar os limites dentro dos quais o CS deveria atuar, ela declarou que seu caráter político impedia qualquer controle.

O CS é ao mesmo tempo, ilegítimo e legal. Tendo por testemunha a opinião pública, a crise iraquiana desnudou os dilemas da atual organização internacional, colocando em evidência seu caráter precário e primitivo.

4.2. Os desafios do desenvolvimento

A necessidade de estabelecer vínculos de cooperação entre os Estados, as OI e as ONGAT para minimizar a indigna situação em que vive parte ponderável da população do Sul se tornou consenso, pois trata-se de imperativo moral e ético a moldar as relações internacionais. Infelizmente, os resultados são escassos.[149]

Foram criados critérios de classificação da miséria que pudessem auxiliar o encaminhamento de soluções práticas às populações dos Estados mais necessitados. A marcante disparidade, sob todos os aspectos, entre os países do TM impôs o estabelecimento de uma hierarquia da pobreza. Três grupos sobressaem: a) os novos países industrializados (NICs); b) os países intermediários; c) os países menos avançados (PMA).

O grupo de PMA era composto, quando de sua criação, por somente 25 países. Dos originários, apenas um, o Botsuana, em razão da exploração das minas de diamante, conseguiu extrair-se da insustentável situação. No entanto, o clube dos desvalidos teve dobrado o número de seus integrantes, pois conta atualmente com 49 países, sendo 34 africanos, que totalizam 630 milhões de habitantes.

É necessário enfatizar que os índices que definem o ingresso de um país no clube dos PMA são extremamente rigorosos. Apesar de encontrarmos situações de extrema pobreza e de desigualdade social em vários países localizados no continente americano, somente o Haiti integra seu rol. Os indicadores socioeconômicos são tomados em âmbito nacional e, portanto, não desvendam os desequilíbrios regionais e sociais que caracterizam a grande maioria dos países do Terceiro Mundo.

Nos PMA sobressai a pobreza – quando não a miséria absoluta – de uma parcela ponderável da população. A escassez de poupança interna conduz ao endividamento crescente, pois ausente está qualquer perspectiva de crescimento econômico, o qual é negativo ou conhece, por longo período, uma estagnação. A diminuição da riqueza nacional é acompanhada por recorrente espiral inflacionária que incrementa a dependência dos PMA em relação ao exterior, tomando-os dificilmente administráveis.

Malgrado o extraordinário desenvolvimento econômico que o mundo conheceu na última metade do século XX, mais de 50% da população mundial, ou seja, 3 bilhões de pessoas não conhecem os direitos sociais, econômicos e políticos fundamentais. Situadas na África, Ásia e também na América Latina, tais populações encontram-se à margem do progresso.

Razões endógenas explicam a amplidão da catástrofe: persistência de guerras civis, descontrole do crescimento demográfico, catástrofes naturais. Contudo, tal situação é agravada pelo desenvolvimento desigual e excludente oferecido pelo atual sistema das relações internacionais e pelo fracasso da cooperação internacional como instrumento de diminuição das desigualdades.

Eis uma representação gráfica da péssima distribuição dos recursos e riquezas do mundo. O gráfico indica a repartição do produto mundial bruto (PMB) em porcentagem por quintos da população classificada pelo nível de renda.

[149] Segundo a OMS, atualmente 40 milhões de pessoas estão a tal ponto desnutridas na África que milhares morrem todos os dias.

Gráfico 7 – **A desigualdade no mundo**

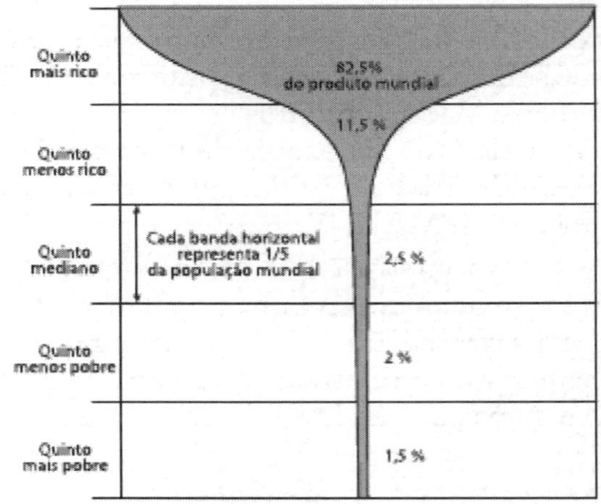

Fonte: *Relatório Anual*, PNUD, 1992, p. 39-40.

Etimologicamente, a cooperação deve ser entendida como a operação de dois ou mais parceiros que unem seus esforços para atingir um objetivo comum. O trabalho cooperativo permite dividir os resultados entre os partícipes criando uma dependência recíproca. De fato, a cooperação internacional resulta de uma solidariedade entre desiguais e complementares, com vistas à articulação e à organização de uma convivência construtiva.

Todavia, a história das relações internacionais demonstra que os Estados desenvolvidos preferem o relacionamento bilateral, pelo qual subjugam os Estados débeis e impõem uma pauta securitária, descartando a socioeconômica. Os Estados do Sul foram percebidos como espaços para o exercício da influência – como *quase Estados* jamais como atores plenos do sistema.

A assimetria vertical das relações Norte/Sul foi marcada pelo controle político do Sul por meio de alianças e tratados desiguais, em que cada uma das partes desempenhava o exclusivo papel de doador ou receptor. Quando aspectos econômicos eram objetos desses laços, eles se restringiam à transferência de recursos financeiros para a elite política local, que os manipulava segundo seus próprios interesses. A corrupção e o desvio dos recursos realizados com a benção e a conivência do próprio doador transformaram os projetos de cooperação internacional em biombos a esconder suas verdadeiras intenções e seus beneficiários.

Seguindo os princípios da teoria da divisão internacional do trabalho – defendida pela totalidade das economias desenvolvidas era de se supor que a maioria dos países do TM poderia fazer valer suas vantagens comparativas e especializar-se na produção e exportação de produtos primários.

Condições climáticas favoráveis, extensão de terras produtivas, capacidade tecnológica e disponibilidade de mão de obra são elementos capazes de proporcionar aos países em desenvolvimento um importante papel no intercâmbio de bens agrícolas. Todavia, trata-se de ilusão, pois além de os produtos agrícolas não ultrapassarem 9% do total do valor das exportações mundiais, estas *commodities* provêm, majoritariamente, das economias dos países desenvolvidos.

A soma das exportações agrícolas dos onze países desenvolvidos exportadores de produtos agrícolas alcança 55% do total, enquanto os quatro mais importantes exportadores em desenvolvimento perfazem somente 10%. Por conseguinte, mesmo nas atividades onde, *a priori*, o Terceiro Mundo estaria em condições vantajosas, assiste-se à nítida predominância das economias desenvolvidas.

Há casos extremos: por exemplo, a Holanda consegue exportar, em valores, o dobro do Brasil e o triplo da Argentina. Tal situação evidencia a utilização de uma técnica de produção afinada, a existência de uma política de incentivo à conquista de mercados externos e, sobretudo, um amplo protecionismo de seu mercado, em particular para os produtos agrícolas.

Tabela 24 – **Os principais exportadores de produtos agrícolas (2014)**

1. Estados Unidos
2. Países Baixos
3. Brasil
4. Alemanha
5. França
6. Espanha
7. Canadá
8. China
9. Bélgica
10. Itália

Fonte: OMC. *Statistiques du commerce internatíonal*, 2015.

A política agrícola comum (PAC) praticada pela União Europeia, e as medidas protecionistas dos Estados Unidos não somente impedem a entrada de produtos agroindustriais do TM em seus mercados como também descartam os produtos do Sul de terceiros mercados consumidores, por meio da concessão de subsídios às exportações.

O quadro transcrito a seguir mostra a divisão continental do comércio agrícola e sua importância para a América Latina. Esta, juntamente com a América do Norte, é uma das poucas regiões do mundo que alcança um superávit na balança agrícola, indicando a importância da produção primária para o equilíbrio das contas externas.

Há um tema de grande relevância para as relações internacionais, qual seja, o das negociações, no âmbito da OCDE, de um Acordo Multilateral de Investimentos (AMI), considerado por Renato Ruggiero, ex-Diretor-Geral da OMC, como a futura "Constituição de uma economia mundial unificada" Todavia, percebem-se no texto em tela quatro características preocupantes:

a) a negociação, que deveria ocorrer em um organismo universal como a OMC, é realizada no clube fechado dos países desenvolvidos; b) o AMI será, na prática, imposto aos países que não participaram de sua elaboração, pois caso não adiram ao acordo serão alijados do mercado de captação de recursos financeiros; c) as negociações se desenrolam sem qualquer transparência; d) o sistema de solução de controvérsias não somente é acessível às empresas, como também os juízes serão privados, rebaixando o Estado a um mero interessado. A legislação nacional contrária aos princípios da AMI deverá ser reformulada.

Liberadas as relações internacionais da camisa de força representada pela *Guerra Fria*, supunha-se que os desafios envolvendo o desenvolvimento econômico dos países do Sul encontrassem um papel central. Infelizmente, a pauta securitária prossegue sua dominação e impede a adoção de uma estratégia voltada à diminuição dos problemas sociais. Como será abordado a seguir, o Ocidente transfere seus valores formais, como a democracia representativa, mas descura de seu conteúdo.

4.3. A universalização dos valores e a ideologia mascarada

Uma das tendências políticas profundas do pós-Guerra Fria foi a expansão da democracia representativa como modelo de organização para as sociedades nacionais e como inspiração para a institucionalização das relações internacionais.

Independentemente do embate entre as teorias realistas e institucionalistas e o elevado grau de polêmica que envolve a difusão do sistema democrático, é necessário reconhecer que o grau de lealdade democrática é fenômeno marcante da contemporaneidade, sugerindo facilidades ou constrangimentos para os Estados em suas relações exteriores. O quadro transcrito a seguir indica o alcance dos avanços da democracia representativa no mundo.

A democracia é o único sistema de organização e de representação política que dispõe de ampla legitimidade ideológica. Podendo ser resultante de vontade majoritária no seio da população, de mimetismo, de imposição exógena ou ainda da pressão constante das organizações internacionais públicas e privadas, constata-se a supremacia inconteste do modelo democrático quando comparado com as demais formas de organização política. Tal supremacia reflete, em suma, a preponderância do modelo Ocidental. Em 1900, nenhum país havia instituído o sufrágio universal e, atualmente, quase todos o fazem. No último quartel do século passado (1974-1999), 113 países mudaram de um regime autoritário para o sistema multipartidário,[150] sendo os casos da África e da redemocratização da América Latina exemplares dessa evolução.

---

[150] UNCTAD. *Relatório mundial sobre o desenvolvimento humano*. 2000.

Tabela 25 – **A democratização mundial (1922-2018)**[151]

Ano	Estados democráticos	Estados não democráticos	Total de Estados	% de Estados democráticos
1922	29	35	64	45%
1942	12	49	61	20%
1962	36	75	111	32%
1973	30	92	122	25%
1990	58	71	129	45%
2011	115	52	167	69%
2018	172	21	193	89%

Fonte: Tabela organizada pelo Autor utilizando várias fontes.

A adoção de um modelo *standard* de organização política originou-se na Declaração Universal dos Direitos do Homem e, sobretudo, no Pacto sobre os Direitos Civis e Políticos (1966).[152] Enquanto em 1975 somente 73 países o haviam ratificado, em 2000 o número praticamente dobrou (144). Em 2008, o número de Estados signatários alcança 161 e atualmente conta com 167 ratificações, perfazendo 86% dos Estados Membros das Nações Unidas.

Muitos entre os princípios que fundamentam a democracia política estão contidos no Pacto de 1966, tais como:

a) Liberdade de expressão (artigo19)

b) Direito de reunião pacifica (artigo 21)

c) Direito de associação (artigo 22)

d) Direito e possibilidade de participar dos assuntos públicos diretamente ou através de representantes escolhidos livremente (artigo 25)

e) Direito de votar e ser eleito através de eleições periódicas, honestas, pelo sufrágio universal, igualitário e com escrutínio secreto (artigo 25).

A busca de legitimidade por parte dos Estados e a imposição dos princípios de bom governo por meio das instituições internacionais, auxiliam a difusão da democracia.

Muitas organizações internacionais regionais – sejam elas de natureza política ou econômica – adotaram, a partir do início dos anos de 1990, dispositivos em suas Cartas constitutivas que preveem a democracia como forma exclusiva do regime político e ameaçam com a suspensão imediata dos Estados que são vítimas de mudanças que firam o Estado de Direito. Além disso, a falta de lealdade à democracia pode levar um Estado a sofrer sanções de natureza

[151] Há autores e instituições que adotam critérios distintos ao diferenciar as formas de regimes políticos. O mais corrente diz respeito aos casos de regimes considerados anocráticos. Ou seja, aqueles que fazem a junção de democracia com ditadura ou como uma mistura de democracia com traços autocráticos, comumento chamada de *ditabranda*. Consultar <https://www.politize.com.br/indices-de-democracia/>. Ver também <https://www.in.gr/wp-content/uploads/2020/01/Democracy-Index-2019.pdf>.

[152] Consultar a íntegra dos textos In: SEITENFUS, R. *Legislação Internacional. Op. cit.* p. 256-259 e 288-300.

econômica e política, particularmente de certos países – Estados Unidos e Canadá – e do grupo de Estados que formam a União Europeia.

Encontramos igualmente situações-limite, como o caso haitiano. Em 1994, os Estados Unidos foram autorizados pela ONU e pela OEA a utilizar a força para restaurar o poder do governo democraticamente eleito que havia sido derrocado por um golpe militar. Dez anos após, em janeiro de 2004, ambas as organizações compactuaram com outro golpe que uma vez mais destituiu um Presidente democraticamente eleito.

Há, igualmente, o exercício de sanções positivas no caso do respeito à lealdade democrática. Os incentivos são de caráter essencialmente econômico e se concretizam por meio de vantagens, tais como créditos com juros preferenciais ou simbólicos, acesso dos produtos do país ao mercado consumidor dos países democráticos e apoio nas instâncias internacionais como o FMI e o Banco Mundial.

O protesto e a não conformidade com os cânones democráticos fazem parte da história recente das relações internacionais, sustentando-se no princípio da autodeterminação dos povos que, muitas vezes, foi confundido com a autonomia dos governos ditatoriais. O discurso que defende o paradigma da soberania, inspirado nos primórdios de Vestefália, apresenta grande atualidade nos países do Sul. As pressões exercidas pelo exterior são apresentadas como neocoloniais e desrespeitosas do domínio reservado e da independência dos Estados.

Outra forma de resistência manifesta-se pela utilização, para fins políticos, de conceitos vinculados ao relativismo cultural. Há, nesse caso, a clara manipulação do conceito de democracia. Identificada com o Ocidente, e não como forma de organização política que reconhece a supremacia da maioria e o respeito dos direitos da minoria, a democracia transforma-se em produto do Ocidente desenvolvido e corpo estranho à história do Terceiro Mundo, o qual cultua as diferenças e tende a recusar a democracia, afirmando seus nacionalismos e particularismos.

Há Estados recalcitrantes que não se curvam à democracia, constituindo um pequeno grupo de *Estados-Párias* que estão à margem das principais correntes do sistema internacional. Estigmatizados, esses Estados frequentam com assiduidade os relatórios nacionais e internacionais que apontam o desrespeito aos direitos humanos fundamentais. Claro está que o Estado-Pária detém condições para viver em autarquia, pois dispõe de meios materiais. Todavia, os que não possuem esses meios obrigam-se a aceitar os cânones da democracia. Finalmente, esta pode ser degradada – como em recentes casos latino-americanos e africanos que introduziram a possibilidade da reeleição infinita – e sua prática questionável em razão da ausência de transparência e altos índices de corrupção. Conserva-se somente a forma, materializada pelo jogo eleitoral, cujo resultado não permite o respeito ao princípio essencial da democracia, isto é, a alternância no poder.

Finalmente, alicerçado nos princípios políticos da *Responsabilidade de Proteger*, encontrou fértil campo de ação, nesta última década, a intervenção nos assuntos internos de certos *quase-Estados* ou *Estados-falidos*, por supostas razões humanitárias. Ausente um marco legal consensual, o CS/ONU se autoatribuiu a tarefa. Por evidentes razões, a decisão de intervir por supostas motivações humanitárias se transformou em mecanismo oportunista e subjetivo à disposição de seus Membros permanentes.

5. O impacto do terrorismo sobre as relações internacionais

Em 11 de setembro de 2001, o gesto extremo de terroristas que se apresentavam como pessoas comuns indicou a impossibilidade de existir santuários imunes aos efeitos das relações internacionais. Apesar da ausência de recuo temporal, são visíveis alguns pontos de ruptura. Eles podem resultar em uma evolução positiva, reforçando a cooperação internacional, ou negativa, com o avanço do nacionalismo, do maniqueísmo, da xenofobia e da vontade unilateral dos mais fortes, em particular dos Estados Unidos.

Os primeiros meses da administração Bush foram marcados pelo nacionalismo que conduziu o país a isolar-se ainda mais, interferindo na cena internacional somente em defesa do que Washington considerava ser seu interesse nacional.

5.1. A resistência dos Estados Unidos ao multilateralismo

Os Estados Unidos têm promovido uma oposição sistemática aos acordos e à cooperação multilateral que objetivam consolidar princípios básicos de convivência internacional: recusaram a Convenção internacional de proteção à criança, não ratificaram o Acordo sobre a eliminação de todas as formas de discriminação da mulher, denunciaram o ABM, não ratificaram o tratado que proíbe os testes nucleares (TICE), não aprovaram o protocolo sobre armas biológicas, não assinaram a Convenção de combate às minas antipessoais, recusaram o protocolo de Quioto sobre o aquecimento terrestre, opuseram-se às iniciativas da OCDE contra os paraísos fiscais e a lavagem de dinheiro, não assinaram o Estatuto da Corte Penal Internacional.[153] No âmbito regional, não se submetem à Corte Interamericana de Direitos Humanos – CADH – (Pacto de São José da Costa Rica), sequer à Comissão Interamericana de Direitos Humanos (CIDH) da OEA.

Esta longa lista indica a relutância tradicional dos Estados Unidos em participar da construção multilateral e abrir mão de qualquer prerrogativa. Tal atitude enfraquece o sistema internacional, impossibilitado de criar normas, direitos e obrigações, concedendo-lhe menor previsibilidade e segurança.

Da progressiva e inelutável afirmação dos Estados Unidos como superpotência, após a Segunda Guerra Mundial, decorreu um duplo fenômeno:

---

[153] A íntegra do Estatuto da CPI encontra-se In: SEITENFUS, R. *Legislação Internacional. Op. cit.*, p. 147-198.

no campo estratégico-militar, a confrontação com o comunismo; e, no campo dos valores, surgiu o discurso de defesa da liberdade, da democracia e dos direitos humanos, que se transformou em imperativo messiânico durante a administração Carter.

As reiteradas intervenções de Washington nos assuntos internos de outros Estados, veladas ou abertas, tomaram-se uma constante, sob a justificativa de que os Estados Unidos não defendiam o egoísta interesse nacional, mas os princípios sagrados da humanidade. A intervenção poderia ser violenta e unilateral, desde que os objetivos perseguidos fossem éticos e universalmente aceitos. Tal visão foi agredida pelas recentes atitudes norte-americanas diante do salutar Direito Internacional que emergiu no final do século passado. Aliás, com grande atraso.

Por que os Estados Unidos opõem-se à adoção de textos cujo conteúdo pretende defender em suas intervenções no exterior? Washington justifica-se por questões terminológicas, pela insuficiência dos textos e, por vezes, sua suposta inaplicabilidade. De fato, cada um dos acordos mencionados encontra adversários no interior da sociedade americana, sobretudo aqueles acordos que, por natureza, implicam mudanças nas regras produtivas (meio ambiente e indústria bélica) ou interferem, mesmo marginalmente, no poder total e absoluto de que dispõem os militares em suas ações no exterior (minas antipessoal e Corte penal).

Contudo, a recusa dos Estados Unidos em fazer avançar o Direito Internacional e universalizar princípios da civilização prende-se à consciência de que o direito é o escudo dos fracos, e a força é a razão dos fortes. Como convencer o mundo da justeza de tais princípios se a nação mais poderosa, que neles sustenta seu discurso internacional, é seu principal adversário?

O resultado do voto sobre o Estatuto da CPI, adotado em Roma (18.7.1998), com 120 votos a favor, 21 abstenções e sete contrários, colocou os Estados Unidos em companhia de regimes pouco recomendáveis como China, Filipinas, índia, Israel, Sri Lanka e Turquia. Uns por filosofia, outros em razão de conflitos internos e internacionais, são presença constante nos relatórios, tanto das organizações não governamentais quanto da ONU, sobre violação de direitos fundamentais e desrespeito ao Estado de Direito.

A obstrução dos Estados Unidos e certas limitações do texto do Estatuto da CPI não devem obscurecer o extraordinário avanço que ele representa para os direitos humanos. Mesmo que Cícero já tenha constatado que quando as armas falam o direito emudece, somente no século XIX surgiu um direito da guerra buscando proteger a população civil das agruras dos conflitos. Uma justiça internacional permanente começou a ser construída a partir do estatuto da CPI.

Os Tribunais de Nuremberg e de Tóquio conduziram os principais criminosos da Segunda Guerra ao banco dos réus. A justiça do vencedor, com um tribunal *ad hoc,* preocupou-se exclusivamente com os muitos crimes dos perdedores da guerra. Os eventuais criminosos que pertencessem ao campo dos vencedores estavam protegidos por absoluta imunidade.

Em 1948, a AG/NU havia solicitado um parecer sobre a criação de um tribunal penal internacional. A Guerra Fria impediu qualquer progresso da ideia. As guerras na antiga Iugoslávia e em Ruanda, com seus rosários de atrocidades, fizeram surgir os Tribunais especiais de Haia e de Arusha. A criação do Tribunal permanente foi um primeiro passo para pôr fim à impunidade dos criminosos de guerra e dos responsáveis pelos crimes de genocídio. Nasceu uma justiça que será, com certas limitações, imposta segundo critérios jurídicos, e não políticos.[154]

O tratado constitutivo do TPI depende da vontade dos Estados que livremente negociaram, ratificaram e vincularam-se a seus dispositivos. Encontram-se, nessas características, sua grandeza e suas vicissitudes. Há, contudo, duas certezas e uma necessidade: por um lado, a permanência do acordado em Roma diferencia o TPI das experiências tentadas anteriormente para construir uma justiça internacional. Por outro, os candidatos a réus do TPI conhecem, previamente, as sanções previstas para seus futuros crimes.

Para que o Estatuto se transforme em instrumento efetivo, é necessário que ele seja aplicado de maneira universal. Ora, a oposição dos Estados Unidos, inclusive suas tentativas para esvaziar o TPI por meio de acordos paralelos firmados com os Estados signatários a fim de excluir os cidadãos de nacionalidade norte-americana, coloca em questão a própria viabilidade do acordado em Roma. Como criar uma justiça além-fronteiras quando o Estado que domina o cenário bélico internacional desvincula-se de qualquer compromisso com as regras pactuadas?

Todavia, o conjunto das relações internacionais sofreu um extraordinário abalo e uma inelutável recomposição de forças e valores com os atentados de 11 de setembro de 2001 em Nova Iorque e Washington. Tratou-se de uma profunda ruptura que conduziu o sistema internacional a um verdadeiro *turning point*, cujas repercussões não podem ainda ser plenamente avaliadas.

5.2. A ruptura de 11 de setembro de 2001

Os terríveis atentados de 11 de setembro marcaram importante inflexão da política externa norte-americana e das relações internacionais. Washington revisou rapidamente sua atitude frente à cooperação multilateral, imprescindível para as novas condições, e tende a abandonar o unilateralismo que o caracterizava.

Em primeiro lugar, a ideia de que a história havia acabado mostrou-se absurda. Certamente, o histórico embate entre capitalismo e socialismo conheceu seu epílogo com a queda do Muro de Berlim. No entanto, ainda há espaço para o inesperado, pois o curso do mundo não está definido. O determinismo com que todos os fatos eram apresentados deu lugar à incerteza. Nada é inevitável

[154] Raramente os réus reconhecem de bom grado a jurisdição de tais tribunais. A defesa de Slobodan Milosevic, exercida pessoalmente pelo antigo ditador, enfatizou a ilegalidade do Tribunal presidido por um juiz britânico. Ora, questionou o réu, "poderá um tribunal fazer justiça quando composto por cidadãos britânicos?".

e afastou-se, no primeiro momento, o princípio da submissão obrigatória. Em um mundo em mutação, os gigantes pagam o preço de sua própria força. Não se trata de uma interpretação positiva do terrorismo, mas da simples constatação de que há outros elementos em jogo além dos fatores econômicos, e que o determinismo é antes um argumento a sustentar o conformismo do que uma realidade.

Em segundo lugar, a pauta de governo da administração Bush foi atingida em sua essência. O Presidente George W. Bush acreditou que poderia conduzir uma política externa *à la carte*, agindo no exterior somente em último caso, com custo mínimo possível, guiado apenas por seus interesses internos, como, por exemplo, o apoio flagrante a Israel e o abandono do processo de paz no gravíssimo conflito no Oriente Médio. Desabou com as Torres Gêmeas a ideia de que "a paz é a guerra alhures". Uma eventual "paz dos cemitérios" entre israelenses e palestinos poderia significar a guerra no Ocidente. O estilhaço atroz de um conflito criado pela comunidade internacional na década de 1940, e que desde então ela se recusava a enfrentar, talhou o horizonte do novo século.

Mais do que uma prova de que nenhum lugar do planeta é intocável, já que a própria superpotência foi atacada em seu coração financeiro e militar, o onze de setembro significou um desesperado apelo para que Washington fosse mais do que simples guardião do *status quo*. Tais condições fizeram Bush sair da concha e voltar-se à comunidade internacional, com inédita consciência de pertencer a um mundo interligado e dependente. Surgiu, então, um verdadeiro dilema: sobre que bases será construída essa nova consciência coletiva internacional?

A comunidade dos Estados possui um instrumento legal de ampla abrangência para combater o terrorismo: o Conselho de Segurança da ONU. Em seu art. 39 (cap. VII, que trata da "ação relativa a ameaças à paz, ruptura da paz e atos de agressão"), a Carta da ONU estipula, de forma sábia, que o "Conselho de Segurança determinará a existência de qualquer ameaça à paz".[155] Em sua Resolução n. 1.373, de 28 de setembro de 2001, o CS decidiu, por unanimidade, combater o terrorismo. Tal decisão implica a luta coordenada para o desmantelamento da rede do terror e adoção de medidas contra Estados que a sustentam. Para tanto, é imprescindível que a imputabilidade da responsabilidade estatal seja demonstrada com limpidez. Caso contrário, a comunidade dos Estados estará concedendo legalidade às ações políticas e militares dos mais fortes.

Apesar da existência de instrumentos jurídicos no âmbito da ONU, os Estados Unidos decidiram descartar a participação da organização alegando que sua resposta militar era absolutamente legal, já que ela se enquadrava perfeitamente no art. 51 da Carta, que trata do direito de legítima defesa.

Liberou-se, assim, o caminho para uma resposta de grande envergadura contra os supostos agressores. E o terrorismo que se abateu de forma dramática sobre os Estados Unidos pôde atingir mais um dos objetivos de sua ação

[155] Tanto a íntegra da Resolução contra o terrorismo quanto a Carta da ONU encontram-se em SEITENFUS, R. *Legislação Internacional. Op. cit.*

criminosa: fazer com que a reação de Washington não respeitasse as regras de convívio, sobretudo do Direito Internacional, nivelando vítimas e algozes.

Em sua cruzada antiterror, os Estados Unidos adotaram uma atitude imperial resumida na frase: "quem não estiver conosco, estará contra nós". Em face desse ultimato, curvou-se o mundo, inclusive potências nucleares e tradicionais adversários de Washington, como a China e a Rússia. O terrorismo – inimigo desprovido de face e de normas – recolheu unanimidade contra si. O ex-presidente Clinton apressou-se a apoiar Bush, pois havia uma guerra a ser travada, e os Estados Unidos lutavam, como enfatizou Clinton, "pela alma do século XXI".

Amplas e indiscriminadas represálias, como apregoam alguns responsáveis americanos, terão como consequências a desestabilização das relações internacionais e a união dos mundos islâmico e árabe contra o Ocidente. Corre-se o risco de ser efetivamente desencadeada uma guerra de civilizações com resultados profundos e duradouros.

O que é o terrorismo – Trata-se de um instrumento de combate e a forma de luta mais abjeta que prolifera em propício caldo de cultura. Não é um programa de governo, uma filosofia ou uma ideologia, mas simplesmente a arma da marginalidade, da delinquência e do banditismo. Portanto, deve ser tratado como caso de polícia na alça de mira do Direito Penal e jamais ser conduzido ao plano superior do Direito Internacional, que trata das relações entre os Estados.

Tanto mercenários quanto guerrilheiros dos movimentos de libertação nacional diferenciam-se dos terroristas. Aqueles estão a serviço de um Estado ou de um projeto de Estado e integram um corpo combatente regular. Aos guerrilheiros é reconhecido, inclusive, o estatuto no Direito da Guerra. Aos mercenários, sequer são aplicados os princípios que regem os conflitos.

Nenhuma norma do Direito da Guerra pode ser aplicada aos terroristas, pois eles são simplesmente civis, criminosos, detentores de diferentes vínculos de nacionalidade. Suas ações não são reivindicadas por nenhum Estado – portanto, inexiste imputabilidade da responsabilidade jurídica internacional, já que os violentos atos são praticados contra objetivos civis buscando unicamente semear o pânico e a desordem, ausente qualquer laço com os sujeitos de Direito Internacional.

As doutrinas jurídicas e políticas não conseguiram definir com clareza o terrorismo. Ele nasce da expressão latina *terror*, que designa o espanto, o medo, o horror e a angústia frente a uma ameaça percebida pela sociedade como possível, embora imprevisível.

Durante o período revolucionário francês de 31 de maio de 1793 (queda dos girondinos) a 27 de julho de 1794 (queda de Robespierre), o terror transformou-se em instrumento de governo. Os acusados de *terrorismo* eram julgados sumariamente (ausentes a defesa e a oitiva de testemunhas, aplicava-se exclusivamente a pena de morte, sem possibilidade de recurso, revisão ou apelação). Tratava-se de um terrorismo de Estado que se voltou, rapidamente, contra seus promotores.

A dimensão internacional do terrorismo surgiu no entre-guerras com o assassinato em Marselha, em outubro de 1934, do Rei Alexandre I da Iugoslávia. Como resposta, uma convenção para combater o terrorismo foi firmada por 24 Estados em 1937, quando sugeriu, pela primeira vez, uma definição do terrorismo internacional. Para a convenção, "a expressão *atos terroristas* quer dizer fatos criminosos dirigidos contra um Estado, e cujo objetivo ou natureza é de provocar o terror em pessoas determinadas, em grupos de pessoas ou no público" (art. Ia).

As formas contemporâneas do terrorismo surgiram somente na década de 1960. Tratava-se dos numerosos sequestros de aeronaves motivados, essencialmente, pelo conflito do Oriente Médio. Muitos atos terroristas originaram-se em litígios internacionais, embora conflitos internos, como, por exemplo, durante os regimes militares na América Latina, tenham igualmente servido de catalisadores dessa nova realidade.

A onda terrorista que varreu o mundo fez dos Estados Unidos seu alvo principal. Potência hegemônica, detentora de interesses universais, sustentáculo de Israel no conflito do Oriente Médio, aliada das correntes políticas antipopulares nos Estados do Sul e vencedora da Guerra Fria, Washington tornou-se naturalmente o inimigo ideal dos movimentos que contestam a ordem internacional. Todavia, os atentados a ela dirigidos são vinculados, na quase totalidade, às suas posições na crise do Oriente Médio.

O formidável impacto dos atentados de 11 de setembro fez com que, finalmente, a comunidade internacional não somente conseguisse apreender a complexidade do terrorismo em todas as suas facetas (proibição do financiamento, apoio e asilo, bem como obrigação de cooperação no âmbito judiciário, policial e de informações), mas igualmente decidisse ir além da simples conclusão de tratados e convenções antiterror. As doze Convenções e Protocolos relativos ao terrorismo deram lugar a uma Convenção global e, sobretudo, sob o comando dos Estados Unidos, iniciou-se uma intensa campanha antiterror que provocou profundas modificações nas relações internacionais contemporâneas.

O amálgama e a confusão de gêneros preconizados pelos Estados Unidos foram acatados com raríssimas contestações. Assim, os países-membros da Organização dos Estados Americanos (OEA) os aceitaram de forma unânime em sua reunião ministerial de 21 de setembro de 2001. Ora, dita reunião foi convocada, por iniciativa brasileira, à luz das obrigações decorrentes do Tratado Interamericano de Assistência Recíproca (TIAR), que instituiu, a partir de 1947, o princípio da segurança coletiva continental. Não obstante, tal instrumento não constitui base legal nem para a convocação da Conferência de Washington, muito menos para qualquer ação coletiva futura.

Em seu art. 3º, o TIAR estipula que os signatários concordam em que um ataque armado, *por parte de qualquer Estado*, contra um Estado Americano, será considerado como um ataque contra todos os Estados Americanos e, em consequência, cada uma das ditas Partes Contratantes se compromete a ajudar a fazer frente ao ataque, no exercício do direito imanente de legítima defesa individual ou coletiva, que é reconhecido pelo art. 51 da Carta das Nações Unidas.[156]

Inexistindo ataque de Estado como no caso em tela, ausente está a base legal para a ação do coletivo. Urge, pois, que o novo instrumento específico de combate ao terrorismo, negociado entre Estados-Partes, entre em vigor. Enquanto isso não ocorrer, qualquer manifestação de solidariedade repousará em voluntarismo político à margem das obrigações legais. Além disso, o próprio TIAR estipula, em seu art. 20, que o emprego da força armada não é obrigatório e automático. É imprescindível a anuência expressa e prévia, ou seja, a expressão do consentimento de cada Estado signatário para o envio de tropas ao exterior. Portanto, cada Estado é soberano em sua decisão de enviar ou de oferecer apoio militar para a ação dos Estados Unidos.[157]

Responder ao terror com as mesmas armas por ele utilizadas é conduzir o direito de preservação e de legítima defesa para o campo da ilegalidade. É rebaixar-se moralmente aos seus obscuros porões, descartando os princípios que regem o mundo civilizado. Claro está que os serviços de inteligência, de espionagem e contraespionagem devem ser utilizados, como sempre foram, inclusive pelos regimes democráticos. Todavia, não se pode falar em guerra ou agressão. Do ponto de vista jurídico, o inominável ato terrorista decorre de uma ação privada, constituindo somente uma ilicitude – por mais covarde e traiçoeira que tenha sido –, e não um ato de guerra.

5.3. A luta contra o terror

Uma vez identificado o Afeganistão como santuário do terror, uma ação militar foi desencadeada, colocando por terra o regime Talibã e desmantelando naquele país as bases de treinamento da rede Al Qaeda de Osama Bin Laden. O Presidente Bush, desinteressado inicialmente pelas questões internacionais, encontrou um programa de governo: lutar com todos os meios contra o nebuloso terrorismo.

Washington conseguiu arregimentar imensa simpatia internacional, permitindo a construção da indispensável legitimidade para sua intervenção

[156] SEITENFUS, R. *Legislação Internacional. Op. cit.*

[157] O apoio brasileiro aos Estados Unidos não pode resultar em participação militar. Todavia, caso o Executivo brasileiro venha a trilhar o caminho da belicosidade como o fez quando enviou tropas de intervenção à República Dominicana em 1965, contrariando a tradição de paz que o Itamaraty aprecia enfatizar, ele cometerá uma ilegalidade constitucional. A Constituição prevê expressamente que o Presidente da República detém o poder, com a anuência do Congresso Nacional, segundo o art. 49 (II), de "declarar guerra e celebrar a paz". Além disso, o art. 84 (XIX) atribui privativamente ao Presidente da República a função de declarar guerra no caso de agressão estrangeira, autorizado pelo Congresso Nacional. Ora, o conceito jurídico da agressão no Direito Internacional vincula-se a uma ação de Estado, ausente nesse caso. Por conseguinte, somente uma emenda constitucional – sem força retroativa – poderia conceder legalidade a eventual participação de forças militares brasileiras no combate ao terrorismo. Espera-se que a América do Sul, que revolucionou o conceito de terrorismo durante os recentes regimes militares, instituindo um terror de Estado de triste memória, auxilie a avaliar corretamente o desafio lançado pelo terrorismo: o combate pertence à seara do Direito Penal, descartando-se com vigor as crescentes ameaças às liberdades fundamentais e ao Estado de Direito.

armada no Afeganistão.[158] Colocando-se em posição de vítima frente ao inominável atentado, a estratégia de Washington dividiu o mundo de maneira maniqueísta. Tratou-se de espúria tentativa de sua infantilização por meio da ideia de guerra do bem contra o mal. É compreensível que o pitoresco Bush apresente o mundo como um bom faroeste. Mas os Estados Unidos já colaboraram com regimes políticos perversos, lançaram a bomba atômica e aceitam de bom grado a miséria que seu sistema econômico provoca em 3/4 partes do mundo. Nesse *casting*, o papel de mocinho deveria ser inverossímil.

Por outro lado, a visão do bandido é fluida, aumentando o risco de se atirar no próprio pé. Embora Osama Bin Laden seja inimigo declarado dos Estados Unidos, parece óbvio que o financiamento provém de outras fontes e, mais importante, que há grupos autônomos decididos a agir. O *antifatah* não é exclusividade de Bin Laden, nem do *Hamas* ou do *Hizbollah.*

A Doutrina Bush cria o famigerado *Eixo do Mal,* composto por países que supostamente apoiam o terrorismo internacional: Coreia do Norte, Cuba, Iraque, Irã, Líbia, Somália e Sudão. Opositores históricos aos Estados Unidos, como o governo castrista, transformam seu país em membros natos do clube do terror. Outros santuários do terrorismo, caso do Paquistão, são desconsiderados, pois seus governos alinharam-se com Washington.

A questão essencial em torno dos atentados de 11 de setembro indaga como pessoas comuns, tão instruídas quanto à elite Ocidental, que fizeram seus estudos na Europa e desfrutaram do *american way of life* tornam-se capazes de tais atos de barbárie? O terrorista diabólico, demente, ignorante e insociável, como o esboçava o imaginário Ocidental, pode ser, na verdade, um homem gentil, inteligente, socialmente adaptado, que elabora com lucidez e precisão impressionantes o golpe que vai ceifar a vida de milhares de inocentes, que planeja em seu cotidiano ordinário o gesto que marcará a história.

Os terroristas, ao cometerem um ato de inominável covardia, foram movidos, paradoxalmente, por uma coragem impressionante que, originando-se no fanatismo, é executada por meio do conhecimento, portanto, da ciência. Talvez seja essa a mais terrivelmente incômoda constatação do episódio, pois mostra o quanto serviços de inteligência são, e continuarão sendo, incapazes de combater o terrorismo suicida. A única inteligência que pode evitar a barbárie tem pouco a ver com os cânones que orientam a CIA e o FBI.

O desafio é muito maior. Mais do que não obter a paz internacional, países como os Estados Unidos contribuem, em suas ações e omissões, para que a guerra e a injustiça perdurem em muitos rincões do mundo, conforme seus interesses estratégicos. Patente exemplo está no apoio concedido pelos norte-americanos aos próprios Talibãs em sua luta contra os soviéticos. Por isso não se sabe quantos, quais e onde poderão inspirar-se, pelas mais diversas razões, na repercussão monumental do onze de setembro.

---

[158] Assim, por exemplo, o jornal francês Le Monde, crítico da política externa dos Estados Unidos, declara em editorial que, frente ao 11 de setembro, "nós somos todos norte-americanos".

Ora, não é a guerra e tampouco o ataque ao mundo islâmico que coibirão a contestação à supremacia norte-americana. Ao contrário, uma reação militar indiscriminada do Ocidente só pode potencializá-la em proporção assustadora.

Embora tenham colhido uma inconteste vitória militar em três meses, a administração George W. Bush decidiu explorar ao máximo o apoio da sociedade internacional frente ao onze de setembro e resolveu arrastá-la a uma ocupação de longo prazo do Afeganistão. Decisão arriscada e de funestas consequências: milhões de mortos, centenas de bilhões de dólares perdidos e desrespeito às regras fundamentais do Direito Internacional.

A Guerra contra o Afeganistão já se tornou o conflito mais longo da história dos Estados Unidos. Um sucesso marcante ocorreu em dois de maio de 2011 quando as forças especiais da operação *Lança de Netuno* assassinam Osama Bin Laden em Abbottabad (Paquistão). A partir desse momento, vozes se fazem ouvir, advogando o encerramento da campanha militar do Afeganistão. Alguns países, tal como a França, retiram seus combatentes, e a administração Obama promete encerrar a guerra em fins de 2014.

Finalmente, Donald Trump põe um termo a dezoito anos de estragos e de desperdícios e assina, em 29 de fevereiro de 2020, um acordo de paz com os Talibãs. Trata-se de um acordo condicionado através do qual, pela primeira vez na História, uma grande potência conclui um tratado com uma Parte que não é um Estado, mas um simples movimento insurgente. Por essa e tantas outras razões, o acordo se assemelha a uma rendição e a uma derrota dos Estados Unidos.

Os atentados de 11 de setembro provocaram uma mudança da agenda internacional. Em lugar da busca da compreensão do sistema e dos desafios que a ele se colocam, uma vez mais as preocupações com o desenvolvimento solidário, eu poderia vir a ser o elemento crucial das relações internacionais, foram abandonadas em proveito da luta sem quartel contra o terrorismo. Tombou, juntamente com as Torres Gêmeas, a expectativa de um mundo menos injusto. O medo triunfou da esperança.

Conclusão

O fim do conflito Leste-Oeste é simbolizado pela queda do Muro de Berlim. Esse longo período pós-1945, conhecido como Guerra Fria, encontra seu epílogo com a autodestruição da União Soviética. Entre outras interrogações, a nova realidade coloca a questão da organização das relações internacionais e das possibilidades de uma eventual reforma de seu maior instrumento multilateral, ou seja, da Organização das Nações Unidas.

Formatada fielmente à manifestação das forças que emergiram da Segunda Guerra Mundial, a ONU é estruturada em relações de poder distantes da atual realidade. A dicotomia entre o novo tempo e o velho modelo, não em termos de idade, mas de estrutura, leva muitas vozes a apregoarem modificações profundas na Organização das Nações Unidas.

Um grande número de propostas de reforma, sobretudo as provenientes do Sul, enfatiza a necessidade de uma democratização institucional capaz de conceder maior legitimidade à ONU. Independentemente da indefinição sobre o conteúdo dessa suposta "democratização", o mais importante é que as reformas não diminuam ainda mais o grau de eficácia da organização. A tensão entre legitimidade/eficácia alcança plena significação no atual debate.

Há muitas formas de responder a pergunta sobre o que marcou o século passado. Quem faz a pergunta, de certa forma, já embute uma resposta, em razão de suas perspectivas. Uns indicarão a possibilidade da autodestruição engendrada pelo homem. Pela primeira vez, a Humanidade dispõe do poder de destruir várias vezes a vida sobre a Terra com o uso das armas nucleares. Embora, há que sublinhar não é o conjunto da Humanidade. Trata-se dos nove Estados nucleares (Estados Unidos, Rússia, China, França, Reino Unido, Coreia do Norte, Israel, índia e Paquistão). Destes, o condomínio Washington/Moscou dispõe de 92% das ogivas do mundo (1.750 e 1.650 respectivamente) além de um estoque de 8.130 bombas operacionais.

Outros mencionarão as duas guerras mundiais que transformaram efetivamente o drama da guerra, outrora pontual e regional, em um drama do coletivo internacional. Outros ainda indicarão a vitória do capitalismo ou a derrota da solidariedade ou o extraordinário desenvolvimento científico e tecnológico.

O século XX deve ser percebido, igualmente, como o das organizações internacionais e da diplomacia parlamentar. Tentou-se, por meio de instituições permanentes, criar valores universais que regessem as relações internacionais e indicassem princípios aos Estados soberanos. O homem tomou consciência, ao longo do século, de que a política internacional não poderia ser deixada somente nas mãos dos diplomatas, como a guerra também não poderia ser o apanágio exclusivo dos militares.

O espírito de solidariedade e o pacifismo que reinou a partir de 1919 estão na raiz dessa nova realidade. Cogitou-se ser possível transformar as relações internacionais, até então calcadas unicamente na percepção de um suposto interesse nacional e materializada pela existência de cláusulas secretas nos acordos internacionais. A moral e a ética deveriam sobrepor-se à força. As relações entre os Estados contariam com instrumentos que resolvessem seus litígios pacificamente, ou seja, instrumentos jurídicos, previamente estabelecidos, que viessem efetivamente contemplar a solução dos litígios enfrentados pelos Estados.

Contudo, o século que findou foi igualmente o período dos horrores internacionais: o genocídio, a limpeza étnica, o racismo, o terrorismo, a ameaça nuclear e as armas de destruição em massa.

O século a pouco iniciado será impregnado profundamente pelas relações internacionais. A ideia de que a história havia acabado provou-se absurda. O inesperado mostra-se presente, pois o curso do mundo não está definido. O determinismo com que todos os fatos eram apresentados deu lugar à incerteza. Nada é inevitável, a começar pelo modelo de globalização. Portanto, nenhuma submissão é obrigatória. No mundo em mutação, os gigantes pagam o preço de sua própria força. Há outros elementos em jogo além dos fatores econômicos, já que o determinismo é, antes, um argumento a sustentar o conformismo do que uma realidade.

A única forma de combater os males do mundo não possui apelo eleitoral, tampouco engendra rápidos resultados. Trata-se de eleger a guerra, a miséria e a intolerância como inimigos da humanidade. A predominância dos interesses econômicos que caracteriza a nossa época e a submissão do espaço político coletivo ao império financeiro carrega consigo um bem-estar, além de restrito a poucos, falso e precário. Somente o tratamento coletivo dos problemas da humanidade, com a predominância dos interesses do homem, e não de alguns homens, construindo o império da solidariedade e do Direito, pode opor-se às barbáries de nossa época.

Glossário das relações internacionais

Aculturação – Conjunto de fenômenos resultantes de um contato contínuo e direto entre grupos de indivíduos de culturas diferentes que provocam mudanças nos modelos culturais iniciais de um ou dos dois grupos.

Acordo Multilateral sobre Investimentos (AMI) – Negociações realizadas no âmbito da OCDE, a partir de maio de 1995, objetivando eliminar qualquer discriminação feita aos investimentos estrangeiros. Objeto de inúmeras críticas, as negociações do AMI foram suspensas em abril de 1998. Entre as objeções à sua conclusão estão: 1) a desconsideração dos interesses dos países em desenvolvimento; 2) o desrespeito às normas da Rodada Uruguai sobre os bens culturais; 3) as leis de extraterritorialidade dos Estados Unidos (d'Amato e Helms-Burton) contra as empresas que investem em Cuba, Líbia e Irã; 4) o resguardo de direitos importantes aos investidores privados colocando-os no mesmo nível dos; 5) A escassa representatividade da OCDE. Existe a possibilidade de transferir as negociações para o âmbito da OMC, mesmo que esta trate preferencialmente de questões comerciais, e não de investimentos.

Aleia moral – Problema resultante da atitude de bancos e instituições financeiras que conscientemente correm riscos suplementares, como por exemplo, concedendo empréstimos a clientes pouco confiáveis, já que elas encontram meios para socializar as perdas através do Fundo Monetário Internacional, do Banco Mundial e dos governos dos Estados desenvolvidos.

Alta política (High politics) – Possui um sentido duplo: por um lado é aquela exercida com exclusividade pelas grandes Potências e, por outro, refere-se às questões estratégicas envolvendo a manutenção da paz e da segurança internacionais.

Ato único – Documento que fixa o calendário para a constituição do Grande Mercado Europeu (1986).

Autodeterminação dos povos – Princípio que sustentou o processo de descolonização defendendo a liberdade dos povos colonizados na escolha da independência e do regime político.

Autonomia palestina – Cessão, por parte de Israel, de competências administrativas para a Autoridade palestina não implicando transferência de soberania sobre os territórios autônomos. Ausente está, portanto, a condição indispensável para a constituição de um Estado palestino.

Baixa política (Low politics) – Política de alcance limitado, restringindo-se aos temas sociais e econômicos.

Balança de poder (Balance of power) – A teoria realista sustenta que a ruptura do equilíbrio entre os Estados está na raiz dos conflitos internacionais.

Bens coletivos internacionais – Trata-se de um bem com duas características: ausência de rivalidade e a inclusão de todos. Seu consumo é indivisível, já que a quantidade disponível do bem é inteiramente consumida por cada um dos agentes econômicos membros do coletivo internacional, ou seja, os Estados. Podemos identificar seis bens coletivos internacionais: os sistemas monetário, financeiro, comercial, de comunicações, de coordenação de políticas nacionais e o decorrente do direito internacional privado (*lex mercatoria*).

Boicote – Inicialmente de natureza privada (conforme o caso do irlandês James Boycott), atualmente é muito utilizada pelos Estados e Organizações internacionais. Iniciativa econômica é, no entanto, abertamente política no que se refere às suas motivações e objetivos. Trata-se da recusa, parcial ou total, de manter relações comerciais, culturais ou esportivas com um determinado Estado. O boicote deve ser considerado com uma represália e uma sanção.

Bomba A – Arma nuclear que produz considerável energia através da fissão de um núcleo de urânio.

Bomba H – Arma termonuclear que produz considerável energia através da fusão de átomos de hidrogênio.

Carta do Atlântico – Firmada a 11 de agosto de 1941 por Estados Unidos e Grã-Bretanha, ela confirma uma aliança entre os dois países e estipula a primazia dos princípios democráticos nas relações internacionais. Assinada posteriormente por todos os Estados Aliados na Segunda Guerra Mundial, ela apresenta um rol de princípios que orientarão a organização internacional no pós-guerra.

Consenso de Washington – Noção sugerida por Williamson para ressaltar os pontos comuns a todas as reformas prescritas aos países em desenvolvimento em razão de dificuldades monetárias: a disciplina orçamentária, a reforma fiscal, a redução dos gastos públicos, a liberalização do comércio e dos mercados financeiros, as privatizações e as desregulamentações.

Controle de armamentos (Arms Control) – Processo de diálogo entre os Estados Unidos e a União Soviética, iniciado nos anos 1960, para gerir, controlar e impedir a disseminação das armas nucleares.

Crimes de guerra – Atos proibidos pelas regras do direito internacional convencional e princípios aplicáveis aos conflitos armados, sobretudo as Convenções de Genebra (1949).

Crimes de genocídio – São os atos cometidos com a intenção de eliminar, parcial ou totalmente, um grupo nacional, étnico, racial ou religioso.

Crimes contra a humanidade – Atos perpetrados contra a população civil, esteja o país em guerra ou não, tais como a deportação, extermínio, assassinato, escravidão, expulsão, prisão, tortura, estupro e perseguições desumanas por razões políticas, raciais ou religiosas.

Descolonização – Processo histórico que conduz à independência e à plena soberania um território colonizado. Significa uma igualdade de direitos entre a metrópole e o novo Estado cujas relações serão regidas pelo direito internacional.

Desenvolvimento sustentável – Projeto que responde aos desafios atuais sem comprometer a capacidade das gerações futuras.

Dissuasão nuclear – Objetiva impedir a utilização do armamento nuclear, pois o Estado objeto do ataque detém capacidade de resposta igualmente nuclear. Trata-se da doutrina de destruição mútua (*Mutual Assured Destruction*) concebida pelos Estados Unidos (1961-63), fazendo surgir o espectro do *equilíbrio pelo terror*.

Distensão (Détente) – Período, durante a Guerra Fria, em que a oposição Leste-Oeste diminui o nível de tensão (final dos anos 1960).

Doutrina do efeito dominó – Posição defendida pelos Estados Unidos, em particular Henry Kissinger, para sustentar a intervenção no Vietnam. Caso esse caísse em mãos comunistas, todos os países vizinhos na Indochina conheceriam o mesmo destino.

Estado contratante – significa um Estado que consentiu em se obrigar por um tratado, esteja este em vigor ou não.

Estados fracos e fortes – Distinção que analisa a capacidade do Estado de resistir às pressões sociais através de sua estrutura institucional e administrativa, modelando assim as preferências dos atores políticos no que diz respeito às medidas a serem tomadas e à sua capacidade em aplicá-las.

Estado negociador – Significa um Estado que participou na elaboração e adoção do texto do tratado.

Etnocentrismo – Identificação natural de alguém à sociedade a qual ele pertence e a valorização de sua própria cultura. Sob pena de marginalizar-se, todo indivíduo sofre em graus diversos de etnocentrismo (pode ser traduzido por *chauvinismo*).

Etnocídio – Destruição sistemática da cultura de um grupo e a eliminação por todos os meios de seus modos de vida e de pensamento.

Exterioridade – Impacto da produção ou do consumo de um agente sobre o outro quando este impacto não foi levado em consideração pelo mercado e pelo sistema de preços. O efeito externo pode ser negativo ou positivo.

Fast track – Procedimento acelerado que consiste na autorização feita pelo Congresso ao Presidente dos Estados Unidos para negociar acordos comerciais. O Congresso aceitaria previamente adotar ou rejeitar, num prazo limitado, os textos de aplicação de tais acordos, descartando a possibilidade de modificá-los ou emendá-los.

Ganhos absolutos e relativos – Os Estados podem cooperar com o objetivo de aumentar seus benefícios líquidos ou ganhos absolutos. Eles podem cooperar para obter ganhos relativos, ou seja, obtendo mais dos ganhos absolutos comparativamente aos obtidos pelos outros Estados.

Genocídio – Eliminação física, de maneira sistemática e deliberada, de uma população.

Glasnost – Estratégia de transparência promovida por Mikhail Gorbatchev que permitirá o surgimento de certo grau de democratização da sociedade soviética.

Globalização – Refere-se à interdependência crescente das economias através de um aumento do volume e da variedade de transações de bens, serviços, do fluxo internacional de capitais e da rápida difusão tecnológica e de valores culturais. Utilizada por vezes como discurso ideológico, a globalização é um processo que cobre três etapas sucessivas e não excludentes: 1) *a internacionalização* vincula-se ao desenvolvimento dos fluxos de exportação; 2) *o período transnacional* corresponde ao fluxo de investimentos e a transferência de empresas para o exterior; 3) *a globalização* corresponde à implantação de redes mundiais de produção e de informação.

Globalização financeira – Processo que conduz à integração dos mercados financeiros nacionais e à progressiva supressão dos entraves e controles que freiam a livre circulação do capital entre os países industrializados.

Governança – Princípio que se traduz pelo *bom governo* compondo-se dos seguintes elementos: 1) a segurança dos cidadãos deve ser assegurada, o respeito da lei garantido, sobretudo pela independência da magistratura (Estado de direito); 2) os organismos públicos devem gerir de maneira eficiente e equitativa os gastos públicos (boa administração); 3) os dirigentes políticos devem prestar contas de seus atos perante a população (trata-se da responsabilidade e da imputabilidade ou *accountability*); as informações devem estar disponíveis e facilmente acessíveis a todos os cidadãos (a transparência).

Governança mundial – Trata-se de um processo contínuo de cooperação objetivando compatibilizar os diferentes interesses dos Estados. Nele são incluídas as organizações internacionais, os regimes dotados de poderes executivos e os acordos tácitos e informais.

Grupo dos 77 – Reunião dos países do Terceiro Mundo com a finalidade de coordenar as atividades nas instâncias multilaterais, sobretudo na ONU. Conta atualmente com mais de cem integrantes.

G7 – Instância reunindo os sete países mais industrializados (Alemanha, Canadá, Estados Unidos, França, Grã-Bretanha, Itália e Japão) mais a União Europeia e a Rússia.

Jus ad bellum – Direito à guerra, em especial à legítima defesa dos Estados.

Jus in bello – Direito da guerra, ou seja, como os beligerantes devem proceder em caso de conflito à luz das Convenções de Genebra.

Integração – Trata-se da simples produção de bens e serviços num espaço unificado.

Interdependência – Ela manifesta-se de quatro maneiras: 1) *estrutural*: a taxa de abertura entre duas economias é tal que acontecimentos econômicos que afetam um país provocam consequências na evolução econômica do outro; 2) *de objetivos*: a realização de objetivos nacionais de política econômica depende da realização de objetivos de política econômica no exterior; 3) *de choques exógenos*: duas economias são interdependentes quando choques que lhes afetam são fortemente correlacionados provocando a transmissão de choques entre elas; 4) *estratégica*: o aprimoramento da política econômica de um país depende de medidas tomadas por outro.

Nação – Grupo numeroso de pessoas vinculadas por uma identidade comum (língua, história, valores). Há nações sem Estado, como a Palestina e o Curdistão, e há Estados com várias nações (Bélgica, Espanha, França, Índia, Itália, Suíça).

Não alinhados – Ao optar pela neutralidade este grupo de países não industrializados rejeitam a alternativa colocada pelo conflito Leste-Oeste.

Nova ordem econômica internacional – Trata-se de ação normativa da AG das Nações Unidas objetivando modificar as relações Norte-Sul. Os princípios que a sustentam são: igualdade soberana que permite que cada Estado escolha livremente seu sistema econômico e concessão de vantagens dos Estados desenvolvidos aos menos desenvolvidos para diminuir as disparidades e incrementar o intercâmbio.

Pacto de Briand-Kellog – Firmado em 1928, ele determina a renúncia à guerra como instrumento de política externa. Ele não prevê sanções contra os Estados que o desrespeitarem e não coloca em questão o princípio da legítima defesa.

Parte – significa um Estado que consentiu em se obrigar por um tratado e em relação ao qual este esteja em vigor.

Passageiro clandestino – Comportamento de um Estado que procura fazer com que o custo de produção de um bem coletivo, como por exemplo, a paz, seja sustentada pelos demais. Como todos os Estados manifestam o mesmo interesse, cada qual esperando que o parceiro produza o bem, este não é produzido.

Perestroïka – Consiste na restruturação da economia soviética com o abandono da administração econômica pelo Estado e o início de uma autonomia para as empresas.

Plenos poderes – significa um documento expedido pela autoridade competente de um Estado e pelo qual são designadas uma ou várias pessoas (os *plenipotenciários*) para representar um Estado para a negociação, a adoção ou a autenticação do texto de um tratado, para exprimir o consentimento do Estado em obrigar-se por um tratado ou para praticar qualquer outro ato relativo a um tratado.

Pronunciamento – Golpe de Estado promovido pelas Forças Armadas.

Protocolo de Quioto – Assinado em dezembro de 1997 por 159 Estados e confirmado pela Conferência de Bonn de julho de 2001, apesar da notável ausência dos Estados Unidos, ele objetiva reduzir a emissão de gases que provocam o efeito estufa e o aquecimento da Terra. Pretende-se diminuir as emissões de gás carbônico, a combustão petrolífera e a queima de carvão.

Racismo – Crença na existência de raças distintas; certeza de que algumas são inferiores a outras, e que esta inferioridade não decorre de condições sociais ou culturais e é inata e biologicamente determinada.

Reflexividade, efeito de – Noção das ciências humanas que indica a influência que um analista com credibilidade possui sobre os desdobramentos do objeto estudado. Aplica-se atualmente às agências de notação de risco que em razão de suas previsões acentuam o fenômeno indicado. Uma avaliação negativa da economia de um Estado provoca o agravamento da crise enquanto uma avaliação positiva melhora seu crédito e a situação econômica real.

Ratificação, aceitação, aprovação e adesão – significam em cada caso o ato internacional assim chamado pelo qual um Estado estabelece no plano internacional seu consentimento em obrigar-se por um tratado.

Realpolitik – Expressão de origem germânica, ela defende que os Estados devem sustentar suas ações internacionais baseados numa perspectiva realista e prática sobre o exercício do poder excluindo considerações de natureza moral ou ética.

Regime internacional – Conjunto de normas, instituições e políticas comuns que permitem aos Estados partícipes de gerir com maior eficácia problemas específicos de comércio, agricultura e meio ambiente.

Reserva – significa uma declaração unilateral, qualquer que seja sua redação ou denominação, feita por um Estado ao assinar, ratificar, aceitar ou aprovar um tratado, ou a de aderir, com o objetivo de excluir ou modificar os efeitos jurídicos de certas disposições do tratado em sua aplicação a esse Estado.

Schengen – Convenção firmada por sete Estados-Membros da União Europeia, que entrou em vigor em 1995, instituindo um espaço unificado onde os nacionais dos países podem circular livremente. Para ingressar neste espaço é exigida formalidade idêntica aos indivíduos de nacionalidade de terceiros Estados. Portanto, há uma unificação dos trâmites fronteiriços.

Subsidiariedade – Princípio introduzido pelo Direito Comunitário europeu que determina que a Comunidade somente intervenha caso os objetivos da ação prevista não possam realizar-se de maneira satisfatória pelos Estados-Membros.

Risco país – Índice que mede a sobretaxa paga pelo país tomador de empréstimo externo em relação ao que oferecem os bônus do Tesouro dos Estados Unidos.

Spill over – Conceito oriundo da teoria da cooperação internacional prevendo o progressivo alcance de novas áreas além daquelas que deram origem ao entendimento. Uma cooperação técnica internacional que não questiona a soberania estender-se-á progressivamente a outros aspectos que obrigarão os Estados a aceitar funções de coordenação política.

Strategic Arms Limitations Talks (SALT I e II) – Acordos firmados entre Estados Unidos e União Soviética, o primeiro em 1972 e o segundo em 1979, limitando a quantidade de armas nucleares defensivas e ofensivas. A corrida armamentista passou a ser controlada. Apesar de o Congresso dos Estados Unidos não ratificar o SALT II, ele foi respeitado.

Strategic Arms Reduction Treaty (START I e II) – O primeiro acordo é firmado em 1991, e o segundo, dois anos depois. Refere-se à redução das armas estratégicas nucleares ofensivas, reduzindo os vetores nucleares e diminuindo em 1/3 o arsenal nuclear.

Strategic Defense Initiative (IDS) – Projeto de "guerra nas estrelas" a ser desenvolvido pelos Estados Unidos, permite a destruição de um eventual míssil agressor por um sistema de proteção a laser. Ao eliminar o princípio da dissuasão nuclear, o IDS modifica profundamente as relações entre as potências nucleares em benefício dos Estados Unidos.

Teoria dos jogos – Procura formalizar situações nas quais dois ou mais sujeitos (indivíduos, empresas, Estados) perseguem seus próprios objetivos cujas consequências da ação de um depende da reação do outro.

Terceiro Mundo – Expressão introduzida pelo sociólogo francês Alfred Sauvy (início dos anos 1950) o qual, inspirando-se no *Tiers-État* pré-revolucionário, identifica uma nova divisão do mundo entre Norte e Sul. Atualmente, ela possui uma conotação ideológica e vem enfraquecendo-se desde o início da década dos anos 1980.

Tratado – significa um acordo internacional celebrado entre Estados em forma escrita e regido pelo direito internacional, que conste ou de um instrumento único ou de dois ou mais instrumentos conexos, qualquer que seja sua denominação específica.

Terceiro Estado – serve para identificar, segundo o Direito Internacional Público, um Estado que não é parte no tratado.

Tratado de não proliferação nuclear (TNP) – Firmado por Estados Unidos e União Soviética em julho de 1968, o TNP objetiva descartar a proliferação nuclear horizontal, mantendo assim o monopólio do Clube nuclear. Inicialmente, somente 59 Estados não nucleares haviam aderido ao Tratado. Para universalizar as adesões, as cinco potências nucleares (China, Estados Unidos, França, Grã-Bretanha e Rússia) comprometeram-se, em 1995, através da Resolução 984 do Conselho de Segurança da ONU, a não utilizar armas nucleares contra os signatários do TNP. Nessas novas condições, o Tratado foi prorrogado indefinidamente e acolheu a adesão de 179 países, inclusive o Brasil.

Bibliografia

ALMEIDA, P. R. *Formação da diplomacia econômica no Brasil as relações internacionais no Império*. São Paulo: SENAC, 2001, 675 p.

ARON, R. "O que é uma teoria das relações internacionais?". In: *Estudos políticos*. Brasília: UnB, 1985, p. 375-396.

——. *Paz e guerra entre as nações*. Brasília: UnB e IPRI, 2002, 936 p.

ASSOCIATION D'ÉCONOMIE FINANCIÈRE. *Rapport moral sur l' argent dans le monde*. Paris: Montchrestien, 1999, 358 p.

BADIE, B.; SMOUTS, M. C. Le *retournement du monde: sociologie de la scène internationale*. Paris: Dalloz, 1995, 251 p.

BATH, S. *O que é diplomacia*. São Paulo: Brasiliense, 1989, 70 p.

BERTRAND, M. *La fin de L`ordre militaire*. Paris: Presses des Sciences Po., 1996, 132 p.

BOBBIO, N. "As relações internacionais e o marxismo". In: Ensaios escolhidos. São Paulo: Cardim, s/d, p. 109-126.

BOULLANGER, H. *La criminalité économique en Europe*. Paris: PUF, 2002, 255 p.

BRAILLARD, P. Teoria das relações internacionais. Lisboa: Calouste Gulbenkian, 1990, 626 p.

BULL, H. "International theory: the case for a classical approach". In: *World politics*, XVIII, 1966.

——. *The anarchical society*: a study of order in world politics. Nova Iorque: Columbia University Press, 1995, 329 p.

CALDEIRA BRANT, L. (org.). *Terrorismo e direito. Os impactos do terrorismo na comunidade internacional e no Brasil*: perspectivas político jurídicas. Rio de Janeiro: Forense, 2003, 557 p.

CANOTILHO, J.; MOREIRA, V. *Os poderes do Presidente da República*. Coimbra: Coimbra Editora, 1991,117p.

CAO-HUY, T.; FENET, A. *(ed.). Mutations internationales et évolution des normes*. Paris: PUF, 1994, 199 p.

CARR, E. H. Vinte anos de crise: 1919-1939. Uma introdução ao estudo das relações internacionais. Brasília: UnB, 1982, 221 p.

CHARON, J. M. "Les médias à l'heure de la mondialisation". *In: Regards sur l'actualité*. Paris: La documentation française, n. 234, set./out. 1997, p. 59-72.

CHEMILLIER-GENDREAU, M. *Humanités et souverainetés*: essai sur la fonction du droit international. Paris : La Découverte, 1995, 382 p.

DANESE, S. *Diplomacia presidencial*. Rio de Janeiro: Topbooks, 1999, 516 p.

DARCY DE OLIVEIRA, M. *Cidadania e globalização*: a política externa brasileira e as ONGS. Brasília: Instituto Rio Branco, 1999, 143 p.

DAVID, D. *Sécurité: l'après-New York*. Paris: Presses des Sciences Po., 2002, 130 p.

DEUTSCH, K. El analisis de las relaciones internacionales. Buenos Aires : Paidos, 1974 (publicado também em português pela UnB).

DREYFUS, S. *Droit des relations internationales*. Paris: Cujas, 1992, 537 p.

DROZ, J. *Histoire diplomatique de 1648 à 1919*. Paris: Dalloz, 1959, 636 p.

DUROSELLE, J. D., RENOUVIN, P. *Introdução à história das relações internacionais*. São Paulo: Difusão Europeia do Livro, 1967, 542 p.

ELIAS, N. *La dynamique de l'Occident*. Paris: Calmann-Lévy, 1975, 320 p.

——. *La société de cour*. Paris: Flammarion, 1985, 330 p.

FERRER, A. *Historia de la globalización*. Buenos Aires: Fondo de Cultura Económica, v. 1, 1996, 418 p. e v. 2, 1999, 398 p.

FRANCHINI NETTO, M. *A evolução da diplomacia*. São Paulo: RT, 1946,178 p.

GABAS, J. J. *Nord-Sud: l'impossible coopération?* Paris: Presses des Sciences Po., 2002, 117 p.

GEORGE, A. *La decision presidencial em política exterior.* Buenos Aires: Grupo Editor Latino-Americano, 1991,269 p.

GERBET, P. *Le rêve d'un ordre mondial.* Paris: Imprimerie Nationale, 1996, 492 p.

GILPIN, R. *A economia política das relações internacionais.* Brasília: UnB, 2002, 492 p.

GIRARD, M. (org.). *Les individus dans la politique internationale.* Paris: Economica, 1994, 301 p.

HALLIDAY, F. "O Estado e a sociedade nas relações internacionais". In: *Repensando as relações internacionais.* Porto Alegre: UFRGS, 1999, p. 87-105.

HASSNER, P. "Où vont les relations internationales". In: Esprit. Paris: dezembro de 1992.

HOFFMANN, S. (ed.). *Contemporary theory in international relations.* Englewood Cliffs (N.J.), Prentice Hall, 1960.

HOFFMANN, S. "Choices". In: *Foreign policy.* Washington, 1973.

HUNTINGTON, S. *Le choc des civilisations.* Paris: Odile Jacob, 1997, 402 p. (publicado também em português).

LAROCHE, J. *Politique internationale.* Paris: LGDJ, 1998, 557 p.

MENAGER, D. *Diplomatie et théologie à la Renaissance.* Paris: PUF, 2001,224 p.

MERLE, M. Sociologie des relations internationales. Paris: Dalloz, 1976, 480 p. (publicado em português pela UnB).

MILEWSKI, F. "Mondialisation et contrainte extérieure: quelles marges de manoeuvre pour les politiques économiques?". In: *Regards sur l'actualité.* La Documentation Française, n. 234, set./out. 1997, p. 19-36.

MILZA, P. *Les relations internationales de 1973 à nos jours.* Paris: Hachette, 1996, 255 p.

MOREIRA, A. *Teoria das relações internacionais.* Coimbra: Almedina, 1996, 528 p.

MORGENTHAU, H. *Politics among nations.* Nova Iorque: Knopf, 1973.

RAMINA, L. *Ação internacional contra a corrupção.* Curitiba: Juruá, 2002, 227 p.

RENOUVIN, P.; DUROSELLE, J. B. "O homem de Estado". In: *Introdução à história das relações internacionais.* (Segunda parte:). São Paulo: DIFEL, 1967, p. 301-470.

RICE, S.,"Facing 21st-Century Threats: Why America Needs the UN", World Affairs Council of Oregon, Portland, Oregon, February 11, 2011.

RIST, G. *Le développement histoire d'une croyance occidentale.* Paris: Presses des Sciences Po., 1996,427 p.

——. *Le développement: un mythe de l'Occident.* Paris: Gallimard, 1991.

ROUQUIÉ, A. *Amérique latine*: introduction à l'Extrême Occident. Paris, Seuil, 1998, 484 p.

RUFIN, J. C. *L`empire et les nouveaux barbares.* Paris, Lattès, 1991,249p.

SANTOS, B. (org.). A *globalização e as ciências sociais.* São Paulo, Cortez, 2002, 572 p.

SEITENFUS, R. "Quatro teses sobre a política externa brasileira dos anos 1930". In: *Sessenta anos de política externa.* São Paulo, Cultura, 1996, v. I, p. 115-160.

——. *Direito Internacional Público.* 5ª ed. Porto Alegre: Livraria do Advogado, 2016, 220 p.

——. *Legislação Internacional.* 2ª ed. Barueri: Manole, 2009, 1408 p.

——. *Manual das Organizações Internacionais.* 6ª ed. Porto Alegre: Livraria do Advogado, 2016, 424 p.

——. *Para uma nova política externa brasileira.* Porto Alegre: Livraria do Advogado, 1994, 247 p.

——. *Textos fundamentais do Direito das relações internacionais.* Porto Alegre: Livraria do Advogado, 2002, 373p.

——; VENTURA, D. "Globalização: significado e perspectivas". In: *A Ilha*; VENTURA, D. *MERCOSUL em movimento II.* Porto Alegre: Livraria do Advogado, 1998, p. 169-177.

SMOUTS, M. C. (org.). *Les nouvelles relations internationales*: pratiques et théories. Paris: Presses des Sciences Po, 410 p.

SOARES, G. *Órgãos dos Estados nas relações internacionais.* Rio de Janeiro: Forense, 2001, 260 p.

SUR, S. *Relations internationales.* Paris: Montchrestien, 1995, 587 p.

TOURNAYE, C. *Kelsen et la sécurité collective.* Paris: LGDJ, 1995, 121 p.

VAYSSIÈRE, P. *L'Amérique Latine de 1890 à nos jours.* Paris: Hachette, 1999, 256 p.

WENDZEL, R. L. *Relações internacionais.* Brasília: UnB, 1985, 318 p.

Índice onomástico

Índice analítico

H

I

P

Q

R